中国社科
企业演化计算实验研究

赵 军◎著

光明日报出版社

图书在版编目（CIP）数据

企业演化计算实验研究 / 赵军著. -- 北京：光明日报出版社，2025.3. -- ISBN 978-7-5194-8604-4

Ⅰ. F272

中国国家版本馆 CIP 数据核字第 2025PF8809 号

企业演化计算实验研究

QIYE YANHUA JISUAN SHIYAN YANJIU

著　　者：赵　军
责任编辑：刘兴华　　　　　　　　责任校对：宋　悦　李学敏
封面设计：中联华文　　　　　　　责任印制：曹　净

出版发行：光明日报出版社
地　　址：北京市西城区永安路 106 号，100050
电　　话：010-63169890（咨询），010-63131930（邮购）
传　　真：010-63131930
网　　址：http://book.gmw.cn
E - mail：gmrbcbs@gmw.cn
法律顾问：北京市兰台律师事务所龚柳方律师

印　　刷：三河市华东印刷有限公司
装　　订：三河市华东印刷有限公司

本书如有破损、缺页、装订错误，请与本社联系调换，电话：010-63131930

开　　本：170mm×240mm
字　　数：235 千字　　　　　　　印　　张：13.5
版　　次：2025 年 3 月第 1 版　　　印　　次：2025 年 3 月第 1 次印刷
书　　号：ISBN 978-7-5194-8604-4
定　　价：85.00 元

版权所有　　翻印必究

前　言

企业演化是指企业随着时间变化而经历的一系列内部和外部变化，包括企业的组织结构、管理方式、战略方向、产品和服务等方面的改变。外部环境的变化和企业内部的需求变化是企业演化的重要驱动力，企业会采取一系列的策略和行动来应对内外部环境的变化。企业演化有一定的规律和路径，企业会经历创立期、成长期、成熟期和衰退期等不同的阶段，每个阶段都有其特定的内部和外部环境，企业需要根据不同阶段的特征来制定相应的策略和行动计划。企业演化是一个复杂的过程，受到多种因素的影响，需要从多个角度和层面进行综合研究，探讨企业演化的过程、规律以及影响因素等，以更好地理解企业演化的机制，不断适应环境变化，寻求创新和变革，调整策略保持持续发展和竞争优势。

计算实验是一种基于复杂系统理论、系统科学的综合集成思想、计算机智能建模方法和技术以及演化理论的研究方法。它通过抽象与符号化，把社会现象、社会科学问题最基本的情景，如人的心理活动与行为、组织的基本特征与功能、社会基本运行机制等系统进行建模，构造人工社会，以此为基础再以计算机为"实验室"开展各种社会现象情节和动态演化过程的实验，通过对实验结果的分析研究社会现象。计算实验已经成为多个学科领域中重要的研究工具，如在经济学中模拟市场的行为和趋势，以及在社会学中模拟社会的动态和演化。随着大数据和人工智能等新技术的不断发展，计算实验的方法和技术也会随之不断改进和创新。

本书立足于企业演化的计算实验研究，在演化经济学的企业演化研究和复杂适应系统的企业演化研究基础上，提出了一个规范约束下的企业演化分析框架，研究了企业规范视角下的企业演化的机制与规律。建立了基于规范的企业演化概念模型，设计了基于规范的多 Agent 内部结构和交互方式，建立了可重用的多 Agent 企业演化模型框架和仿真模型框架，对企业演化中的若干问题进行建模与仿真研究。研究从企业规范出发，对于企业演化的建模与仿真研究做了一些细节性和较深入的工作，设计了企业演化仿真框架和模型的重用性，研究了主体智能性和交互性。研究运用了企业建模方法和计算实验方法，建立了基于多视图的企业概念模型，基于多主体的建模仿真方法和分类器模型等，吸收了演化经济学、复杂适应系统等关于企业演化的研究成果，开展学科交叉，通过计算实验研究企业演化。研究拓展了企业演化的研究范围，丰富了已有的企业演化研究的范式，对于企业演化的深入研究提供了一个新思路和新角度，对企业演化的实验研究的推进做了一些工作。

本书共由七章构成，具体内容如下。

第一章 绪论。界定了企业演化的问题，提出企业演化的研究思路，提出本书的总体研究内容，给出了企业演化的计算实验研究的研究方法与技术路线。

第二章 企业演化的理论方法基础。综述了企业演化研究的相关理论基础，基于生态学的企业演化研究、演化经济学、复杂适应系统的理论方法基础，重点讨论了企业演化的计算实验研究现状和方法论特征，总结了企业演化的研究趋势。

第三章 企业演化框架及机制研究。分析了企业演化的特性，针对惯例、规则和规范进行了深入的剖析，建立在复杂适应系统和演化经济学的理论方法基础上，提出了基于规范的企业演化假设框架，分析了基于规范的企业演化机制。

第四章 基于规范的多视图企业演化概念模型。为了与企业战略相一致，构建了企业目标视图，建立分层、分类的规范库。从组织行为角度定义了基于规范的角色行为模型，基于组织规范的企业组织模型，组织规范约束下的企业业务过程模型，构建了规范约束下的企业交互模型。

第五章 企业演化的多 Agent 模型。基于 CAS 框架定义了企业演化的总体模型，设计了企业成员 Agent 结构，基于行为规范设计了企业 Agent 学习演化机制，基于规范的 Holland 分类器系统改进设计企业成员内部结构，基于模糊选择法进行行为规范的学习与演化，基于规范和合同网的企业协作协同机制设计。

第六章 企业演化的 SWARM 仿真。在仿真系统重用性和 Swarm 的约束下设计实现了仿真平台，并对仿真结果进行分析，根据仿真结果，研究企业规范变化及调整分析，给出仿真结论和相关对策建议。

第七章 结束语。对本书主要研究内容进行了总结，并提出了下一步的研究构想。

衷心地感谢参与研究工作的研究生：张发英同学参与完成了第三章企业演化的框架及机制研究内容的修订，王凯同学完成了第四章基于规范的多视图企业演化概念模型的研究与内容撰写工作，刘凌锋、郭子健、琚俊梅、郭红康等同学参与完成了第五章企业演化的多Agent模型的研究与内容撰写，并参与了第六章仿真实验的研究与内容撰写，还有后续参与项目的研究生李园伟、杨海泷、马诗琪、王润、王裕菲、高彩华等也都为项目研究做了大量的工作。

由于作者理论水平和自身能力的限制，本书还存在着很多的不足和缺陷，敬请读者批评指正。在本书的写作过程中，参考和引用了国内外大量学者的研究成果和文献，在这里一并向他们致以诚挚的感谢！

本书的出版得到宁夏大学西部一流大学建设项目（2023年度）的大力支持，并获得了国家自然科学基金（70961007，71465107）、自治区重点研发项目（2023BEG02067）、宁夏大学-石嘴山银行股份有限公司产教融合研究生联合培养示范基地建设等基金项目的资助和支持，谨在此表达诚挚的谢意！

赵军

2024年3月18日

目 录
CONTENTS

第一章 绪 论 ··· 1
 第一节 研究意义 ·· 1
 第二节 研究思路 ·· 2
 第三节 主要研究内容 ·· 4
 第四节 研究方法和技术路线 ·· 5

第二章 企业演化的理论方法基础 ·· 9
 第一节 企业演化的相关理论 ·· 9
 第二节 企业演化的计算实验研究 ····································· 23

第三章 企业演化框架及机制研究 ·· 28
 第一节 基于演化经济学的企业演化解释框架 ······················· 28
 第二节 基于复杂适应系统的企业演化分析框架 ···················· 35
 第三节 基于规范的企业演化分析框架 ······························· 40
 第四节 基于规范的企业演化机制 ····································· 42

第四章 基于规范的多视图企业演化概念模型 ···························· 54
 第一节 企业建模方法 ·· 54
 第二节 企业演化的目标视图 ·· 72
 第三节 企业 Norm 模型的构建 ······································· 79
 第四节 企业演化的组织视图 ·· 93

第五节　基于规范的企业过程视图 ·············· 98
　　第六节　交互视图 ························· 102
　　第七节　基于规范的企业建模过程 ·············· 103

第五章　企业演化的多 Agent 模型 ················ 106
　　第一节　多 Agent 企业演化模型 ················ 106
　　第二节　企业成员 Agent 结构的设计 ············· 108
　　第三节　基于行为规范的企业 Agent 演化机制设计 ···· 119
　　第四节　企业交互模型 ······················ 129

第六章　企业演化的 SWARM 仿真 ················ 140
　　第一节　可重用企业仿真模型研究 ·············· 140
　　第二节　仿真工具及平台 ···················· 145
　　第三节　仿真实验设计与实现——案例 1 ·········· 153
　　第四节　仿真实验设计与实现——案例 2 ·········· 164

第七章　结束语 ······························ 190

参考文献 ································· 193

第一章

绪 论

第一节 研究意义

在当前经济全球化、信息化、复杂化的背景下，企业面临的不确定因素急剧增加，给企业的生存和发展带来了严峻的挑战。据美国《财富》杂志报道，世界500强企业平均寿命是40~42年，1000强企业平均寿命为30年，只有2%的企业存活达到50年，中国企业的平均寿命是6.5~7年。为什么有的企业可以基业长青，而有的企业很快消失，秘密何在？当前全球经济形势充满了挑战和不确定性，中国企业也面临着前所未有的困难，许多企业被迫停工甚至倒闭，给中国的经济发展带来了巨大的冲击，更加引发了人们对于企业如何长久生存和发展的思考。

企业经历了从小到大、由弱到强的复杂发展过程，是渐进式发展以及由此引发的突然变化的过程，企业从手工作坊、生产企业、商业企业，发展到企业集团、跨国公司等各种复杂的形态。① 在此过程中，企业除了规模上不断增长，企业目标、组织结构、运作方式等方面根据环境条件也在进行调整，不断变革获得竞争优势，使其得以生存与发展。从长远来看，企业的竞争优势是不可持续的，外部环境的变化会对企业现有的竞争优势产生冲击，对环境的适应能力是企业生存与发展的关键，这种适应能力与企业内部长期不断积累的知识及其融合相关，知识融合形成创新，具有较强的路径依赖性。能够生存发展的企业往往具有某一特质或比较竞争优势，具有不可复制的能力、技术、知识，或在财务、供应链、制造和设计等方面在行业内处于领先的地位。尽管企业的变化是无处不在的，但有其规律可循，在一定程度上可以预测和把握。目前对企业

---

① 刘洪，周健. 企业系统演化的一般规律 [J]. 系统辩证学学报，2002（1）：37-40.

演化问题的研究成果分布在企业演化理论、组织学习理论、技术创新理论、企业能力理论、企业生态理论、战略管理理论等，这些研究总结和归纳了企业演化中呈现出来的规律性和变化模式，对指导组织的变革和预测企业的发展都有着积极的作用。

　　对企业演化研究可以深入理解企业发展的过程、机制和条件，可以了解企业组织的结构、功能和运作方式是如何随着时间变化而不断调整和改进的，企业演化研究可以帮助我们更深刻地认识和理解企业组织的动态性和复杂性，从而更好地掌握企业管理的规律性。企业组织并不是一个静态的结构，而是一个动态的、不断演变的过程。随着时间的变化，企业组织会不断面临各种内部和外部环境的变化，需要不断地适应和调整。因此，通过研究企业演化，我们可以更好地理解企业组织在不同阶段的特点和规律，为企业管理提供更为精准的策略和行动计划，更好地适应不断变化的市场环境和技术进步，提升组织的竞争力和绩效水平。在管理理论丛林中，将企业视作生物体的理论一直都存在着。从现象来看，企业就像一个生物体一样有生死，由小到大，有生命周期的波动，但是以前受生命科学本身的发展所限，人们还无法揭示生命的奥秘，对于企业类生物体的解释也停留在机械照搬的描述层面上。随着基因理论的突破，人们把生命的奥秘逐渐揭开，而把基因的视角引入企业研究，使问题分析可以深入企业内部，这样企业可以在环境的作用下，结合自身的发展目标，能动地进行企业行为的选择，在企业基因的作用下，促使企业不断发展演化。本书对企业演化的研究就是试图从企业基因的视角，研究企业演化的理论方法问题，这对于解释企业如何生存，如何逐渐成长壮大，如何适应环境变化，并实现持续不断的发展等一系列问题提供理论和方法参考。

第二节　研究思路

　　企业演化是指企业随着时间变化而经历的一系列内部和外部变化，这些变化包括企业的组织结构、管理方式、战略方向、产品和服务等方面的改变。企业演化有不同的原因和驱动力，外部环境的变化是主要驱动力之一，包括市场需求的变化、技术进步、政策法规的变化等，企业内部的需求和变化也是企业演化的重要驱动力，包括企业的成长、扩张、战略转型等。在企业演化过程中，企业会采取一系列的策略和行动来适应环境的变化，这些策略和行动包括调整战略方向、改变企业的组织结构、引入新的管理方式、改变产品和服务等。企业演化也有一定的规律和路径，企业会经历创立期、成长期、成熟期和衰退期等不同的阶段，每个阶段都有其特定的内部和外部环境，企业需要根据不同阶段的特征来制定相应的策略和行动计划。企业演化还受到许多其他因素的影响，包括企业文化、企业家精神、行业竞争等，这些因素会影响企业的决策和行动，从而影响企业的演化过程。总之，企业演化是一个复杂的过程，受到多种因素的影响，需要从多个角度和层面进行综合研究。深入探讨企业演化的过程、机制、规律以及影响因素等方面，可以更好地理解企业演化的机制和规律性。

企业是一类不断发展变化的复杂社会系统，在实现企业目标的同时会受到环境中多重规范的约束，当前对于企业演化的研究受传统经济学的影响，忽视了企业主观能动性和规范的约束，过多的假设使企业演化研究失真，使企业中很多现象难以解释。本书主要基于演化经济学和复杂适应系统（CAS）理论，利用多 Agent 建模仿真的方法研究企业演化，是对企业演化研究的一个有益探索。基于国内外已有的研究基础和研究成果，本书确定了需要解决的两方面的问题：

第一，需要一个对企业演化的机制进行整体描述的企业演化研究的解释框架。主要解决企业演化机制研究的三个基本问题：（1）企业演化是什么，如何解释企业演化的基本因素？（2）企业为什么演化，企业演化的基础机制是什么？（3）企业如何演化，企业演化的过程机制。为了深入系统研究企业的演化机制，对企业演化的基本因素、基础机制及过程机制进行解释，需要给出一个企业演化研究的分析解释框架。为了解决这个问题，本书首先对组织生态学、企业生命周期理论、企业 DNA 理论、演化经济学和 CAS 理论等企业演化研究现有理论成果进行了系统梳理，在此基础上对企业的复杂适应特性进行了分析。其次，基于生物进化论中基因和当前演化经济学中惯例的研究，引入社会心理学中规范的概念，将其视为企业演化的基本因素，分析规范在企业演化中的作用，基于 CAS 理论对企业系统结构进行了重新界定，通过分析企业演化概念和演化特征，提出了企业演化的框架；通过企业主体主动在目标驱动下形成的"自组织"机制，分析了企业演化的基础机制。最后，基于资源的约束引起竞争而产生的进化机制，并利用企业演化的遗传机制、变异机制和选择机制，对企业演化过程进行研究，以解释企业生存、发展、学习和创新等活动。

第二，对企业演化进行建模与仿真验证。包括以下内容：（1）研究基于规范的多视图企业概念模型；（2）基于多 Agent 的企业演化模型；（3）企业演化动态仿真分析。通过企业演化建模与仿真验证相关规范的作用及对应的企业行为。

企业演化的实质是不断搜寻新的规则，这将直接影响企业的演化路径。为了验证企业演化的过程和规则，首先需要将企业演化研究的问题与相关环境概念化、抽象化，通过概念图表现出来，以达到需求表达、交流沟通的目的。由于企业演化问题的复杂性，从单一视角无法全面描述企业，本书提出从多个视角构建基于规范的企业模型，包括基于企业战略目标的企业目标模型、基于规范的角色行为能力模型和组织模型，规范约束下的业务流程模型，规范约束下的角色交互模型，为以后的深入研究打下良好基础。其次，建立多Agent仿真模型，进行企业Agent模型的设计，主体行为的设定和企业规范的设置等。运用CAS框架和多Agent技术，定义基于多Agent企业演化模型。基于智能Agent技术建立企业成员的内部结构模型，描述企业成员Agent的各方面特性，采用Holland分类器系统与规范的模糊选择法进行企业Agent行为规范的学习与演化设计。基于规范、多Agent和合同网技术对企业协作、协同关系进行建模，并描述企业成员的自适应行为所产生的协作关系。实现了企业演化仿真程序基于Swarm平台进行程序设计，实现了一定的模型程序重用。最后，对企业演化动态仿真分析，验证了规范的作用及相应的企业行为，为企业演化相关研究提供了方法和工具平台。

第三节　主要研究内容

本书共分七章，主要内容安排如下。

第一章绪论。界定了企业演化的问题，提出企业演化研究思路，提出本书的总体研究内容，给出了企业演化的研究方法与技术路线。

第二章企业演化的理论方法基础。综述了企业演化研究的相关理论基础，包括演化经济学、复杂适应系统的企业演化研究等，讨论了企业演化仿真的研究现状和方法论特征，总结了企业演化的研究趋势。

第三章企业演化框架及机制研究。分析了企业演化的特性，针对惯例、规则和规范进行了深入的概念剖析，在CAS和演化经济学的理论方法基础上，提出了基于规范的企业演化假设框架，分析了基于规范的企业演化机制，包括了企业演化的自组织机制、过程机制和约束机制。

第四章基于规范的多视图企业演化概念模型。为获取企业规范和企业需求细节信息，需要建立企业概念模型。第一，为了与企业战略相一致，构建了企业目标视图。基于企业各阶段战略目标分析的企业目标模型定义，研究企业目标约束及目标修改，企业目标视图的设计方法。第二，针对企业各阶段主要演化因素获取各类规范，建立分层、分类的规范库。第三，从组织行为角度定义基于规范的角色行为模型和基于组织规范的企业组织模型的定义，提出了基于规范的企业组织模型的设计方法。第四，基于角色行为的企业业务过程模型定义，组织规范约束下的企业业务过程模型，提出了以规范为基础的企业业务过程模型的设计方法。第五，基于角色行为的主体交互定义，规范约束下的企业交互模型，提出了基于规范的企业交互模型的设计方法。

第五章企业演化的多 Agent 模型。本章首先基于 CAS 框架定义了企业演化的总体模型。其次，基于行为规范的企业 Agent 学习演化机制设计，基于规范的 Holland 分类器系统改进设计企业成员内部结构，基于模糊选择法进行行为规范的学习与演化，设计了企业成员适应性机制。最后，研究了基于规范和合同网的企业协作协同机制设计，提出了企业 Agent 交互协议。

第六章企业演化的 SWARM 仿真。本章研究可重用企业演化仿真平台的需求，在仿真系统重用性和 Swarm 的约束下进行仿真平台的设计与实现，对仿真结果进行分析。根据仿真结果，研究企业规范变化及调整分析，给出仿真结论。

第七章结束语。对本书主要研究内容进行了总结，并提出下一步的研究构想。

第四节 研究方法和技术路线

一、基本假设

企业演化的研究考虑如下一些基本假设。

（一）有限知识假设

演化经济学的行为假定不仅是有限理性，而且是有限知识。演化经济学认为，由于经济人的有限理性，其行为表现为适应环境变化而采取惯例或创新策略。有限理性是指"一种受到较多约束的理性"，企业有限理性的主要原因是企业所拥有的信息等是有限的。西蒙过程理性认为主体每次的决策不要求是完全正确的，只要求主体能够根据经验逐步调整其行为，提高决策的正确性。哈耶克认为人类的文明是由分散在个人的经验和知识通过社会的交互作用来不断累积、演化而来，而不是人类理性建构的结果。结合以上的研究和行为经济学思想得到理性不是一种先天的遗传特性，而是后天的积累，这个过程就是实践和学习的过程，其产物就是知识，而每个主体所掌握的知识都是有限的、有差异的。所以企业演化的假设从有限理性转到有限知识。由于该假设，在一定时期内企业所追求的是某方面比过去做得更好，企业决策行为的选择总是满意解而不是最优解，企业的行为是一种适应性行为，表现为一个通过不断改错、提高创新、不断适应环境的行为，表现在行为目标上的不断改进、行为策略上的创新。

（二）主体的属性假设

假设主体是有限知识，主体的知识、能力和单位时间内所能获取和处理的信息是有限的，受到各种现实条件的限制，往往采取自身认为满意的行为，并不断改进其目标和行为规范。主体的行为决策与其自身的特征、演化历史、现状、环境、制度和自我评价与满意程度有关。这样类型的假设，实际上是描述外部输入和内部记忆对社会系统中主体决策的影响。对主体行为决策的假设需要详细描述对主体决策的影响因素、影响方式和影响程度，在仿真的实现中，决定了对主体的决策如何计算处理。主体决策取自有限个数的行为规则集合，在演化中由于外部选择压力而不断淘汰权重较小规则，新的行为规则可通过学习或尝试自身变异而产生，并且可以遗传继承，决定了主体具有的智能性、不同质性、自适应性和社会性。主体间交互产生互相影响，主体的行为对整个系统的影响是局部有限的，主体的行为受系统中其他主体行为的影响，可以通过系统的结构传播，最终都可能直接或间接地对其他成员产生影响。

（三）随机事件假设

企业演化过程中的随机事件会对决策主体的行为产生影响，某些时候，主体也会随机采取一些看似不合理的行为，这样的现象在社会的演化中经常可以被观测到。在计算实验中，需要基于这样的假设处理许多随机事件。

二、关键技术问题

企业演化计算实验研究的程序设计方法。主要是面向对象的系统分析设计思想，根据分析目标的不同，企业中的主体处于不同层次，也有不同类型，甚至主体的智能性等特性也有强弱之分。虽然仿真设计 Agent 时，强调 Agent 设计的同质性，但是将所有的 Agent 设计成一个模式，与实际研究背景不符。而且从工程的角度来看，系统的重用、共享或冲突等都存在较大的问题，对于这个问题主要利用面向对象系统设计的继承机制，将各类主体设计成具有继承特性的个体，是一个可行的做法。

仿真程序的结构。仿真程序除了依照 Swarm 的模型框架结构外，还可以制定出统一的可复用的程序结构，供使用者快速建立自己的仿真系统。

多 Agent 建模方法。多数社会经济问题利用 Agent 建模时，只是根据自己的问题快速投入问题分析和仿真设计，其中可重用的部分较少，利用多 Agent 工程的思想构建企业演化分析的具体步骤，为持续研究降低进入门槛，减少研究成本，扩展研究范围起到重要的作用。

多层分类器智能学习模型。多数社会经济问题研究时往往只借鉴了 Agent 的基本概念，但降低或忽略了多 Agent 的智能性、适应性等 Agent 固有特性。目前企业演化的研究需要深入企业的行为细节，才能将以前研究忽略的因素考虑进去。因此，Agent 智能性设计要体现在企业演化建模里，这样才能做到名副其实的企业演化研究。

仿真评价指标。企业演化仿真指标设计时，需要符合企业的社会地位，从成本效益指标过渡到社会效用与成本效用指标相合的指标。

随机数的设置。在许多仿真过程中，事件的发生是随机的，或者事件属性值的确定具有偶然性。由于这些随机因素的存在，在建模过程中就需要用服从各种分布的随机变量来描述系统中存在的随机和偶然性问题。使用计算实验方法研究复杂企业的演化必须考虑系统的随机性所带来的各种影响，如果实验模型都是基于确定性信息的，那么有可能得出一些完全违反基本事实的结论。

三、研究方法

本书期望在研究方法上有所突破，突破传统经济理论和管理理论的限制，尝试一种跨学科的研究，采用计算实验方法，综合了演化经济学理论、管理学和计算机等多学科的理论方法对企业演化进行研究。研究方法为定性与计算实验相结合的研究，主要体现在以下三方面：第一是为企业演化的框架与机制分析。主要采用定性的方法，进行资料和文献的整理后，进而进行企业演化的分析假设研究。第二是进行企业演化的建模与仿真设计，主要是利用信息科学的思路，工程的方法技术建立企业演化的概念模型和多 Agent 模型。第三是仿真设计和结果分析，利用仿真设计前端分析的结果，构造设计运行仿真系统，并对仿真结果进行分析，得到结论。

四、技术路线

围绕本书的研究内容与目标，理论研究和计算实验相结合，本书研究的技术路线如图 1-1 所示。

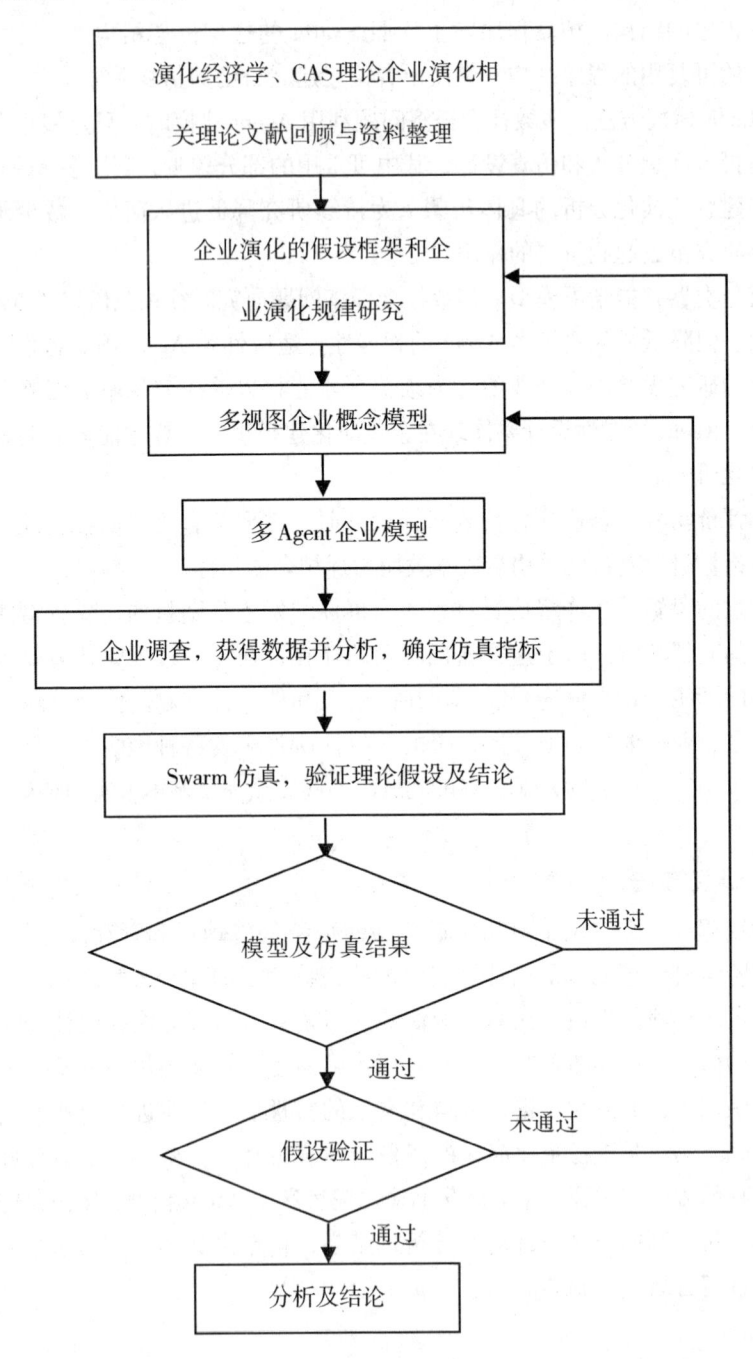

```
┌─────────────────────────┐
│ 演化经济学、CAS理论企业演化相 │
│   关理论文献回顾与资料整理    │
└───────────┬─────────────┘
            ↓
┌─────────────────────────┐
│ 企业演化的假设框架和企      │←──────┐
│   业演化规律研究            │        │
└───────────┬─────────────┘        │
            ↓                       │
┌─────────────────────────┐        │
│      多视图企业概念模型     │←──┐   │
└───────────┬─────────────┘    │   │
            ↓                   │   │
┌─────────────────────────┐    │   │
│       多 Agent 企业模型     │    │   │
└───────────┬─────────────┘    │   │
            ↓                   │   │
┌─────────────────────────┐    │   │
│ 企业调查，获得数据并分析，确定仿真指标 │   │
└───────────┬─────────────┘    │   │
            ↓                   │   │
┌─────────────────────────┐    │   │
│  Swarm 仿真，验证理论假设及结论  │    │   │
└───────────┬─────────────┘    │   │
            ↓                   │   │
         ╱─────╲                │   │
        ╱ 模型及 ╲  未通过        │   │
       ╱ 仿真结果 ╲──────────────┘   │
        ╲       ╱                    │
         ╲─────╱                     │
            ↓ 通过                    │
         ╱─────╲                     │
        ╱       ╲  未通过              │
       ╱ 假设验证 ╲─────────────────┘
        ╲       ╱
         ╲─────╱
            ↓ 通过
┌─────────────────────────┐
│        分析及结论          │
└─────────────────────────┘
```

图 1-1　技术路线图

第二章

企业演化的理论方法基础

第一节 企业演化的相关理论

库尔特·多普弗认为"企业演化就是由一系列从事特定任务的组成部分之间的关系所构成的域",企业作为知识使用和积累的实体,可以被视为一个生产性知识的社会组织单位,组成部分是个人或由个人组成的群体,具备完成特定生产性知识的任务和能够将自己的工作与其他部分联系起来,将企业作为一个开放系统观察其演化过程。经济学、管理学、社会学等学科领域的学者从不同角度提出了具有创见性的企业演化观点,如组织生态学、生命周期理论、企业DNA理论、演化经济学和复杂适应系统理论等。组织生态学主要研究组织种群间的竞争与合作、组织与环境之间的相互作用关系等问题,为企业演化提供了理论支持和实践指导,如企业如何制定竞争策略,如何应对市场变化,等等。生命周期理论关注企业从创立到成熟,再到衰退,最后消亡的生命周期,试图为企业找到能够与其特点相适应,使得企业找到一个相对较优的模式来保持企业的发展能力。企业DNA理论把企业视为一种生命体,与生物体一样有自身的遗传基因,决定了企业的基本状态和种种特征。演化经济学主要研究经济系统的动态演变规律和机制,它把经济系统看作一个复杂的动态系统,强调经济系统中各组成部分之间的相互作用和演化关系,研究为企业演化提供了经济学角度的启示。复杂适应系统认为系统演化的动力本质上源于系统内部,微观主体的相互作用生成宏观的复杂性现象,强调系统内部要素的相互作用和适应性,通过自组织、涌现等机制形成复杂的宏观结构和行为,有助于更好地理解和研究企业复杂系统的行为和特征。这些理论从不同角度为企业演化提供了启示和支持,对于指导企业如何在不断变化的市场环境中实现持续演化具有重要意义。

一、组织生态学理论

组织生态学是在组织种群生态理论基础上发展起来的一门新兴交叉学科。它借鉴生物学、生态学、社会学等学科知识，结合新制度经济学和产业经济学等学科的理论来研究组织个体的发展以及组织之间、组织与环境之间的相互关系。组织生态学始于1977年Hannan和Freeman发表的《组织生态学》，主要是从生物学的自然淘汰学说演变而来的，主要研究组织个体成长、发展、死亡及组织与组织之间、组织与环境之间的相互关系，运用生态学的概念、模型、理论和方法来对组织进行分析，主要关注组织随时间的发展变化问题。①

组织生态学理论主要从企业的生态位、合法性以及组织惯性的角度说明企业的成长演化机制。从生态位角度，Levins认为生态位是指一个生态系统中的物种在其种群和相应的生态系统中的相对地位、位置和功能。② Hannan和Carroll提出合法化和竞争两个生态过程，并建立种群密度依赖公式，研究这两个生态过程对不同阶段的种群密度的影响。③ Olav Sorenson则在此基础上，又提出了选择和组织学习这两个生态过程，从而能够更好地解释企业种群的演化过程。④ 从合法性角度来看，Zimmerman和Zeitz认为新企业的形成实质是一个合法化的过程。⑤ Carroll和Delacroix认为新企业往往不能很好处理与竞争产业的关系，导致新企业相比于老企业死亡率高很多。⑥ 从组织惯性的角度，Haveman认为组织惯性是企业在成长过程中具有保持成长状态稳定，并对变异具有抵制特性的惯例。⑦ Levinthal和Myatt认为随着企业不断成长壮大，企业内形成了大

---

① 轩梦月. 组织生态学理论在管理研究中的现状与今后研究方向 [J]. 经营与管理, 2019 (4): 32-34.
② 侯杰, 陆强, 石涌江, 等. 基于组织生态学的企业成长演化：有关变异和生存因素的案例研究 [J]. 管理世界, 2011 (12): 116-130.
③ HANNAN M T, CARROLL G R. Dynamics of Organizational Populations: density, legitimation and competition [M]. New York: Oxford University Press, 1992.
④ SORENSONO O. The Effect of Population-Level Learning on Market Entry. The American Automobile Industry [J]. Social Science Research, 2000, 29 (3): 307-326.
⑤ ZIMMERMAN M A, ZEITZ G J. Beyond Survival: Achieving New Venture Growth by Building Legitimacy [J]. Academy of Management Review, 2002, 27 (3): 414-431.
⑥ CARROLL G R, DELACROIX J. Organizational Mortality in the Newspaper Industries of Argentina and Ireland: An Ecological Approach [J]. Administrative Science Quarterly, 1982, 27 (2): 169-198.
⑦ HAVEMAN H A. Organizational Size and Change: Diversification in the Savings and Loan Industry After Deregulation [J]. Administrative Science Quarterly, 1993, 38 (1): 20-50.

量的惯例，迫使企业仍然保持原来的发展轨道，很难应对环境的变化，最终导致无法适应环境变化。[1] Barney 认为组织惯性逐渐增大时，形成一定的习惯与技术经验，对于提高企业初期的生存和竞争力十分重要。[2] Hannan 和 Freeman 认为组织惯性高的企业，虽然在同类企业的初期竞争选择中往往处于有利的地位，但同时企业的适应能力也较低，不容易发生变异。[3] 严家明总结认为企业自身具有保持发展运动状态稳定的内在要求，一定程度上对变革抵制，在没有受到竞争压力和挑战时，其发展模式与运行路径将保持不变的态势。[4]

组织生态学运用生态学的概念、模型、理论和方法来对组织进行分析，主要关注组织随时间的发展变化问题。组织生态学的研究重点不在于个别组织如何演变，而是整个组织种群或组织群落的变化，认为由于资源的限制，不同种群之间，以及种群内的不同组织之间，为了谋求生存和发展而试图改变对资源的占用状态，进而产生竞争。

二、企业生命周期理论

企业生命周期理论是描述一个企业成立以来所经历的不同发展阶段的理论，它基于企业在市场上的表现和经济情况，分析企业在不同阶段的特点、挑战和机会，在企业生命周期的每个阶段，企业都面临着不同的市场环境和竞争压力。[5] 这些阶段可以被视为一个企业从成立到衰退的过程，尽管每个企业的情况都可能有所不同。企业生命周期的概念有助于企业领导者和管理者预测和应对可能出现的问题，并制订相应的战略规划。[6] 国内外学者分别从企业生命周期的阶段划分和构建企业生命周期模型的角度，研究了企业生命周期理论。

从企业生命周期的阶段划分的角度，Adizes 将公司的成长历程划分为孕育期、婴儿期、学步期、青春期、壮年期、稳定期、贵族期、官僚早期、官僚期、

---

[1] LEVINTHAL D, MYATT J. Co-Evolution of Capabilities and Industry: The Evolution of Mutual Fund Processing [J]. Strategic Management Journal, 1994, 15 (1): 45-62.

[2] BARNEY J. Firm Resources and Sustained Competitive Advantage [J]. Journal of Management, 1991, 17 (1): 99-120.

[3] HANNAN M T, FREEMAN J H. The Population Ecology of Organizations [J]. American Journal of Sociology, 1977, 82 (5): 929-964.

[4] 严家明. 惯性管理：企业持续发展之道 [M]. 北京：经济科学出版社，2005.

[5] 柴可嘉. 基于产品生命周期理论的制造企业成本管理研究 [J]. 商业会计，2021 (3): 101-103.

[6] 夏志宏. 基于企业生命周期理论的企业管理制度研究 [J]. 全国流通经济，2023 (17): 116-119.

死亡期这十个时期，较为形象地总结了企业各时期的特点，并给出了相关的应对措施，指出了企业生存过程中的基本发展和相互制约的关系。企业的成长与老化主要通过灵活性与可控性这两大因素之间的关系表现出来[1]，"灵活性强"的企业变革相对容易，但控制水平较低；可控性强的企业往往缺乏灵活性，缺乏变革的意向，在不同的阶段，企业可能会陷入不同的陷阱。[2] JenKins 探讨了企业在生命周期的不同阶段，所采取的不同的竞争战略，并认为投资人对于销售成长的能力和获利能力的重视程度会有所不同，当企业由成长期进入成熟期或由成熟期进入衰退期，其获利能力与销售成长能力的价值攸关性的差异有显著变化。[3] Greiner 研究了企业组织演化过程，随着企业从产生到成熟以及企业规模的不断扩大，企业将经历五个发展阶段，即通过创造性获得增长阶段、通过指导与控制获得增长阶段、通过授权获得增长阶段、通过协调获得增长阶段、通过合作获得增长阶段。[4] 我国学者陈佳贵对企业生命周期进行了重新划分，将企业生命周期分为孕育期、求生存期、高速发展期、成熟期、衰退期和蜕变期，在企业衰退期后加入了蜕变期，这个关键阶段对企业可持续发展具有重要意义。[5] 胡美琴等通过建立企业生命周期和企业家管理周期匹配下的动态竞争力模型分析了企业不同生命周期阶段竞争力的演变过程，认为在企业的早期——孕育期和婴儿期，企业核心竞争力的实质是要素竞争力；在企业的成长期，企业的核心能力是市场竞争力；在企业的变革期，企业的核心竞争力是持续发展能力。[6] 曹裕、陈晓红和王傅强等人从资源、能力和动态机制三个层面对企业竞争力在不同生命周期阶段的差异进行了实证分析，并提出了初创期企业资源相对匮乏，以能力竞争为主的特征。在成长期，企业资源日渐丰富，其竞争力的组成要素是资源和能力。在成熟期，企业的人力、财力和物力资源都比较充足，而能力的作用则逐渐减弱。在衰退时期，企业的资源逐渐枯竭，回

---

[1] 王炳成. 企业生命周期研究述评 [J]. 技术经济与管理研究, 2011 (4): 52-55.
[2] ADIZES I. Corporate Lifecycles: How and Why Corporations Grow and Die and What to Do about It [M]. NJ: Prentice Hall, 1989.
[3] JENKINS D S, KANE G D, VELURY U. The Impact of the Corporate Life -Cycle on the Value -Relevance of Disaggregated Earnings Component [J]. Review of Accounting & Finance, 2004, 3 (4): 5-20.
[4] GREINER L E. Evolution and Revolution as Organizations Grow [J]. Harvard Business Review, 1972 (7-8): 37-46.
[5] 陈佳贵. 关于企业生命周期与企业蜕变的探讨 [J]. 中国工业经济, 1995 (11): 5-13.
[6] 胡美琴, 李元旭, 骆守俭. 企业生命周期与企业家管理周期匹配下的动态竞争力模型 [J]. 当代财经, 2006 (1): 76-79, 88.

归到以能力为基础的竞争模式，但该阶段企业的学习能力、创新能力和动力机制的绩效都是最糟糕的，这会对企业变革产生影响，甚至导致企业走向灭亡。① 赵丹认为企业的管理制度需要根据企业经营管理阶段的变化和管理特征的变化来灵活调整，在不同的生命周期阶段，企业需要设计和执行不同的管理模式，以应对复杂的经营管理外部环境和内部控制需求，促进企业的高质量发展。②

从构建企业生命周期模型的角度，Leontiades、Cameron、Whetten 将企业成长阶段划分为以下四阶段：第一阶段是创业期，特点是单一领导者控制、汇集资源、意见纷纭、开创性的活动、少有规划及协调；第二阶段是集体期，特点是非正式沟通及结构、逐渐形成集体意识与使命感、高度组织承诺；第三阶段是正式控制期，特点是规章制度正式化、组织稳定、强调效率、保守主义；第四阶段是结构细分时期，特点是组织结构精致化、分权、拓展业务范围、适应及更新，主要目标是强化适应能力以追求新生的契机。③ Kazanjian 和 Drazin 在重新分析 Miller 和 Friesen 所提出的五阶段组织生命周期理论模型时也指出，四阶段或是三阶段的组织生命周期模型均比五阶段模型更具有预测能力。④ 在国内研究中，单文、韩福荣指出企业的成长是质与量的共同成长，任何单独以质或量描述企业成长的模型都是片面的、不完善的，因此，从企业的响应度、可控性和企业规模三个指标出发，构建了一个三维的企业生命周期模型。⑤

企业生命周期理论将企业的发展视为生物体生命周期现象的一种模拟，存在着从出生到成长、成熟、衰老与死亡的周期性。通过对企业生命周期的研究发现，虽然不同企业的寿命有长有短，但各个企业在生命周期的不同阶段所表现出来的特征却具有某些共性。了解这些共性，便于企业了解自己所处的生命

---

① 曹裕，陈晓红，王傅强. 我国上市公司生命周期划分方法实证比较研究 [J]. 系统管理学报，2010，19（3）：313-322.
② 赵丹. 基于企业生命周期理论的企业管理制度研究 [J]. 全国流通经济，2023（14）：61-64.
③ 王炳成. 企业生命周期研究述评 [J]. 技术经济与管理研究，2011（4）：52-55.
④ CAMERON K S, WHETTEN D A. Perceptions of Organizational Effectiveness over Organizational Life Cycles [J]. Administrative Science Quarterly, 1981, 26: 525-544; LEONTIADES M. Strategies for Diversification and Change [M]. MA: Little Brown, 1980; MILLER D, FRIESEN P H. A Longitudinal Study of the Corporate Life Cycle [J]. Management Science, 1984, 30 (10): 1161-1183.
⑤ 单文，韩福荣. 三维空间企业生命周期模型 [J]. 北京工业大学学报，2002（1）：117-120.

周期阶段,从而修正自己的状态,尽可能地延长自己的寿命。

三、企业 DNA 理论

"企业 DNA"概念源于演化经济学,美国密歇根大学商学院的教授 Noel M. Tichy,认为企业是一种生命体,拥有与生物演化相似的特征,就像其他自然生物一样,企业的 DNA 是决定一个企业生命体的基本形态特征、成长发展、变异的内部因素。国内外学者分别从企业 DNA 要素、企业 DNA 结构和企业 DNA 模型角度出发对企业 DNA 理论进行了研究。

从企业 DNA 要素的角度出发,研究者对企业业务能力要素、企业文化要素和企业惯例要素进行了研究。企业的业务能力要素是"企业价值链中的一组可以为企业带来特定产出的价值元素",这些价值元素基于有形能力要素、交易能力要素、知识能力要素,与决定人类个体的体貌及性格特征的 DNA 一样,业务能力要素是企业价值链中对企业产出有独立贡献的一个组成部分,是企业的基因,以此来研究新的竞争环境下企业如何通过"重组业务能力要素"实现新的基因组合来提升企业的竞争力和价值。① 从企业文化的角度,David 认为企业文化是一种存在于组织内每一个员工心中的信仰,是企业的 DNA,并分析了改变企业 DNA 的方法及可能面临的阻力。② 卫华诚将企业文化作为企业的基因,同时认为创新是造成企业强制性突变的因素,从企业文化和企业惯例的对比分析,认为惯例是企业文化结构层面的关系,而企业文化具有基因的特征,因此是企业的基因。③ 田奋飞认为企业的各种行为最终都会因其他企业的"共享""购买""学习""模仿"等行为而趋于消失,而唯有基于以价值观为核心的企业文化的异质性因其难以"共享""购买""学习""模仿"而得以持续。④ 王丽娟分析企业文化就是企业的基因,并且企业基因也存在着与生物的基因表达和进化中反应循环、催化循环和超循环类似的三级循环,组织学习能力如同酶一样贯穿始终。⑤ 从企业惯例要素的角度,Nelson 和 Winter 将惯例描述为"企业的一切规则和可以预测的行为方式",包括企业明确的技术惯例,投资、研发和广

---

① 奥瑞克,琼克,威伦. 企业基因重组:释放公司的价值潜力 [M]. 高远洋,等译. 北京:电子工业出版社,2003:15-20.
② DAVID F. Altering the Corporate DNA [J]. Management Review,1994,83 (12):4.
③ 卫华诚. 长寿企业研究 [D]. 武汉:华中科技大学,2004.
④ 田奋飞. 生命的长度与节奏:文化基因视角的企业寿命分析 [J]. 社会科学家,2008 (8):41-45.
⑤ 王丽娟. 基于基因表达视角的企业文化 [J]. 经济管理,2009,31 (5):103-108.

告的决策，企业的商业战略，并认为企业的惯例是"可以遗传的"，起着"基因在生物进化中的作用"，以此来研究企业在动态经济演化中的行为。① 惯例的提出，使其作为企业基因的定义得到了相当多研究者的认同。郭强和孟宪忠通过将企业惯例与生物基因类比，得出惯例在企业中具有类似基因功能的结论，是组织中的记忆，执行着传递技能和信息的功能，它具有学习效应的获得性遗传特征，这种惯例具有路径依赖的特征，是长期积累形成的、储存在组织内部、影响企业行为的遗传因子。② 夏志宏在认同惯例作为企业遗传基因的同时，对惯例进行了三个层次的划分，包括战略层惯例、经营层惯例和操作层惯例，并对各自层次的特点进行了多角度分析，认为"做"是实现基因复制的途径，"学习与创新"是企业变异的途径。③

国内外学者对企业DNA结构的研究，按照与生物基因结构是否相似将企业基因结构分为创新型结构和模仿型结构两类。对于创新型结构，学者提出了很多与生物基因结构不同的企业基因结构，Tichy提出了企业基因的模型包含"决策架构"和"社交架构"两要素，前者是企业制度的重要因素，后者是企业文化的重要因素，两者共同构成企业的营运机制。④ Neilson提出的企业基因结构是认同比较广泛的一种，后续的很多研究也都借鉴了他的成果，他认为企业基因结构包括"组织架构""决策权""激励机制""信息传导"四个要素。⑤ 李刚认为企业基因的结构应该包含"赢利模式""决策模式""组织结构""信息传导"，将激励机制换成赢利模式。⑥ 王丽平和金斌斌基于企业成长视角，从内生性、外生性和网络化三个维度构建企业基因模型，分别探讨创业能力、价值能力、政策支持、区域业态和网络资源的单项基因及基因组态对企业成长的作用路径。⑦ 夏天、张启望和张楠将创新型结构要素嵌入模仿型结构，构建"双

---

① NELSON R, WINTER S. An Evolutionary Theory of Economics Change [M]. Cambridge：The Belknap Press of Harvard University Press，1982.
② 郭强，孟宪忠. 企业基因与企业健康 [J]. 企业管理，2004（7）：86-88.
③ 夏志宏. 基于企业生命周期理论的企业管理制度研究 [J]. 全国流通经济，2023（17）：116-119.
④ TICHY N M, SHERMAN S. Control Your Destiny or Someone Else Will [M]. New York：Harper Business，1993.
⑤ NEILSON G. Organization DNA [J]. Strategic Finance，2004，86（5）：20-22.
⑥ 李钢. 基于企业基因视角的企业演化机制研究 [M]. 上海：复旦大学出版社，2007.
⑦ 王丽平，金斌斌. 新经济下创业企业非线性成长基因组态与等效路径研究：基于模糊集定性比较分析 [J]. 科技进步与对策，2020，37（7）：69-78.

链-四碱基-九基因"的双螺旋企业基因结构。[1] 从企业基因的层次结构上，纳尔逊和温特将惯例视为企业的基因，并将其分为三个层次，包括"与经营特点有关的惯例""与投资规则有关的惯例""指导改变其他惯例的惯例"[2]。龙贵玲认为企业基因有三个层次：以核心价值观为代表的企业文化；学习力、创新力与危机应变力；组织结构、信息传导、决策与激励机制。前两个层次是隐性基因，第三层次是显性基因。[3] 周晖提出的企业基因结构完全模仿生物基因双链四碱基的结构，企业基因结构中的双链是"劳动力链和资本链"，四个碱基分别是"技术、公司治理、企业文化和企业家"[4]。李全喜等运用和谐理论进行企业基因结构的分析，认为双链是"和链"与"谐链"，四碱基则是"和链"上的"理念、制度"以及"谐链"上的"技术和工具"[5]。薛晓芳等通过研究虚拟企业，认为企业基因结构的双链是"契约链和知识链"，四个碱基分别为"组织架构、决策权、信息传导与激励机制"[6]。

对企业DNA模型的研究认为目前主要有六种企业DNA模型，Tichy Noel M提出的企业DNA模型从组织形态上看基因密码如何构成，认为有两个主要的构成元素：一是决策架构，哪些决策会被制定，如何制定；二是社交架构，人们如何彼此相处，如何彼此聆听、彼此支持、彼此尊重、如何处理冲突。[7] Baskin认为企业DNA无所不在，企业DNA包含全部的内部信息，这些信息分布在各处，组织内的员工可以利用这些信息自主工作，就像生物体内的DNA包含所有结构和程序指令一样，企业DNA也应当包含组织的每一个结构和每一个程序的指令。企业DNA具有灵活性，在技术迅速改变我们的工作方法的时代、在面临来自各方面竞争的时代、在客户需求不断变化的时代，必须使企业DNA适应市场的变化，不断地完善现有的结构和程序，企业DNA具有独特的利用模式。

---

[1] 夏天，张启望，张楠. 企业基因对企业绩效作用机制研究 [J]. 企业经济，2021，40 (2)：44-51.

[2] NELSON R, WINTER S. An Evolutionary Theory of Economics Change [M]. Cambridge：The Belknap Press of Harvard University Press, 1982.

[3] 龙贵玲. 基于企业基因视角的长寿企业研究 [D]. 西安：西北大学，2009.

[4] 周晖. 企业生命模型研究 [J]. 经济科学，2002 (6)：84-91.

[5] 李全喜，马晓苗，李坤. 基于和谐理论的企业DNA模型 [J]. 科技进步与对策，2009，26 (6)：92-94.

[6] 薛晓芳，孙林岩，霍晓霞. 多种群协同进化策略下的虚拟企业基因重组 [J]. 运筹与管理，2009，18 (3)：138-143.

[7] TICHY N M, SHERMAN S. Control Your Destiny or Someone Else Will [M]. New York：Harper Business, 1993.

高哈特和凯利在企业蜕变理论中提出了"生物法人"的概念，认为企业是有生命的有机体，称为"生物法人"①。周晖和彭星间构建了完整的企业DNA模型，设计了企业DNA的双链以及四个碱基，技术与企业的技术效率相关，机制与企业的代理效率相关，企业家作为企业生产函数和费用函数的决定者决定着企业的技术效率与代理效率，而文化作为一种非正式的制度，促进合作，提高企业的代理效率与技术效率，技术、机制、企业家、文化与资本链、劳动链一起构成了企业的生命模型。② 许明提出企业基因结构是以"人力资源"和"资本"为双链，"文化、企业家（核心员工）、组织以及物力资源"为碱基组成的螺旋结构。③ 此外，有部分学者借助生物学的基因双螺旋结构，基于创新文化、技术能力等方面的考察，构建创新文化基因模型和技术能力基因结构模型。④ Neilson Gray等学者强调企业DNA在企业发展中的重要性，他们认为企业的DNA由组织架构、决策权、激励机制和信息传导四个基本要素组成，通过无数种组合方法形成企业的独特性，就像生物双螺旋结构的DNA由四种核苷酸分子组成一样。⑤ Aurick Johan C等分析了企业基因重组的必然性，将企业业务能力要素分为有形能力要素、交易能力要素以及知识能力要素，只有当企业将竞争优势建立在能力要素层次时，企业才可以通过直接销售它们最好的能力要素产出来获得增长，从而找到新的成长机会。⑥

企业DNA理论把企业看作一个具有自身基因的生命体，企业DNA决定了企业的形式、发展甚至变异的各种特性，决定了企业的规模和类型，以及企业运作的健康和有序发展。

四、演化经济学理论

演化经济学是20世纪80年代以来现代西方经济学创新的一个重要理论分支，包括以斯密、马克思、马歇尔和凡勃伦为代表的萌芽期、以熊彼特为代表

---

① BASKIN K. Corporate DNA: Organizational Learning, Corporate Co-evolution [J]. Emergence, 2000, 2 (1): 34-49.
② 周晖，彭星间. 企业生命模型初探 [J]. 中国软科学，2000 (10): 111-116.
③ 许明. 基于基因结构的企业成长影响因素研究：从"零和竞争"到"正和竞争" [J]. 暨南学报（哲学社会科学版），2019, 41 (2): 15-26.
④ 覃世利，张洁，杨刚，等. 基于"双螺旋"的企业创新文化基因模型构建 [J]. 科技进步与对策，2019, 36 (2): 96-101.
⑤ NEILSON G. Organization DNA [J]. Strategic Finance, 2004, 86 (5): 20-22.
⑥ 加里·尼尔逊，布鲁斯·帕斯特纳克，德乔·门德斯，等. 什么是企业DNA [J]. 管理与财富，2005 (2): 52.

的用演化思想来研究资本主义的旧演化经济时代、以纳尔逊和温特《经济变迁的演化理论》为标志的现代演化经济学时期。① 现代演化经济学研究将达尔文生物进化论和拉马克的遗传基因理论作为基本思想，是一种借鉴生物进化的思想方法和自然科学多学科领域的研究成果，研究经济现象和行为演变规律的学科，它将技术变迁看作众多经济现象背后的根本力量，以技术变迁和制度创新为核心研究对象，以动态的、演化的理念来分析和理解经济系统的运行与发展。拉马克主义的研究认为企业演化取决于自身适应能力，企业会有意识地改变自己以适应环境的变化，企业变异并不是无方向和随机的，企业的演化依赖其自身的能力情况，企业主动变异后获得的功能可以遗传下来。②

基于演化经济学理论国内外学者主要从惯例性企业行为角度和企业技术创新能力等角度研究企业演化。纳尔逊和温特从惯例性企业行为研究企业系统演化问题，认为企业的演化过程是一个惯性的学习过程，"惯性"是一种光滑序列的协调一致的行为能力，"惯例"是程序化的，在很大程度上是一种默示知识，并且往往是自动进行的选择，提出了演化的经济增长模型③，Dosi、Rumelt P. Richard、Foss、Nelson 等进一步强调企业的能动性特征，如组织学习、创新、动态能力、战略等在企业间及企业与环境间的相互作用过程中对企业多样化的作用。Lovas 和 Ghoshal 给出指导企业战略选择的战略目的、员工、组织资产、组织结构与常规以及高层管理团队等五种因素，认为组织演化和生态力量是通过相对小而及时的外部力量显著地影响企业内在成长过程。④ Pettigrew 和 Silvia Massini 探索了组织结构的适应性、程序化的组织惯例和显性的管理实践涌现的知识与技术创新活动之间的关系，以此支持组织惯例模仿与选择的演化模式。⑤ 芮明杰从劳动分工、协作方面和企业惯例行为等方面对企业发展演化进行了系

---

① 纳尔逊，温特. 经济变迁的演化理论 [M]. 胡世凯，译. 北京：商务印书馆，1997.
② 邢以群，田园. 企业演化过程及影响因素探析 [J]. 浙江大学学报（人文社会科学版），2005 (4)：83-89.
③ 纳尔逊，温特. 经济变迁的演化理论 [M]. 胡世凯，译. 北京：商务印书馆，1997.
④ LOVAS B, GHOSHAL S. Strategy as Guided Evolution [J]. Strategic Management Journal, 2000, 21 (9)：875-896.
⑤ PETTIGREW A, MASSINI S, NUMUGAMI T. Innovative Forms of Organizing in [J]. Europe and Japan European Management Journal, 2000, 18 (3)：259-273；MASSINI S, LEWIN A Y, NUMAGAMI T, et al. The Evolution of Organizational Routines Among Large Western and Japanese Firms [J]. Research Policy, 2002, 31 (8-9)：1333-1348.

列研究。① 夏炜、蔡建峰基于演化经济学和竞争优势的相关理论,从企业惯例、选择环境、搜寻机制出发来分析企业竞争优势演化的关键影响因素。② 吴光飙将演化论中的惯例思想融入了企业发展的战略分析。③ 杨玉秀、杨安宁从演化经济学的视角来看企业竞争力的变化,指出企业竞争力的形成变化是企业在自身惯例约束作用下的结果和表现,同时也是企业对环境进行适应性学习的结果,其实质是路径依赖和企业适应性调整的统一,是企业在惯例和适应性调整共同作用下的结果。④ 从企业技术创新能力角度,Jesus Galende 基于演化经济学和资源基础理论,探讨了企业中的技术创新过程以及技术创新的复杂特性,并以此促进企业持续成长与演化。⑤ Iwai 基于企业的技术创新、模仿和投资复杂性三种因素的相互作用关系,建立了产业发展变化的演化数学模型。⑥

演化经济学的理论方法已经成为分析和描述复杂经济现象与过程的重要方法,以动态演化的眼光理解社会经济发展过程的思想已经被越来越多的经济学家承认与重视。基于演化经济学的企业演化主要集中在从惯例性企业行为角度进行研究,惯例是企业持久不变的行为特点,其深深植根于企业的一切思维和行为中,可以通过企业之间的学习行为而被遗传,具有一定的稳定性。惯例也可以根据环境的变化而发生改变,是可以遗传和变异的,即"搜寻"与"创新"。目前演化经济学主要涉及组织、技术和制度三个维度,并正逐渐扩张至主流经济学一直忽视的空间地理维度,为企业演化的研究提供相应的理论依据。

五、复杂适应系统理论

复杂适应系统理论是美国圣塔菲研究所(SFI)指导委员会主席、遗传算法之父约翰·H. 霍兰德教授于 1994 年在 SFI 成立 10 周年时正式提出的。他主持

---

① 吴光飙. 企业发展的演化理论 [M]. 上海:上海财经大学出版社,2004:10;宋亦平. 分工、协作和企业演进:一个一般理论及对知识社会企业规制的分析 [D]. 上海:复旦大学,2003.

② 夏炜,蔡建峰. 企业竞争优势演化的关键影响因素研究 [J]. 科学学与科学技术管理,2009,30 (8):126-130.

③ 吴光飙. 企业发展分析:一种以惯例为基础的演化论观点 [D]. 上海:复旦大学,2003.

④ 杨玉秀,杨安宁. 演化经济视角下企业竞争力形成变化分析 [J]. 改革与战略,2006 (12):119-121.

⑤ GALENDE J. Analysis of Technological Innovation from Business Economics and Management [J]. Technovation,2006,26 (3):300-311.

⑥ IWAI K. A contribution to the Evolutionary Theory of Innovation, Imitation and Growth [J]. Journal of Economic Behavior and Organization,2000,43 (2):167-198.

的研究团队通过对各类复杂问题的研究，认为复杂系统本质上是一种复杂适应系统，这一类系统之所以是复杂的，根源在于系统成员的适应行为导致的"涌现"，即"适应性造就复杂性"。

基于复杂适应系统理论的企业演化研究，国内外学者分别从企业的适应能力和企业的协调演化能力研究企业演化。从企业的适应能力角度，Macintosh 和 Maclean 运用复杂性理论重新解释了企业适应环境的过程，提出了企业适应能力转变的三阶段框架：通过表达和重构组织规则来调控转变过程、打破目前系统均衡并采取相应步骤使之转移、使企业进入正负反馈促成的自组织过程，依赖这种自组织过程，企业可以改进企业绩效和不断适应内外环境的变化。[①] Axelrod 和 Cohen 指出企业通过内部的选择过程产生适应能力，可以保证企业持续成长与演化。[②] Boisot 和 Child 提出企业可以通过加深对组织的理解，使之直接与环境进行适配，以降解组织复杂性，可以借助于战略联盟吸收组织复杂性，这为企业创造新的发展机遇和实施风险规避战略，以提升企业的适应性。[③] 朱爱平和吴育华认为在复杂适应性的企业中，集权式的企业组织框架和企业行为命令方式不利于企业创新活动，建立以知识为基础的复杂适应组织体系是提高企业创新能力的重要手段。[④] 从企业的协同演化能力的角度，March 基于选择理论提出了一个经济组织—环境之间协同演化的模型，探索与开发企业适应性以促使组织演化。[⑤] Lewin 继承并发展了 March 的观点，研究了新组织与其他组织，及其环境的协同演化问题。[⑥] Eisenhardt 认为协同演化是新经济时代企业应该采用的非常重要的战略过程，把单个企业作为一个"黑箱"，研究了其与联盟网络

[①] MACINTOSH R, MACLEAN D. Conditioned Emergence: A Dissipative Structures Approach to Transformation [J]. Strategic Management Journal, 1999, 20 (4): 297-316.

[②] AXELROD R, COHEN M D. Harnessing Complexity: Organizational Implications of a Scientific Frontier [M]. New York: Basic Books, 2000.

[③] BOISOT M, CHILD J. Organizations as Adaptive Systems in Complex Environments: The Cases of China [J]. Organization Science, 1999, 10 (3): 237-252.

[④] 朱爱平, 吴育华. 试论复杂适应系统与企业管理研究的创新发展 [J]. 科学管理研究, 2003 (4): 63-66.

[⑤] MARCH J G. Exploration and Exploitation in Organizational Learning [J]. Organization Science, 1991, 2 (1): 71-87.

[⑥] LEWIN A Y, LONG C P, CARROLL T N. The Co-Evolution of New Organizational Forms [J]. Organization Science, 1999, 10 (5): 535-550.

内的企业协同演化的过程。① Tivnan 认为协同演化是组织演化的主要机制，并讨论了基于主体的仿真方法与工具。② 李锐运用系统自组织理论和演化经济学的思想，通过建立企业创新系统自组织演化动力机制模型、协同竞争机制模型和结构方程模型，分析企业创新系统自组织演化的运行机制、协同竞争作用机制和系统支撑环境问题。③

在当前的经济环境下，企业的生存与发展不仅取决于企业自身制定的战略，更取决于与其他企业和组织之间的作用关系以及相应的应变能力。因而，适应性成为企业生存与发展的一个重要能力，复杂性科学的发展，尤其是复杂适应系统理论的提出，正好满足了管理科学对这些问题研究的需要。管理科学发展的一个趋势，就是将企业管理作为一个复杂系统的管理来研究，利用复杂性科学尤其是复杂适应系统理论的成果，探讨复杂环境条件下企业管理的原理与方法。④ 在建模方面，复杂适应系统提供了与企业系统相适应的系统模型和建模方法，复杂适应系统强调环境因素在系统模型中的重要性，这有利于分析企业如何在错综复杂、瞬息万变的环境下合理调整自己的内部结构以适应环境变化，谋求生存与发展。在分析方面，复杂适应系统提供了基于主体的计算机仿真工具，使用该仿真工具可以清楚地观察企业模型在复杂环境变化中的适应能力和变化规律，得出有价值的结论。

六、简要评论

综观国内外学者对企业演化问题的研究，可以发现企业演化的研究建立在系统论的基础之上，无论是机械的周期系统，还是模拟组织生态系统、个体生命系统或复杂适应系统，基本上保持一致。基于组织生态学的企业演化研究主要解释了为什么随着新企业的增加，企业种群的多样性也在不断增加的现象。企业生命周期理论主要研究了企业演化的有限增长特性，即受其自身的生长能

---

① EISENHARDT K M, MARTIN J A. Dynamic Capabilities: What are They? [J]. Strategic Management Journal, 2000, 21 (10-11): 1105-1121; EISENHARDT K M, GALUNIC C D. Coevolving [J]. Harvard Business Review, 2000 (1): 91-101.

② TIVNAN B F. Data Farming Coevolutionary Dynamics in Repast [C]//INGALLS R G. Washington Hilton and Towers Washington, D. C., U.S.A.: Proceedings of the 2004 Winter Simulation Conference, 2004: 820-826.

③ 李锐. 企业创新系统自组织演化机制及环境研究 [D]. 哈尔滨：哈尔滨工业大学, 2010.

④ MILLER D, FRIESEN P H. A Longitudinal Study of the Corporate Life Cycle [J]. Management Science, 1984, 30 (10): 1161-1183.

力和资源环境的制约，在某些特性上表现出增长的有限性。企业 DNA 理论从仿生学的视角寻找影响企业成长、适应环境等企业现象和行为的根本动因，对进一步认识企业的本质，如何促进企业健康成长具有重要的意义。基于演化经济学的企业演化理论建立了惯例—搜寻—选择环境的分析逻辑，将惯例定义为可以预测的企业行为方式。复杂适应系统提供了与企业系统相适应的系统模型和建模方法，可以清楚地观察企业模型在复杂环境变化中的适应能力和变化规律，能够得出有价值的结论。总之，以上的研究本质上与 20 世纪下半叶的复杂科学与生物演化理论研究具有一致性。从研究的内容上，对于企业内部的行为规律和企业外部的环境影响都分别做了相关研究，企业演化的研究内容日渐丰富，但仍然存在如下不足。

借鉴生物演化理论把企业作为一个生命体来看待，其核心是适应性机制，强调市场是企业生存的决定性因素，但没有注意到企业主体与生物主体之间的本质差别。生物演化和经济演化不同的本质之处在于经济过程涉及的是有意识行为的个人和组织，这些个人和组织能思考和学习。演化经济学认为企业的演化源于企业内部惯例，主要是遗传和变异机制，但是一个企业开始演化时，推动的不仅是生存选择，还有企业自身能动性以及企业竞争选择。复杂性科学的企业演化研究忽视了企业是有主观能动性的主体，企业主体具有有意识地改变自身行为以便能够不断适应环境变化的能力，另外企业在发展与演化过程中，其战略路径、组织结构等会发生分岔、突变等现象，在现有的企业研究中并没有得到解释。更重要的是，以上研究都把企业当作"黑箱"，关注内在的结构特征研究企业发展演化规律的较少。

演化经济学内核中，惯例是解释企业的基础单元，但目前的研究中对惯例的定义非常多，涵盖了企业演化因素的各种理解。M. C. Becker 对惯例进行了分类，一是 Nelson 和 Winter 将其定义为有规律的、可预测的企业行为模式，可以通过复制、学习等方式进行"遗传"。[1] 二是 Vromen 将惯例视为认知模式[2]，即 if……then 模式，如果有条件 A，则选择行为 B。三是如 Hodgson 和 Knudsen 把

---

[1] BECKER M C, LAZARIC N, NELSON R R, et al. Applying Organizational Routines in Understanding Oranizational Change [J]. Industrial and Corporate Change, 2005, 14 (5): 775-791.

[2] VROMEN J. Conjectural Revisionary Economic Ontology: Outline of an Ambitions Research Agenda for Evolutionary Economics [J]. Jounal of Economic Methodology, 2004, 11 (2): 213-247.

惯例等同于能力形式和表达模式。① 近期研究惯例时从组织及其成员的认知模式出发,强调惯例的情境性和过程性,即与特定的人群、时间地点、事件和任务相关。许多学者的研究结果证实惯例在企业演化过程中起重要的作用,但惯例只是对复杂现象的简略描述,其中进一步的特性难于把握。组织符号学中社会心理学角度的规范与惯例的研究内容方向一致,其表示形式:Whenever <条件集>If <状态集> Then <Agent> Is <Deontic> To <行动集>。规范直接或者间接地协调控制组织中成员的行为模式,规定组织成员之间的沟通方式,具有认知性、指示性、过程性、说明性等特性,以书面或非正式的形式表现出来。引入规范可以将组织环境和组织中的惯例、规则等有机结合起来,并可描述主体的主观能动特性。吴菊华、孙德福和甘仞初通过 Swarm 企业仿真研究也证实,从规范的角度建模将能较好地反映企业演化的特性。② 因此,如果从规范入手,通过实验证企业规范的特性,有可能抓住引起企业演化的主要环节。另外,要想对企业内在结构特征等进行深入研究,打开企业这个"黑匣子",企业建模技术就成为关键所在,也是有待我们深入研究的问题。

企业演化的研究,以演化经济学为主要的企业演化机制内核,将为其提供方法上的支持,对演化经济学的发展提供基础研究方法。将复杂系统作为基本的理论基础,将扩展复杂系统的应用研究,进一步揭示企业这种复杂系统的机制,丰富社会复杂系统的研究内容。企业演化的研究,将为企业管理及信息管理提供理论依据,揭示企业演化的规律,指导企业的适应性建模,实现对企业复杂运作模式的分析与设计。

第二节 企业演化的计算实验研究

一、企业演化的计算实验

计算实验方法被广泛运用于环境治理、社会管理、金融市场、公共安全、供应链协调与管理、重大工程项目管理、传染病传播机理与公共卫生管理等领

---

① HODGSON G M, KNUDSEN T. The firm as an unteractor: firms as vehicles for habits and routions [J]. Journal of Evolutionary Economics, 2004, 14 (3): 281-307.
② 吴菊华,孙德福,甘仞初. 基于多 Agent 的企业建模及仿真 [J]. 计算机工程与设计, 2009, 30 (1): 72-75.

域，是一种先进的管理科学研究领域的研究方法，可以通过抽象与符号化，对问题最基本的情景进行建模，以计算机为开展各种现象情节和动态演化过程的实验，通过对实验结果的分析研究具体现象。

根据 Iowa 大学 Leigh Tesfatsion 教授的统计，现阶段能建立计算机实验模型的技术平台共有 24 个，其中较为著名的有 Swarm、Repast、NetLogo、Ascape、JASA、StartLogo 和 Mason 等。可分为两大类，一种是基于框架和程序库的平台，如 Swarm（Object-C & Java）、Repast J、Mason、Ascape 等；另一种是基于图形界面的平台，如 Netlogo、Starlogo、Repast 等。

国内计算实验的研究主要来自三个基地。天津大学张维教授在国内积极推动计算实验金融学的研究，通过计算机和人工智能技术实现的、以科学"实验"为发现规律基本途径的金融经济学研究活动，通过研究虚拟市场的变化来反映实际市场中可能出现的规律，是全新的综合交叉学科，可为政策研究提供科学的工具，是国际金融学研究中的重要方向。南京大学盛昭瀚教授成立了南京大学社会科学计算实验中心，研究了现代计算机技术在"组织行为""供应链管理"等方面的应用，提出社会科学的计算实验理论，为社会科学的研究提供新的理论与方法的支持。中国人民大学经济科学实验室在陈禹教授、方美琪教授的带领下，长期关注于复杂科学在信息技术、信息经济中的应用前沿探索研究，在引进最新的国外研究方法的同时，致力于在复杂适应系统理论的应用、复杂系统多主体建模等领域，走在国内学术界的前列。

企业演化的计算实验研究在国际上受到较多关注，研究通常关注企业某方面的特性与机制规律，研究企业主体的行为特性、心理特性等。从研究内容重点来看，包括问题研究、建模研究与仿真研究。问题研究主要是选择企业相关问题进行研究，建模研究利用数学或计算机方法为企业提供管理的平台和方法研究，仿真研究进行仿真工具和仿真设计，研究基本上是一个问题一个仿真，同质性较差，难以实现知识共享和传播。企业机制的研究包括企业战略、企业进入市场、退出市场、企业学习、企业创新、企业重组、企业市场选择等问题。从企业演化研究领域问题来看，研究内容涉及人力资源、供应链、企业财务和企业生产等方面的建模与仿真研究，也涉及企业组织之间的研究，甚至产业的研究，这与企业研究从内向外的研究扩展基本一致。针对目前的企业演化研究而言，为了解释目前企业和产业中难以解释的问题，需要考虑更多的因素，管理学从内向外扩展以获得更多的外部因素，经济学、社会学自外而内深入，以了解更多的细节和个体的行为。总体看来，虽各有侧重，但是都在向更系统化的方向发展，复杂系统的理论和方法将为其提供进一步发展的理论和方法依据。

在对企业管理问题分析研究时，分析的背景越复杂，就越难决定相同的和不相同的因素，也越难赋予观察到的统计关系一种明确的意义。所以，计算实验模拟环境时，并不需要它精确模拟纷繁复杂的现实，实际上如果模拟环境太复杂，则实验就可能无法得到结果，所以企业模型的选择应该是有恰当的复杂程度，应是合理简化的过程。因此，企业计算实验方法主要是通过抽象与符号化，把企业现象、企业科学问题最基本的情景，如人的心理活动与行为、企业的基本特征与功能、企业基本运行机制等系统进行建模，构造人工企业组织，以此为基础再以计算机为"实验室"开展各种现象情节和动态演化过程的实验，通过对实验结果的分析研究现象。将仿真实验方法与定性分析、定量分析、案例分析、统计调查等方法集成在一起，能够更好地研究结构复杂、宏微观相互作用、动态与演化性强的企业现象，并能较好地体现社会科学研究"环境依赖"和"问题导向"的宗旨。仿真实验的主体为计算机程序所构建的模拟企业问题中个体、企业、资源和功能的人工主体，更强调自下而上的多主体建模过程，重点是建立企业问题微观与宏观之间的联系，模拟企业宏观层面的整体行为涌现与发展演化趋势。

二、企业演化中的计算实验优势

企业演化计算实验的特点是可以较好地模拟企业所处的有非线性特征的复杂环境，协助进行较困难的非线性计算。企业演化计算实验的优势主要是源自基于多 Agent 的企业演化研究方法论，与传统方法相比较，可以重复多次仿真实验，仿真程序可以根据研究者的意图调整运行参数以获取不同条件下的结果，可以将一些动态的基本因素影响分离开，按照不同的研究偏好来设计仿真实验以得到所关心的研究结果，也可以集成在一起进行系统研究，多个模块相对独立，易于控制。另外，企业演化计算实验可以协助寻找企业理论发展的若干未知问题的答案，也可能发现一些现实中尚未遇见的情景，从而为企业演化提供新的视角。企业仿真的结构明晰性缓和了企业主体的不完全理性与市场微观结构的作用在实证分析中难以辨别的矛盾，为企业战略制定、产业政策设计的制定提供一定的参考。

三、企业演化研究的发展趋势

与经济演化分析关注市场或产业等宏观层面的演化不同，企业演化的研究应该是管理学问题，至少也是微观经济学的问题，要用微观的方式来研究，需要借助于信息管理的技术与方法，需要用到计算实验的方法。我们认为企业演化研究的发展趋势主要体现在以下三方面，企业演化理论基础研究、建模仿真研究方法完善、企业演化和外延扩展。

（一）企业演化理论的研究

企业演化的研究需要一个相对坚实的理论基础。20世纪70年代，当经济学家开始从一度占统治地位的宏观总量研究转向微观领域研究，并掀起了一股重新修正宏观经济学和增长理论的微观基础热潮时，企业演化理论才得到重视。经济学家的研究兴趣主要集中在企业契约理论，从交易视角论述企业组织交易的效率，随着委托代理理论和不完全契约理论越来越依赖数学模型，企业契约理论越发倾向于主流微观经济学。相反，企业演化理论的发展较为缓慢，更多是分布在组织学习理论、能力理论、资源理论、战略管理理论等之中，缺乏统一的分析框架。另外，由于长期持有的种群思维观点，演化经济学主要分析市场或产业层面的系统发生，而不关注企业层面的个体发生。[①] 当然这是一个不断进展的过程，无论是从演化经济学企业惯例出发，还是从组织生态学的企业基因出发，或是从社会心理学的企业规范角度出发，来构建一个企业演化的理论解释框架，都是这方面的努力。

（二）企业建模研究方法完善

结合企业演化理论研究的需求，需要从企业环境整体和企业微观个体两个层面分别对企业仿真中模拟模型的部件、结构、功能等展开设计和开发。企业演化理论必须揭开这种惯例"黑箱"，企业既是作为一个有机整体与外界互动的互动者，又构成了内部各种惯例、资本结构、组织结构等的选择环境，前者是外部知识积累，后者是内部知识积累。企业演化的计算实验研究首先面临的就是完善建模仿真技术，主要包括企业模型的体系结构，有效的计算方法开发，进一步充实的模型思想基础等问题。此外，一些具体的多Agent系统的问题也需要深入研究，如何利用计算机技术来更真实地反映企业主体的心理和行为特征，企业管理规范与各种制度约束等如何体现，因此继续深化企业模型的设计与开发十分必要。

（三）研究范围深度不断扩展

未来复杂社会经济系统研究提出了"人工社会—计算实验—平行系统"的探索模式，为未来企业计算实验的研究提供了有益启发。随着信息和网络

[①] 黄凯南. 现代企业演化理论：方法论、核心概念及其解释逻辑 [J]. 江海学刊，2006 (5)：72-76，238.

技术的发展，企业演化计算实验将与企业管理系统并行运行于企业系统之中，在现实与虚拟之中进行比较决策。另外，当前国内外复杂的环境增加了企业的不确定性，对国内企业成长与发展提出了更高的要求，新的更有意义的问题将层出不穷，企业进入市场、企业退出、企业重组、企业的行为研究、企业领导者行为、企业核心竞争力、企业文化及企业的运行规则等企业演化问题值得研究，或许能够得到有趣的结论，为企业演化计算实验研究问题将有着广阔的前景。

第三章

企业演化框架及机制研究

第一节 基于演化经济学的企业演化解释框架

一、演化经济学中企业演化问题的提出

在当前社会环境复杂多变且竞争异常激烈的背景下，各种企业在成长和发展过程中表现出明显的差异性，优而不胜、劣而不败的企业大量存在。为何企业在发展过程中呈现出不同的路径？为何即便是在同一个行业中的企业，也展现出了各自独特的界限、策略和组织构架？

传统的企业发展理论研究从不同角度对企业的成长进行了分析。（1）具有代表性的传统产业组织理论——SCP（市场结构、企业行为和企业绩效）理论中，企业的竞争行为主要与需求和成本等结构因素相关，但是对企业行为和企业绩效的分析尚未完善。（2）波特理论强调了企业的行业定位，忽略了企业内部资源及能力的重要性。（3）以爱迪思为代表的企业生命周期理论对公司生长、老化和死亡的原因进行了阐述，描述了公司成长过程的通常路径，提出了怎样避免企业成长过程中会出现的典型问题，但是很难解释当前企业发展进程中出现的各种复杂现象以及出现的新问题。（4）企业知识论认为，企业是作为知识体存在的，进行知识生产是企业的最重要功能，企业产出的产品或服务并非物质而是其中所蕴含的知识功能，如解决问题的方法和技巧。（5）彭罗斯的成长理论认为企业的内在因素决定了公司的发展，企业利用其自身的生产资源提供的服务是企业发展的原动力，但是，过于强调管理资源对企业发展的影响，忽略了企业内部其他资源对公司发展的制约作用。企业的成长受到许多因素的相互影响，这些因素相互依赖、相互制衡和相互作用，确保了企业持续成长和竞争优势，使企业能够顺利地发展和演化。以企业生命周期理论为代表的组织确

定性变革的企业发展理论，对于企业发展过程中表现出来的多样性和复杂性，以及未来企业可能的发展路径等方面，缺乏深入的理论探讨。要深入探讨企业发展的奥秘，我们必须将焦点从静态的均衡分析转向动态的演化过程分析。建立在动态的、不断演化的知识和能力集合体基础上的演化经济学[①]，对我国企业发展之谜的理论阐释，具有一定的借鉴意义。

企业的兴衰存亡和生物的生命历程具有某种相似性，以 Nelson 和 Winter 为代表的生物进化理论将企业视为类生命体，随着纳尔逊和温特《经济变迁的演化理论》的问世，完整而严密的进化理论研究的轮廓开始形成。[②] 在他们的进化观点里，市场被视为一个环境，而企业则是这个市场的主要参与者，企业之间的竞争过程，本质上是企业为应对外界环境变化而进行的一种适应性调整过程，类似自然选择的经济选择将会发挥作用，市场将决定哪些企业是盈利的，哪些企业是非盈利的。演化经济学基于生物进化理论构建，它从企业与其环境之间的互动机制出发，重点研究了企业特性、环境以及竞争过程之间的相互作用，诠释了竞争本质上是用知识创新和动态效率选择机制解决资源有限与人的需求无限矛盾的方法。他们对企业生物进化论的思想进行了扬弃，这不仅强调了进化在企业战略研究领域的重要性和关联性，还将更为主动的战略演化思想融入理论分析。

研究企业演化，从企业惯例角度分析是一条有效的途径。惯例记录了企业的发展史，决定企业当前的行为，在企业演化中起着举重若轻的作用。由于存在有限的理性，企业在满意度原则下，按照既定的惯例执行，当企业惯例出现问题时，会开始搜寻新的惯例。基于演化经济理论的企业演化主要涉及三个基本概念。

第一，企业"惯例"：演化经济学将惯例定义为所有的程序和可预见的企业行为模式，也就是决定做什么和怎么做的企业能力、程序和规则。企业实践就像是生物体的遗传基因，它是由企业的运营特征、增长率和企业搜寻组成的，它对企业的演化路径和范围进行了控制、复制和模仿。惯例在某种程度上是从企业间的相互学习的过程中传承下来的，显示出其稳定性。另外，惯例也可以根据环境的转变而有所调整，即"搜寻"与"创新"。企业惯例是有限理性下的学习结果，它使得企业呈现出一种路径依赖的特点，也是企业走向多样化的原因。

---

① 陈劲，王焕祥. 演化经济学 [M]. 北京：清华大学出版社, 2008：2.
② 纳尔逊，温特. 经济变迁的演化理论 [M]. 胡世凯, 译. 北京：商务印书馆, 1997.

第二,"搜寻"是在惯例的指导下改变惯例的过程,这是一个企业在当前各种可能性中寻求问题解决方案的自适应学习与创新的过程,与评估现有的惯例相关,并可能造成惯例的修改,或者以新的惯例取代旧的惯例。"搜寻"过程中的不确定因素导致其效率低下,且有一定的历史依赖性和路径依赖性。所谓"创新",就是创造出之前未曾有过惯例。

第三,"选择环境"意味着挑选机制,选择环境既与企业所处的外部情况相关,又与企业的特点和行为密切相关。企业的市场竞争会影响到企业的扩张或收缩,企业在选择时会根据"选择环境"做出相应调整,这一调整可以创造多元化,也可以消除多元化。

二、演化经济学中企业演化的基础要素

"基因"对于生物的进化至关重要,在研究企业的演化过程中,基因的对应物必须具有稳定的特性,也要有可变的特性,这样才能让组织在稳定与变革之间保持平衡,并在演化过程中不断地适应环境变化。纳尔逊与温特将企业行为受规则支配的观念提升为演化理论的首要原则,"对于一切规则和可以预测的企业行为方式,使用的名词是'惯例'"。惯例存在于企业系统各要素中,从宏观层次到微观层次都有惯例表现。惯例是企业长期累积形成的一个企业所特有的完成任务的方式,对外部环境变化的灵敏度与对外部环境变化做出预测的能力。从演化经济学的角度看,企业惯例被视为企业基因,被视为企业演化的关键因素。Baum 和 Singh 从生态学角度将惯例归为"在连续的复制过程中较完整地传递信息"以及"组织中的产品、技能和知识的保持、传递和延续"的系统实体,它受到组织环境中诸多因素的影响。① 组织学习理论认为,惯例是储存知识和能力的途径,具有组织记忆的功能,惯例也可以对组织的知识和能力进行编码,是组织学习的必要手段。惯例可以被用来解释企业行为的稳定性,正如在生物中基因扮演着自然选择的角色一样。企业惯例是企业生存、发展与创新的源泉,也是企业实践活动的核心,具有稳定性、可复制、可遗传、可选择、可变异等特征。

惯例具有三个基本特征:首先,惯例要求多个参与主体执行,且行为主体的多样性以及活动之间的交互作用,使得惯例很难获取。其次,惯例形成常常发生在企业的发展历程中,既包括有价值的组成部分,又含有无用的或过时的

---

① BAUM J A C, SINGH J. Organizational Hierarchies and Evolutionary Processes: Some Reflections on a Theory of Organizational Evolution [M]//BAUM J A C, SINGH J. Evolutionary Dynamics in Organizations. New York: Oxford University Press, 1994.

组成部分，这就造成了对惯例各组成部分真正功能的识别困难。最后，由单主体所掌握的惯例的知识往往是不明确的，很难用语言表达出来。关于企业惯例的研究主要集中在惯例对企业的影响、企业惯例与知识、企业惯例变异和企业惯例演化四方面。

（一）惯例对企业的影响

惯例是程序化的，在企业演化过程中起着独特的作用，被看作企业知识和经验的载体。企业的各种能力都是由其惯例主导，惯例是企业核心竞争力的本质内涵。企业惯例对企业发展演化起到至关重要的影响发挥着至关重要的作用，主要体现为以下几点。1. 惯例具有协调作用。Langlois 和 Robertson 把惯例作为一种协调手段，要比契约更加有效，能让一个组织行为具有规则性、一致性和系统性，每个主体都知道其他主体的行为，从而做出相应的决策。① 2. 有效利用认知资源。惯例能够有效地发挥组织成员在处理信息和做决策方面的局限性，能够有效地提高对非程序事件的处理效率和合理性。3. 减少不确定性。认为惯例将在减少不确定性中发挥重要的作用。② 极大的不确定性将导致规则所支配的行为增加，不确定性成为可预知行为增加的根源。4. 保持稳定性。组织中稳定性发挥着重要作用，它为组织评估、比较和分析变化提供了基准，卡耐基学派认为只要存在惯例，惯例将会产生满意结果，人们不会有意识地寻求解决问题的其他方法。③ 5. 储存知识。惯例在实践中获得了组织内个体的知识以及组织共有的知识，纳尔逊和温特认为惯例是组织记忆，构成了组织储存特有的可操作知识的主要形式。④

（二）企业惯例与知识

基于资源基础观，知识是企业获得绩效、获取竞争优势的关键资源，惯例是企业内的一种知识资源，其所具备的知识属性使得在没有知识作为载体的情况下，企业的形成和演化过程是无法顺利进行的。纳尔逊和温特把 Polanyi 的知识概念与惯例概念联系起来，惯例是包含类似技术的知识的行为习惯模式，这种知识不能被描述或清晰传递，但可通过学徒或试错学习的过程而获得。惯例

---

① 颜爱民，刘志成，刘媛. 组织惯例研究述评 [J]. 中南大学学报（社会科学版），2007，13（2）：187-192.

② DOWELL G, SWAMINATHAN A. Racing and Back-Pedalling into the Future: New Product Introduction and Organizational Mortality in the US Bicycle Industry, 1880-1918 [J]. Organisation Studies, 2000, 21 (2): 405-431.

③ BECKER M C. Organizational Routines: a Review of the Literature [J]. Industrial and Corporate Change, 2004, 13 (4): 643-677.

④ NELSON R R, WINTER S G. An Evolutionary Theory of Economic Change [M]. Cambridge: Harvard University Press, 1982.

存在于个体、组织或更广的制度中,是一个行为规则与知识的系统,是在有限条件下个体决策优化和企业整体决策效率最优的组织方式。在组织惯例演化的过程中,知识是推动惯例演化的最基本的要素。[1]

(三) 企业惯例变异

惯例主要涉及基于现有活动的程序性知识变异和动态变异的执行。惯例变异确立了企业演化理论的过程性基础。企业惯例是企业演化的基础,它们既是组织持久稳固的来源,也是战略变化的内在驱动,并决定着组织可能的行为。[2]导致了惯例变异的究竟是什么因素,惯例变异的发生机制是怎样的,惯例变异是怎样导致企业演化的,这些问题是目前关于企业惯例变异研究的关键。程昭力等认为组织惯例之所以有被保留的特征,是基因"稳定性""可复制""可遗传"的结果,而组织惯例不断创新的特征,则是基因"变异"的结果。当对企业惯例的运行结果不满意时,就会诱发惯例变异。惯例作为企业原有管理行为的内化机制,在实施中又与管理活动的效果与活动期望存在差异,这些差异是造成企业惯例变异的主因。

(四) 企业惯例演化

Cyert 和 March 将惯例的演化视为适应[3],纳尔逊与温特将其称为突变。组织惯例的演化不但是对管理目标或者环境压力的反应,更是组织学习的产物。[4] Giddens 认为惯例是建立在传统、风俗和习惯之上的,惯例与其他社会现象一样,并不是无须思考或者是自动化的,而是需要执行主体的努力。[5] 组织惯例演化有外生观和内生观。惯例变化外生观强调惯例在外力作用下的突变[6],由组织危机、外部环境等外部因素冲击造成,当外力达到均衡时惯例会趋于稳定。惯例变化内生观认为,惯例作为重复的、可识别的行为模式,应当考虑惯例主体的能

---

[1] 刘立娜,于渤. 知识和组织惯例互动演化视角下后发企业动态能力的微观基础 [J]. 管理学报,2019,16 (7):1044-1053.

[2] FELDMAN M S, PENTLAND B T. Reconceptualizing Organizational Routines as a Source of Flexibility and Change [J]. Adm Inistrative Science Quarterly, 2003, 48 (1): 94-118.

[3] COSTELLO N. Stability and Change in High-Tech Enterprises-Organizational Practices and Routines [M]. Routledge: London press, 2000.

[4] 张维明,姚莉. 智能协作信息技术 [M]. 北京:电子工业出版社,2002.

[5] COHEN I J. Structuration Theory: Anthony Giddens and the Constitution of Social Life [M]. New York: St, 1989.

[6] FELDMAN M S. Organizational Routines as a Source of Continuous Change [J]. Organization Science, 2000, 11 (6): 611-629.

动作用,将惯例演化视为内生的。① Feldman 和 Pentland 认为惯例包括表述部分和执行部分②,突出了组织成员的主观能动性对组织惯例演化的影响,一定程度上解释了新惯例的来源和惯例的持续变化问题,隐含了演化理论与组织学习观点。高展军、李垣基于组织学习和动态能力理论提出了一个组织惯例演化的动态循环模型,说明了组织惯例演化的非线性路径特点,有助于说明组织内外部因素在组织惯例演化中的不同作用机制和组织惯例内生变化的条件,为企业管理组织惯例演化和克服能力刚性提供了指导。③ 邢以群、张睿鹏对企业惯例演化过程及其机理进行探讨,从惯例的相互作用机制分析企业惯例演化,构建了决策特征角度的惯例演化模型。④ 陶海青和金雪军认为企业演化主要通过处于小生境中的企业、市场及消费者三者之间的自组织作用而完成。⑤ 企业演化本质是知识进步,企业的组织惯例演化呈现出扁平化和网络化的发展趋势。王核成等从惯例的搜寻、选择、创新、复制、执行、修正、再执行以及最终保持的一系列变化分析了企业惯例的演化过程,引入惯例阐明企业能力演化的机理。⑥ 企业现有的惯例依赖于过去的决策和经验,环境变化和经验形成使得新的惯例不断引入,现有的惯例被改进,不适应的惯例被淘汰,所以企业惯例的演化过程就是企业的演化过程。

企业惯例是企业演化的基本单位,有学者认为惯例是组织规则或程序,但惯例并非一成不变,它受环境和随机因素的影响不断进化。企业惯例具有不易模仿性、遗传和可变异性以及记忆性,能够保证企业不被其他企业所用,并且原有惯例可以复制到新的变化中去,不断调整自己的惯例,以适应环境的变化,在运用中记录惯例,推进企业更好地发展,为企业提供更好的发展模式。

三、企业演化的基础机制

企业的自组织机制是其生存的机制,构成了企业演化的基础机制,详细描

---

① GIDDENS A. The Constitution of Society [M]. Berkeley, CA: University of California Press, 1984.
② MARKUS C BECKER M C. Organizational Routines: a Review of the Literature [J]. Industrial and Corporate Change, 2004, 13 (4): 643-677; GIDDENS A. The Constitution of Society [M]. Berkeley, CA: University of California Press, 1984.
③ 高展军,李垣. 组织惯例及其演进研究 [J]. 科研管理, 2007 (3): 142-147.
④ 邢以群,张睿鹏. 企业惯例演化过程及其机理探讨 [J]. 经济论坛, 2005 (19): 73-75.
⑤ 陶海青,金雪军. 技术创新的演化趋势 [J]. 管理世界, 2002 (2): 145-149.
⑥ 王核成,孟艳芬. 基于能力的企业竞争力研究 [J]. 科研管理, 2004 (6): 103-107, 114.

述了企业从创生、生存、生长到创新的过程。从系统论的观点来说，一个封闭的系统是无法发生演化的，企业自组织演化的前提条件是系统必须是开放的、远离非平衡态和非线性的。从热力学的观点来说，"自组织"是指一个系统通过与外界交换物质、能量和信息，而不断地降低自身的熵含量，增加有序化程度的过程。① 从进化论的观点来说，"自组织"是指一个系统通过"遗传""变异"与"优胜劣汰"的机制，使自身的组织结构与运作方式持续改进，以增强自身对外界环境的适应性。协同学的创立者哈肯对自组织下了这样的定义："如果一个体系在获得空间的、时间的或功能的结构过程中，没有外界的特定干涉，我们便说该体系是自组织的。"② 自组织包含三类过程，一是从非组织向有组织发展，即从无序向有序演化，指的是组织的起点和临界问题。二是从组织程度低层次到高层次的过程演化，是一种组织层次的跃迁，是有序程度飞跃式提升的过程，主要研究组织的复杂性。三是组织层次上由简入繁，也就是在没有改变组织水平的情况下从简单到复杂的增长。企业产生、生存、生长的历程，是企业要素从简单到复杂、从低级到高级、从无序到有序的一个自组织过程，在这个过程中企业适应环境的能力不断增强，获得持续竞争能力。企业自组织机制是企业的生存机制，是企业演化的基础和条件，解释了企业为什么演化的问题，形成了企业演化的过程机制，包括企业遗传机制、企业变异机制、企业选择机制等。③

四、企业演化的过程

企业作为一个类生命体，其演化过程的主要理论基础是生物进化理论，其中最具代表性的是达尔文理论的演化过程和拉马克理论的演化过程。④ 达尔文演化理论认为环境推动企业演化，强调物竞天择，适者生存，企业无法事前准备预知环境变化方向，只能根据自身的情况做出战略选择，然后接受环境的检验，适应者生存，不适应者被淘汰。⑤ 陈敬贵引入经济的自然选择概念，有助于更好地理解微观经济主体的演化规律，分析了经济的自然选择与达尔文式的自然选择的异同、自然选择的效率导向、市场的自然选择与微观经济主体演化、自然

---

① 秦书生. 自组织的复杂性特征分析 [J]. 系统科学学报, 2006 (1): 19-22.
② 哈肯. 高等协同学 [M]. 北京: 科学出版社, 1989: 37-41.
③ 李钢. 基于企业基因视角的企业演化机制研究 [D]. 上海: 复旦大学, 2006.
④ BARNETT W P, BURGELMAN R A. Evolutionary Perspectives on Strategy [J]. Strategic Management Journal, 1996, 17 (S1): 5-19.
⑤ HANNAN M T, FREEMAN J H. Organization Ecology [M]. Cambridge, MA: Harvard University Press, 1989; ALDRICH H. Organizational Evolving [M]. London: Sage, 1999.

选择下的微观经济主体存留等问题，展示了一个分析企业发展的新视角，认为市场选择过程的结果塑造了演化过程。[①] 拉马克理论强调用进废退，获得性遗传，认为企业演化取决于自身适应能力，企业会能动地改变自身来适应不断变化的环境，把握环境变化所带来的机会，对环境做出主动的预测和反应，通过主动变异来适应环境的变化。还有学者认为企业演化过程应该是达尔文主义和拉马克理论的综合，其演化过程如图3-1。[②] 复杂多变的环境对企业来说既是威胁又是挑战，善于预知环境，把握机会的企业通常具有更强的成长性。[③]

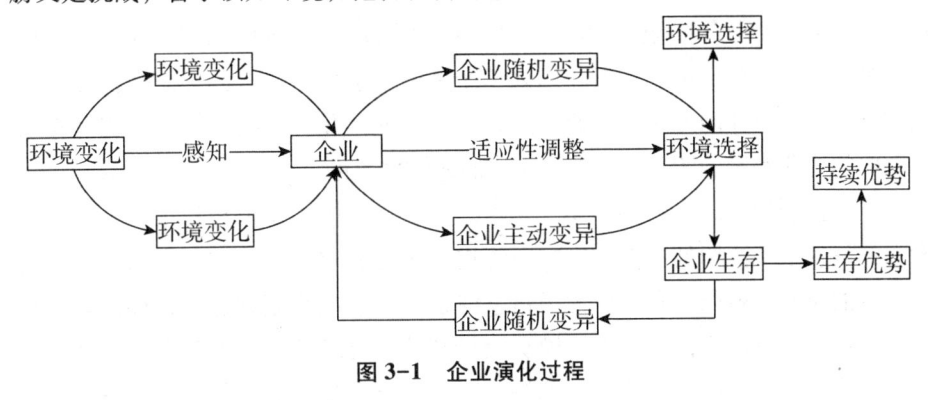

图 3-1 企业演化过程

第二节 基于复杂适应系统的企业演化分析框架

一、复杂适应系统的分析框架

1994年，Holland教授提出了复杂适应系统理论，基于主体的系统建模和仿真研究为研究企业等复杂系统提供了新思路和新视野。[④] 将企业视为一个具有主观能动性的复杂适应系统观点，认为企业系统复杂性源于主体的自适应性。

---

① DOWELL G, SWAMINATHAN A. Racing and Back-Pedalling into the Future: New Product Introduction and Organizational Mortality in the US Bicycle Industry, 1880—1918 [J]. Organisation Studies, 2000, 21 (2): 405-431.
② 黄春萍. 基于CAS理论的企业系统演化机制研究 [D]. 天津：河北工业大学, 2007.
③ STEVENSON H, JARILLO J C. A Paradigm of Entrepreneurship: Entrepreneurial Management [J]. Strategic Management Journal, 1990, 11 (5): 17-27.
④ 霍兰德. 隐秩序：适应性造就复杂性 [M]. 周晓牧, 韩晖, 陈禹, 等译. 上海：上海科技教育出版社, 2000.

复杂适应系统围绕适应性主体，提出了系统适应和演化的概念，概括为一个观点、四个特性、三个机制、一个框架和一个模型。[①]

一个观点指"适应性造就复杂性"的观点，是复杂适应系统理论体系的出发点。

四个特性指的是聚集、非线性、多样性、流。在复杂适应系统研究中，聚集指简化复杂系统的一种标准方法，使用该方法可以忽略细节的差异，把事物分门别类，形成模型的构件，聚集也指 Agent 相互作用产生的突变现象。[②] 非线性指 Agent 以及它们的属性发生变化时，特别强调其行为的非线性特征，并且认为这是复杂性产生的内在根源，归之于个体的主动性和适应能力。多样性指在适应过程中，个体间差别会不断扩大，最终形成分化。流指主体及其相互作用会随时间变化和经验积累，反映出主体的适应性变化。

三个机制指标识、内部模型、积木。标识是主体相互识别和选择的一种机制，把信息的交流和处理作为影响系统进化过程的重要因素加以考虑，主要实现信息的交流。强调流和标识为把信息因素引入系统研究创造了条件，为把复杂适应系统理论用于信息系统建模奠定了基础。内部模型代表实现主体某项功能的结构，当适应性主体响应外部输入时，需要有相应的内部结构。积木是复杂系统的构件，通常在一些相对简单的构件基础上，通过改变它们的组合方式而形成复杂系统。因此，事实上复杂性往往不在于构件的多少和大小，而在于它们的不同组合。复杂适应系统可以看作使用积木生成内部模型，通过标识进行聚集等相互作用并涌现出的动态系统。

一个框架指适应性主体框架。Holland 定义适应性主体由六部分组成：探测器、效应器、消息列表、规则系统、信用分配和规则发现机制，Holland 将这一框架称为"刺激—反应"规则，"刺激—反应"规则是积木式的，在信用分派和规则发现机制作用下可以评价、选优并利用遗传算法产生新规则以适应环境的变化。整个框架由以下六部分组成。

1. 探测器：环境刺激（信息）的接收装置，它能将环境刺激转换为一个或多个消息放入消息列表。

2. 规则系统是分类器集合，每个分类器对应一条规则。分类器被消息激活，产生新的消息，这些新产生的消息可以激活其他分类器或由效应器执行具体

[①] MCKELVEY B. Organizational Systematics [M]. Berkeley, CA: University of California Press, 1982; STEVENSON H, JARILLO J C. A Paradigm of Entrepreneurship: Entrepreneurial Management [J]. Strategic Management Journal, 1990, 11 (5): 17-27.

[②] 苗小冬. 基于 CAS 理论的适应性 ERP 系统的研究与应用 [D]. 郑州: 郑州大学, 2007.

动作。

3. 消息列表则用于存放环境输入的消息和分类器产生的内部消息。

4. 信用分配机制使用"桶链算法"完成对分类器（规则）的评价，以便主体选择更有效的规则进行相关处理。

5. 规则发现机制则采用遗传算法实现规则的学习与更新。

6. 一个模型指回声模型。

Holland 试图用回声模型将个体演化与系统演化联系起来。该模型的特点在于规定主体只有在收集了足够的资源，能够复制其染色体字符串的时候，才能繁殖。主体具有寻找、交流、保存及加工资源。一个模型指的是回声模型（Echo Model），霍兰德试图用该模型将个体演化与系统演化联系起来。该模型的特点在于规定主体只有在收集了足够的资源，能够复制其染色体字符串的时候，才能繁殖。主体具有寻找交换资源的其他主体的功能，进行资源交流，保存及加工资源。[①]

复杂适应系统理论认为，主体在受到环境的刺激后会产生反应，支配该反应的是规则，而主体就是由一组规则组成的。企业规则是企业生产运营过程中长期积累形成的重复的活动方式，以及供大家共同遵守的制度或法则等，具体分为三类：1. 企业和各部门制定的各项生产经营政策及管理制度等实体规则；2. 管理者和员工的经验、知识、技能、能力和意识等智力规则；3. 企业长期经营生产过程中形成的全体成员认可的价值观等文化规则。第一类规则是相对稳定的，后两类规则则是容易变化的。如果将企业惯例看作生物的基因，那么企业规则就是在企业惯例的遗传、变异和选择基础上成长起来的生物体。因此，企业规则是企业系统组织记忆的载体和表现形式，相对于企业惯例它是显性的。

复杂适应系统理论强调系统演化中主体的适应性和涌现性。把规则作为生物学中基因的类比物，通过规则的遗传、变异和重组等机制实现主体与环境的交互，进而实现主体系统的演化。在主体系统与环境的交互过程中，主体的适应性学习行为起决定作用，并导致了系统分岔与突变和涌现等。适应性主体模型从适应性角度去阐述系统复杂层次结构涌现的方式，但模型中主体功能简单，主体间的协调过程不清晰，主体间资源冲突、信息共享、协调控制等问题描述能力有限，如果直接用以描述像企业这类的复杂系统显然还有不足。

---

① 周庆，黄颖颖，陈剑. 基于主体的动态竞争模型的设计与仿真 [J]. 系统仿真学报，2005（8）：1977-1981.

二、企业的复杂适应特性

复杂系统中包含着许多相互作用的元素，它们之间存在着复杂的、不确定的、具有非线性的特点，既不能由全部局部属性来重构局部属性，也不能通过系统局部特性来形式地或抽象地描述整个系统特征，复杂系统一般具有非线性、网络性、分形性、自适应性等特征。企业具有复杂系统的特征，是一类复杂适应性系统，具有结构复杂性、主动适应性、开放性、多层次性、非线性、协同性和共同演化等特性。

（一）结构复杂性。企业要素构成及数量多，并具有多层次、多功能的组织结构，同时各要素与组织结构之间形成复杂的耦合，随着结构的动态变化，这种复杂将随着企业规模的扩大而急剧增长。

（二）企业系统主体的主动适应性。企业系统的主体是有思想的，可以根据环境变化、自身的意愿和目标任务进行企业经营策略的调整，为了生存不断提高自身适应性，并在企业系统内部主体之间或主体与环境交互过程中学习经验并根据已有经验改变自身规则，能够随着时间的推移不断"学习""成长""进化"，不断演化以获得持续竞争优势。

（三）关系复杂性。各部门之间的联系广泛而紧密，形成一个网络，任何一个部门的运转必然受到其他部门的影响，从而引起其他部门的变动。

（四）过程复杂性。在企业发展过程中可以持续地学习并对层次结构与功能结构进行重组完善。

（五）高度的开放性。企业是一个与环境紧密相连、能与环境相互作用，并且持续向更好适应环境的方向发展变化的高度开放性系统。

（六）边界复杂性。现代企业系统的边界越来越模糊，客户关系管理、虚拟企业组织、供应链管理已经打破了传统的企业的局限，以往的外部因素，如客户、供应商、经销商等，都被纳入一个统一的管理体系，企业间的界限渐渐消失。

（七）环境复杂性。复杂多变的环境要素，会引发企业的复杂行为。相关研究表明，在环境的影响下，企业系统能够产生混沌等复杂的行为。

（八）成长的复杂性。企业的发展具有明显的阶段性与不规则性，突变与渐变交替进行。

（九）高度的智能性。企业组成要素具备一定的智能性，它具有自学习、自适应、自组织等特征和能力，并在其演化中持续学习和改进自己。人是核心成员，其行为的智能性、多样性、差异性使得企业运作呈现出智能特征，人工智能的深入应用更是增强了企业的智能性。

（十）非理性产生的复杂性。人是企业的核心因素，其非理性因素呈现出的复杂程度，需要在经营活动中谨慎对待，虽然这种非理性具有低概率和小扰动的特征，但是在运行的复杂过程中却可能会引发"蝴蝶效应"。

三、企业演化的复杂适应性分析

CAS 理论认为，凡是有人（适应性主体）参与的系统一般都被认为是复杂系统。[①] 企业系统是由人组成的具有主观能动性和适应性的复杂系统，具有复杂适应性特征，是"适应的和演化的系统"，并且是随着环境的变化不断做出适应性调整和不断演化，是典型复杂适应系统。[②] 企业是具有适应性的主体，自适应性主体也是 CAS 理论最基本的概念，既能"学习"，又会"成长"。企业演化遵循 CAS 理论的四个特性和三个机制。

（一）聚集：企业内部团队和非正式组织的形成过程，企业的并购、重组、重大变革等行为，企业集团、战略联盟的形成和演化、供应链管理等问题，都在某种程度上体现了集聚的概念与现象。因为它们都是在特定的情况下，由主体聚集组成的一个新的主体。

（二）非线性：系统的非线性相互作用所包括的系统内部关系至少是双向的，循环反复的和动态的，企业内部的主体之间的相互作用，以及企业与外部环境之间所存在的各种反馈作用都是非线性作用关系。

（三）流：在企业运营过程中，企业内外部之间都存在着物流、人员流、资金流和信息流的输入及输出，流的存在依赖于系统的开放性，企业各资源流的协调会直接影响到企业的适应能力和反应速度。

（四）多样性：在适应环境的过程中，主体之间的差异会发展与壮大，并导致主体分化，企业内部各个部门的分工与专业化就是由企业规模的发展壮大导致的。同时，企业要求每个员工充分挖掘自己的潜力和特质，从而达到创新的目的。科学化、民主化的决策，广泛听取不同的观点和看法，以及智囊团参与决策都反映出多样性的特点。企业内主体的多样化，可以加强对外界环境的感知和判断，进而提升企业整体的智慧。

（五）标识：企业文化建设、日常管理沟通和建设学习型组织都涉及员工团队与企业环境的相互作用，企业可以用工作服来标识本公司的企业文化，"优质售后服务"就可以成为企业的标识，这种有形和无形的标识往往相互作用，形

[①] 黄春萍. 基于 CAS 理论的企业系统演化机制研究 [D]. 天津：河北工业大学，2007.
[②] 张兵. 基于 CAS 理论的企业可持续发展研究 [D]. 天津：河北工业大学，2004.

成一种综合的标识,"品牌"是企业商标、商誉、企业文化等标识综合的标识,因此,品牌对于企业是十分重要的,是与其他企业区分开来的基础。

(六)内部模型:员工是复杂的智能体,员工可以在一定程度上适应外部环境的变化,个人的知识层次、文化程度、年龄、经历和道德修养等因素决定个人对未来事物的预测能力。而企业内部的组织结构、管理制度、激励约束机制和公司治理机制,都使企业能够适应环境变化,对未来的发展趋势进行预测。

(七)积木:企业可以重新安排组合内部资源,改变组合方式,协调各种相关能力,从而达到提升企业的经营效率和市场竞争能力的目的。当遇到新情况时,企业会采取适当的行动,将相关的、经过检验的积木组合起来,应付新的挑战,采取适当行动,取得满意结果。

第三节 基于规范的企业演化分析框架

一、企业演化的基础要素

规范是社会心理学的概念,它是由组织符号学引进的一种特殊形式的规则。从组织符号学的角度来看,组织本质上是由人类主体组成的系统,为完成目标按照特定的规范与约束互相协作,所以组织可以通过说明主体、行为及其规范来表示。[1] 规范源于特殊的社会环境,刻画了不同组织、不同文化背景、不同部门和主体之间的互动与合作,规定了主体和组织间应该采取哪些行为才能实现它们之间的协作。

根据 Stamper 等人对社会心理学的规范定义:一个规范是指一个社区成员共同拥有的某个基本特性。规范的主要功能是判断人们的行为方式是否符合组织环境的要求,此外,还具有指示性、说明性的功能。一些规范可以被清楚无误地表达出来,如对工作的描述、规章制度、操作规程等,因而它们易于被理解、接受和宣传。还有一些规范不能被清晰地表达出来,如组织文化、工作习惯、偏好等,形成组织内的隐性知识。

---

[1] 张世超. Norm 支持的虚拟组织关键技术研究 [D]. 上海:复旦大学,2005;XIE Z W,LIU K C,EMMIT D. Improving Business Modelling with Organizational Semiotics [M] // GAZENDARM H W,JORNA R J,CIJSOUW R S. Dynamics and Change in Organizations: Studies in Organizational Semiotics. Dordrecht, Boston, London: Kluwer Academic Publishers,2003.

规范具有丰富的语义，并为组织符号学中的语用层、社会层提供基础概念，其意义可以进入语用层和社会层，可以为更进一步的企业演化概念研究提供基本单位。从规则到规范，使研究的层次从语义层面进入语用层面，甚至社会层面。本书的研究中将规范分为两类，一类是企业主体的行为规范，表现为企业主体的认知性特性，企业主体能够通过以往的经验和知识来推断和解释类似的事物或现象，过去的经验和知识的记忆成为新问题解决方案的指导。另一类是企业规范或组织规范，表现为企业所固有的内在的、保持稳定、抵抗外来变化的特征，企业规范可以视为企业主体的环境。两类规范从基本表现形式上是一致的，只是分析研究时粒度不同，因此它们是可以互相转换的，有可能在不同场景下，表现为不同的规范类型。

规范是研究语义、语用和社会行为的重要工具。主体之间通过相互的依赖和协作来达到最终的目标，利用规范来描述这种依赖和协作关系中主体及其意愿、资源等内容，可以方便地实现复杂企业系统的建模和分析。企业是一种由各种行为企业成员主体构成的集合体，具有共同的目标和一定的边界，并且为了完成目标，它们按照特定的规范和约束相互协作、相互影响。规范是企业中的行为准则，它以书面的或者非正式的形式表现出来，是一种直接或者间接指导、协调和控制组织成员的行为模式，它还规定了企业成员之间的沟通方式。[①]规范必须被组织内成员接收并吸收才能产生效用，对企业成员的行为具有指导作用，成员根据自身所处的状态来利用与它的状态、行为、任务相关的规范。[②]

二、基于规范的企业演化分析框架

传统演化经济学主要研究企业惯例在产业中的分布，企业自身的变化不是他们关注的对象。企业演化必须揭开这种"黑箱"，企业既是作为一个有机整体与外界互动的互动者，又构成了内部各种规范、惯例、资本结构、组织结构等的选择环境，与环境的互动是外部知识积累过程，内部选择是内部知识积累过程。一个完整的企业演化解释逻辑至少必须能够解释企业的知识积累过程以及此过程中形成的各种协调机制。因此，企业演化分析框架至少应由两方面构成：第一是基因类比物或演化基本单位；第二是遗传、变异和选择的过程机制。[③]

---

① 赵军，甘仞初. 基于组织符号学的组织建模综述 [J]. 情报杂志，2006 (9)：54-57.
② 张世超. Norm 支持的虚拟组织关键技术研究 [D]. 上海：复旦大学，2005.
③ COHEN I J. Structuration theory: Anthony Giddens and the constitution of social life [M]. New York: St, 1989.

1. 企业演化基本单位。本书认为企业的规范、规则与惯例一样，具有相似的特性，并且规范的特性与惯例的研究方向一样，都具有时间性、过程性等特征。但主要的规范可以用形式化的方式表现出来，便于进行加工处理，将其丰富的语义用于企业模型中，可为进一步的自动化处理提供研究基础。基于以上对规范特性的分析，将规范等作为企业演化的基本单位，可以记录传递其重要特征信息，全面而且准确地指导企业的具体演化过程。

2. 企业演化的过程机制。企业演化实际上是企业规范的变化过程，企业规范的变化过程是企业的适应性学习行为，当企业主体接收环境的刺激后，会在相应规范集合中找出与之匹配的规范，然后根据规范进行反应。企业演化过程中企业的适应性学习是通过规范的不断变换产生的，企业规范的自我复制、模仿或创新的结果导致企业整体行为的变化，这种变化即企业的分岔与突变和系统涌现。另外，企业演化通过企业与环境在相互选择过程中动态融合来不断创造企业价值，当企业与环境在演化趋势上保持连续匹配，企业就会与所处环境相融，不断获取发展机会，形成生存能力，实现持续发展。① 企业规范包括行为规范和企业规范，表现为企业学习和企业惯性，使用一个概念"规范"，可以使企业演化问题的分析、后续的建模、仿真和实验统一在一起。规范的引入使企业演化的研究进入语用层面和社会层面，为实现企业系统真正的目标作用和社会影响提供了研究基础。因此，可以借助规范的概念帮助我们建立能够表达企业演化特性，并能够进入语义、语用和社会层，其可进行较形式化的表达和转换。因此，在我们的企业演化研究中，将企业演化的核心元素设定为规范，本书的研究围绕企业规范进行企业演化假设框架的设定。同时，由于企业的分层，企业有多层的约束，企业演化的框架应该是一个多层的结构，是受多层规则约束的一个框架。

第四节 基于规范的企业演化机制

一、企业演化的自组织机制

企业自组织机制是企业演化的基础机制，描述了企业从创生、生存、生长到创新的过程，企业不断调整系统各要素及与环境之间的相互作用关系，不断选择、学习、自我适应和自我评价，以期找到更好的发展路径、行为模式以及

---

① 黄春萍. 基于 CAS 理论的企业系统演化机制研究 [D]. 天津：河北工业大学，2007.

企业结构，通过环境的选择和评价，达到优胜劣汰的目的。企业自组织机制的主要功能包括自创生、自生长、自复制与自适应，形成企业演化的遗传、变异和选择三个过程机制。

企业自创生是指企业在内部运营过程中，通过自主创新和自我适应，形成一套独特的规范体系，是由企业内部要素相互作用、演化、约束、调节和发展而形成的，具有自我创生和自我发展的能力。企业自创生过程是一个需要持续与外部环境进行信息与能量交换的动态开放系统，以适应市场的变化和需求。在这个过程中，企业需要发挥员工的创造力和团队合作精神，同时也需要积极引进外部的先进经验和做法，不断完善自身的规范体系。企业自创生机制具有自主性，它不是被动地接受外部的规则和标准，而是通过自主创新和自我适应，形成规范，有助于企业在市场竞争中保持领先地位和竞争优势。企业自创生具有动态性，需要不断地与外部环境进行信息和能量的交换，以适应市场的变化和需求。这种动态性要求企业具备快速反应和灵活应对的能力，以便在复杂多变的市场环境中保持竞争优势。企业自创生具有协同性，需要企业内部各个要素之间协同合作，以实现企业的整体发展和目标。企业自创生具有创新性，它需要不断地进行自主创新和自我适应，有助于企业发掘新的市场机会、技术手段和管理方法。

企业自生长是指企业不断学习、适应和创新，形成一套能够自我生长和自我完善的规范，运用多种资源向社会提供商品和服务，并持续不断地与环境进行物质、能量和信息交换，最终得以成长壮大。企业自生长是由企业内部要素相互作用、演化、约束、调节和发展而形成的，具有自我学习和自我适应的能力。企业自生长过程是一个不断探索和试错的过程，它需要不断地总结经验、吸取教训，不断地完善自身的规范，需要积极引导员工的学习和成长，同时也需要为员工提供必要的资源和支持，以促进企业的自我生长和发展。企业自生长机制具有自我学习能力，它可以不断学习和适应，不断完善自身的规范，有助于企业在面对市场变化和竞争挑战时，快速反应和灵活应对。企业自生长具有自我完善能力，可以不断总结经验、吸取教训，不断完善自身的规范，有助于企业提高整体效率和创新能力。企业自生长具有持续创新的能力，可以不断引进新技术、新思想和新模式，推动企业的创新和发展。这种持续创新能力有助于企业在市场竞争中保持领先地位和竞争优势。企业自生长具有开放包容性，有助于企业吸收外部的先进经验和做法，不断完善自身的规范体系。

企业自复制是指企业在内部运营过程中，通过复制和推广成功的规范和制度，实现企业的自我扩张和发展。这种自复制过程是基于企业内部的成功经验和运营模式，通过复制和推广，实现规模化和标准化的运营管理。企业自复制可以实现标准化管理，提高企业的运营效率和管理水平。通过制定统一的规范和制度，可以确保企业在不同分支机构和部门的运营管理都符合标准化的要求。企业自复制可以实现规模化效应，通过复制和推广成功的规范和制度，可以降低企业的运营成本和管理难度。企业自复制可以提高企业在市场中的竞争力，扩大市场份额。可以实现快速响应市场需求，通过复制和推广已有的成功经验和运营模式，可以快速占领市场、扩大规模。企业自复制可以提高企业在市场中的反应速度和适应能力。需要不断地进行改进和创新，以适应市场的变化和企业的发展需求。

企业规范的自适应是指企业在面对外部环境的变化和内部运营的挑战时，能够主动调整自身的规范和制度，以适应新的环境和条件。这种自适应能力是企业生存和发展的重要保障，有助于提高企业的适应性和竞争力。企业的自适应主要是企业与环境的关系，当企业与外界环境稳定、有序交换的状态被打破时，企业就会出现不适应的状况，在这种情况下，企业会通过变革自身得以重新适应环境或者消亡，企业的自适应演化不是一次，而是不断迭代的系统过程。企业需要具备敏锐的感知能力，及时感知外部环境的变化和内部运营的挑战。这需要企业建立完善的信息收集和分析机制，及时掌握市场动态、政策变化、行业趋势等信息。企业需要具备灵活的调整能力，在感知到外部环境的变化和内部运营的挑战后，能够快速调整自身的规范和制度，以适应新的环境和条件。这种调整能力需要企业具备开放的心态、灵活的组织结构和高效的执行力。企业需要具备持续的学习能力，在调整自身的规范和制度时，能够不断学习和吸收新的知识和经验，以适应不断变化的市场需求和企业发展需求。这种学习能力有助于企业提高自身的适应性和创新能力。企业需要建立开放的创新文化，鼓励员工积极提出新的想法和建议，推动企业的创新和发展。这种创新文化有助于企业在面对外部环境的变化和内部运营的挑战时，保持领先地位和竞争优势。

二、企业演化的遗传机制

对企业来讲，遗传机制是企业在发展演进中得以持续存在和发展的有效保障，遗传机制对企业的演化发展起到基础性的作用。[1] 企业演化的遗传机制是指将自身的规范视为遗传基因，将其传递给后代企业。这种遗传基因应该包含企业的核心价值观、运营模式、管理方法等核心元素，以确保后代企业能够继承

---

[1] 邵剑兵，刘力钢，杨宏戟. 基于企业基因遗传理论的互联网企业非市场战略选择及演变：阿里巴巴社会责任行为的案例分析 [J]. 管理世界，2016（12）：159-171.

和发扬这些优势和特点。企业需要寻找合适的遗传载体，将自身的规范传递给后代企业。这种载体可以是企业的员工、管理层、合作伙伴等，也可以是企业的产品、服务、品牌等。企业需要建立完善的遗传机制，确保自身的规范和制度能够有效地传递给后代企业。这种机制可以包括企业的组织结构、管理制度、企业文化等方面，以确保后代企业能够在继承的基础上进行创新和发展。企业规范需要得到社会认可，只有当行业内的其他企业和相关机构认可和支持这种规范时，它才能够得到更广泛的推广和应用。

企业基因有两种遗传方式，分别是主动复制和衍生裂变。主动复制是指在企业发展的过程中，当出现一种新的生命体特征的时候，作为基因信息的核心价值会被复制到新的生命体基因里。企业基因的主动复制还和该企业对环境的感受有关，对外部环境变化不敏感的企业会更加倾向于保持企业原有的行为习惯，复制企业原有的基因。拥有优良基因的企业管理、技术等人员，从原企业辞职后把先进的技术、管理经验和市场信息，应用于建立与原企业类型基本相同的企业之中的过程便是企业的衍生裂变。企业演化的遗传机制是延续性的，它可以将企业的优势和特点传递给后代企业，确保这些优势和特点得以延续和传承。企业演化的遗传机制是扩展性的，它可以通过不同的载体和机制，将企业的规范和制度推广到更广泛的社会范围内，从而推动整个行业的进步和发展。企业演化的遗传机制是共享性的，它可以让不同的企业共享成功的经验和模式，从而提高整个行业的效率和水平。基于规范的企业演化的遗传机制是长期性的，它需要长期坚持和努力，才能够实现更广泛的推广和应用。总之，企业演化的遗传机制是一种将企业的规范和制度视为遗传基因，通过不同的载体和机制传递给后代企业的机制，它有助于企业保持自身的优势和特点，同时也有助于推动整个行业的进步和发展。

市场选择证明某些企业规范可以使企业获得满意的利润，那么企业就应该在以后的经营活动中不断强化这些规范，同时使优秀规范在企业之间复制传播。企业规范的遗传包括组织印记、企业能力和企业文化的传承。组织印记一直以西方企业为研究对象，主要研究其在企业战略选择、组织行为、运营实践等活动中的影响，印记理论对组织的影响体现在组织的各个层面：在组织层面，组织印记深深植根于组织成员的认知当中，并慢慢内化于组织的事件当中，促进企业发展[1]；在个人层面，在职业生涯早期的市场经济环境会对个体日后的管理

---

[1] SNIHUR Y, ZOTT C. The Genesis and Metamorphosis of Novelty Imprints: How Business Model Innovation Emerges in Young Ventures [J]. The Academy of Management Journal, 2020, 63 (2): 554-583.

风格产生印记效应。① 企业能力的传承一部分体现在企业的技术资料的保有上，一部分体现在组织成员技术的习得上。企业文化的传承则是一部分由规章制度保留下来，一部分由人记录保留下来。归根结底，企业印记、能力和文化因素是体现在企业的员工身上的。招聘时企业就根据规范对员工做了一次选择。在员工进入企业之后，企业的老员工会通过工作上的接触对之加以影响，而企业的奖惩制度和培训强化了这种作用。当员工接受了企业的规范、文化，培养了相应的业务能力后，又会对其他员工施以影响，企业组织被遗传了。

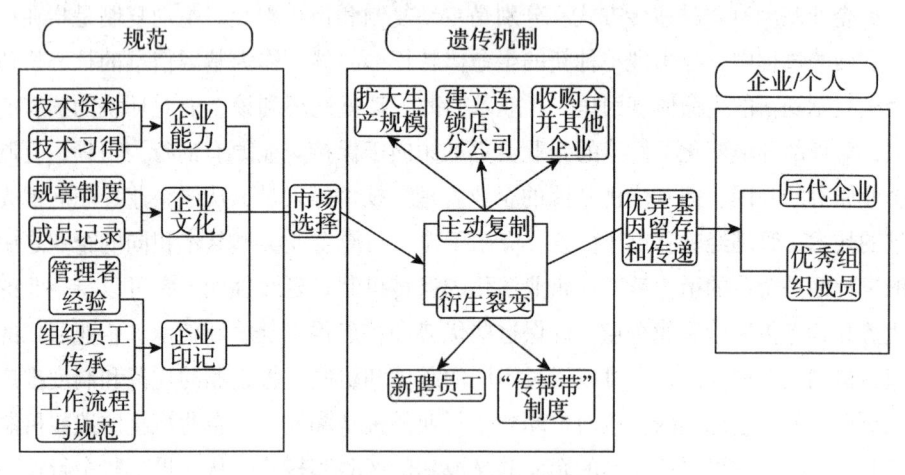

图 3-2 企业演化的遗传机制

三、企业演化的变异机制

企业演化的变异机制是指企业在内部运营过程中，通过变异机制的作用，对自身的规范和制度进行修改和完善，以适应不断变化的市场需求和企业发展需求。这种变异机制有助于企业保持灵活性和创新性，从而在市场竞争中保持领先地位和竞争优势。从企业演化的角度来看，企业在发展过程中都会与外部环境形成良好的适应关系。那么，在市场竞争过程中，获利不好的企业不会无动于衷，而是会根据外部环境的变化积极调整，对优秀的企业进行主动学习模仿，通过学习模仿优秀企业的知识、经验和技能来调整自身的生产工艺、经营理念、企业文化、组织结构、管理模式等，来改善自己的企业基因，以便更好地适应环境，在市场竞争中得到更好的发展。企业演化的变异机制是动态的，

---

① SCHOAR A, ZUO L. Shaped by Booms and Busts: How the Economy Impacts CEO Careers and Management Styles [J]. Review of Financial Studies, 2017, 30 (5): 1425-1456.

它需要根据市场的变化和企业的发展需求,不断对自身的规范和制度进行修改和完善。这种动态性有助于企业保持灵活性和适应性。企业演化的变异机制是创新性的,它需要企业具备开放的心态和创新能力,不断探索新的运营模式和管理方法。这种创新性有助于企业在市场竞争中保持领先地位和竞争优势。企业演化的变异机制是实验性的,它需要通过实验和尝试,不断探索新的运营模式和管理方法。这种实验性有助于企业从失败中吸取教训,不断进行改进和创新。企业演化的变异机制是反馈性的,它需要企业建立完善的反馈和调整机制,对自身的规范和制度进行持续的评估和调整。这种反馈性有助于企业及时发现和解决问题,从而不断完善自身的规范体系。

企业变异是指企业在社会发展过程中,随着内部环境和外部环境的改变,主动或被动地改变企业核心价值观,企业变异可分为正向变异和逆向变异,有利于企业发展的变异称为正向变异,阻碍企业发展的变异称为逆向变异。企业的变异可以产生多个彼此存在差异的企业组织,促进企业组织的多样化,为市场提供可选择的对象。企业创新就是变异,可以将创新分为知识创新、技术创新和管理创新,企业组织变革就是对企业组织内部的组织结构、管理制度、经营技术、员工、发展战略等各个要素进行变革,顺应时代发展进行企业组织的优化。

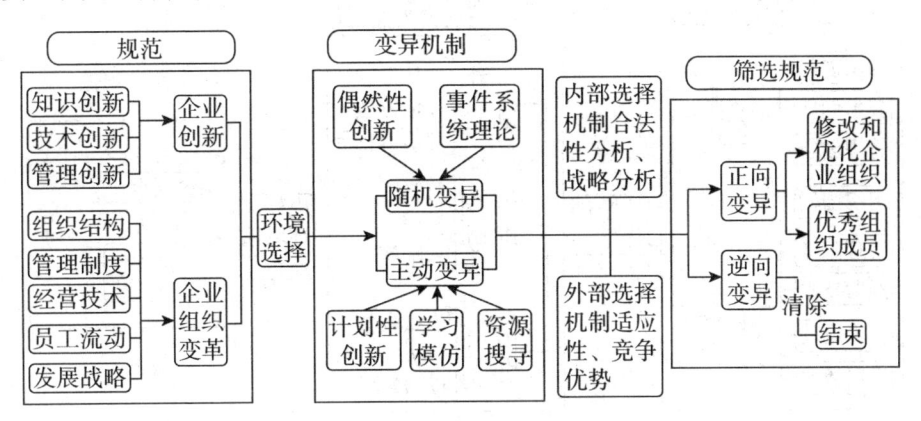

图 3-3 企业演化的变异机制

四、企业演化的选择机制

企业演化的选择机制是指通过对不同的规范进行选择和优化,以适应不断变化的市场需求和企业发展需求,有助于企业保持规范的有效性和适应性,从而实现企业的持续发展和竞争优势。企业需要对不同的规范和制度进行评估,以确定其有效性和适应性。企业需要建立完善的评估机制,包括评估标准、评估方法、评估流程等方面。企业需要根据评估结果，对不同的规范和制度进行决策。这需要企业具备高效的决策能力，以实现规范的最优配置。企业需要建立完善的执行机制，包括监督、考核、激励等方面。对所选的规范和制度进行持续的反馈和调整，以适应市场的变化和企业的发展需求。这需要企业建立完善的反馈机制，包括信息收集、分析、反馈等方面。企业演化的选择机制涉及企业的各方面和环节的规范和制度，包括组织结构、人力资源管理、财务管理、市场营销等，通过对这些方面的规范进行选择和优化，企业能够实现全面的发展和提升。

选择机制的主要作用是对变异机制产生的规范进行筛选，实现优胜劣汰。在市场竞争中，并不是每一个企业的产品都能适应市场的变化。为了抢占更多的市场份额、谋取更多的利润，每个企业都在进行企业变异。企业基因变异会产生多种存在差异的企业组织，但这并不意味着每一个企业都同样优秀，所以还必须由市场对企业进行选择。企业行为的对错是由市场进行评判的，最盈利的企业将较不盈利的企业挤出市场。市场的选择是非随机的而且是有方向性的，市场的选择使得具有适应性的企业保留下来，使得不适应环境变化的企业被淘汰，因此适应企业外部市场环境便显得尤为重要。

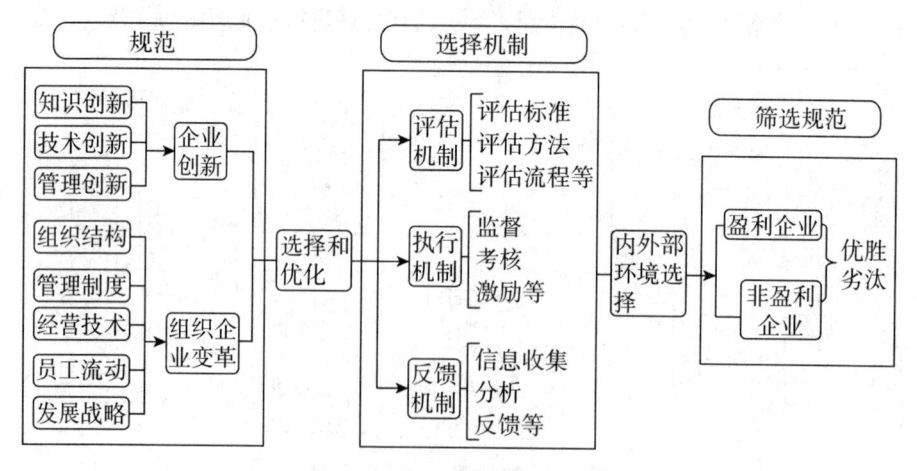

图 3-4 企业演化的选择机制

五、企业演化的适应性学习机制

企业演化的适应性学习机制是指企业在面对外部环境的变化和内部运营的挑战时，对自身的规范和制度进行适应性的调整和完善。这种适应性学习机制有助于企业提高适应性和创新能力，从而在市场竞争中保持领先地位和竞争优势。企业需要具备敏锐的感知能力，及时掌握市场动态、政策变化、行业趋势等信息，感知外部环境的变化和内部运营的挑战，需要企业建立完善的信息收集和分析机制。企业需要建立完善的学习机制，包括个人学习和组织学习两方面。个人学习是指员工通过自我反思、自我总结、自我提升等方式，提高自身的素质和能力；组织学习是指企业通过知识共享、经验交流、集体研讨等方式，提高整体的适应性和创新能力。企业需要建立调整机制，根据感知和学习到的信息，对自身的规范和制度进行适应性的调整和完善。这种调整机制需要企业具备开放的心态、灵活的组织结构和高效的执行力。企业需要建立完善的反馈机制，对调整后的规范和制度进行持续的评估和反馈。这需要企业建立完善的信息反馈渠道和评估机制，及时发现问题并进行改进。

随着社会的信息化、经济的知识化和商业活动的全球化，企业与企业之间、人与人之间的沟通与互动正在日益密切与增强，各种复杂的经济和社会现象不断涌现，使得人们感觉到企业的生存和活动所处的环境日益复杂化、不确定性日益增强。企业演化实际上是企业持续自适应性学习的过程。CAS 理论认为，当主体接收到环境的刺激后，会在规则系统中找出与之匹配的规则，然后根据规则进行反应。适应性学习是通过系统规则的不断变化产生的，系统规则的变化是通过规则搜寻和新规则的发现过程完成的。[①]

学习机制主要包括两块内容，一是规则的学习，二是规则的自适应演化。规则的学习也即规则的更新，规则的演化即规则根据环境做出适应性调整。遗传算法 GA 由美国 Michigan 大学的 J. Holland 教授提出，能在搜索过程中自动获取和积累有关搜索空间的知识，并自适应地控制搜索过程以求得全局最优解，是一种适应性强、鲁棒性较高的计算方法。使用基于遗传算法的分类器系统来描述企业主体的适应性学习机制。

（一）分类器

分类器系统是基于遗传算法的机器学习系统，可以模拟人类的感知过程，进行不确定性、模糊性和层次性的学习。本书采用的是如图 3-5 所示的分类器结构。

分类器由一组特定形式的知识构成，本书采用 IF-THEN 规则表示知识。为了使用遗传算法对分类器进行操作，将规则的条件部分按字符集 {0, 1, #} 编码，规则的动作部分可以是消息串，也可以是执行动作类型。

（二）信用分配

对分类器的评价，最有效的方法是霍兰德提出的桶队算法（Bucket Brigade Algorithm，BB 算法）。该算法模拟竞标（Biding）活动，所有相关规则根据自身

[①] 黄春萍. 基于 CAS 理论的企业系统演化机制研究 [D]. 天津：河北工业大学，2007.

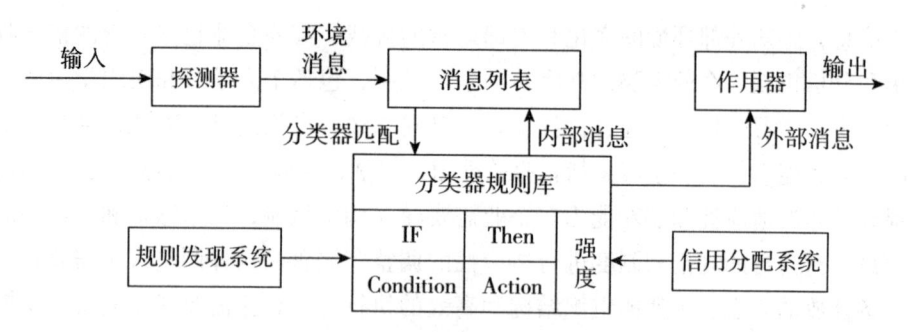

图 3-5 分类器系统结构图

力量（Strength）进行投标，投标额度与自身力量成正比。首条中标规则要向该消息支付标值，并广播消息。后续中标的规则需要将标值付给上次广播消息的规则。直到规则的动作部分被激活，才从环境取得"报酬"（Pay Off）。

BB算法不需要提供训练样本集，它只需要根据系统的性能提供一个"报酬"（或"处罚"），BB算法按每条规则的"功劳"大小分配环境的"报酬"[①]。分配的方法类似经济学中的拍卖，规则强度越大则越有可能在拍卖中竞争获胜。BB算法对第 i 条规则的规则强度 S_i 的更新可表示为

$$S_i(t+1) = S_i(t) - P_i(t) - T_i(t) + A_i(t) \quad 式（3-1）$$

式（3-1）中，若第 i 条规则竞争获胜，则 $P_i(t) = Bid = Cbid \times S_i$；否则 $P_i(t) = 0$，其中 Cbid 为系数。

$A_i(t)$：从上一次激活规则或环境处获得的收入。

$T_i(t)$：税收，即 $T_i(t) = Ctax \times S_i$，其中 Ctax 为税率。

因此，式（3-1）可表示为

$$S_i(t+1) = S_i(t) - Cbid \times S_i(t) - Ctax \times S_i(t) + A_i(t) = (1-K) \times S_i(t) + A_i(t) \quad 式（3-2）$$

式（3-2）中，K=Cbid+Ctax，只要 K 的取值限定在一定范围内，式（3-2）是稳定的。

（三）遗传算法

遗传算法的基本框架如图 3-6 所示。

（1）使用编码形式来表示个体。

（2）使用某函数量化个体的适用度。

（3）根据适用度，采用某种选择机制来选择种群中的个体。

（4）根据选出的个体，采用某种变异机制产生物种的后代。

---

① 王直杰，方建安，邵世煌．分类器系统综述 [J]．中国纺织大学学报，1997 (1)：97-104．

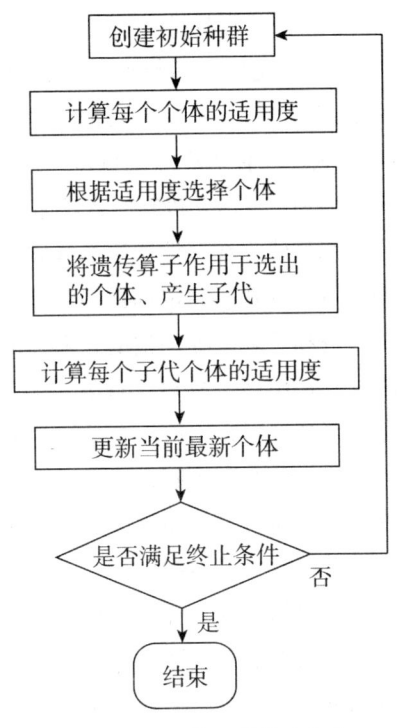

图 3-6 遗传算法的基本框架

六、企业规范的约束机制

企业规范的约束机制是指企业通过制定和执行规范，对企业的行为和员工的行为进行约束和引导，以确保企业能够有序、合规、高效运转。企业的行为和员工的行为需要遵守国家法律法规的规定。企业需要严格遵守相关法律法规，不得从事违法违规的行为，同时也要对员工的行为进行法律约束，确保员工的行为不违反法律法规。企业需要建立完善的内部管理制度，包括组织管理制度、财务管理制度、人力资源管理制度等。这些制度需要明确规定企业的运营规则、管理流程和员工的行为规范，对企业的行为和员工的行为进行约束和引导。企业需要建立道德规范和价值观体系，对员工的行为进行道德约束。道德规范需要明确规定员工的职业道德、行为准则和责任义务等方面的要求，引导员工遵守道德规范，树立正确的价值观。企业需要建立监督机制，对企业的行为和员工的行为进行监督和检查。监督机制需要包括内部审计、财务审计、法律审查等方面，以确保企业遵守法律法规和内部管理制度，同时也要对员工的行为进行监督约束。企业需要建立激励约束机制，对员工的行为进行激励和约束。激励约束机制需要包括绩效考核、奖励惩罚、培训晋升等方面，以激励员工遵守规范、积极工作，同时也要对违反规范的行为进行惩罚和约束。企业规范的约束机制是企业管理活动的重要组成部分，它有助于企业规范自身行为和员工行为，确保企业的合规性和高效性，促进企业的可持续发展。

企业规范约束机制是我们为企业演化机制研究增加的一个新机制。一直以来，对企业内部企业行为的研究都是建立在理性适应的基础上，即企业是一个具有适应性的有机体，能够根据环境的变化，制定选择并实施最佳的行为决策。然而这一观点日益受到来自现实经济和实际企业的挑战，事实证明，企业在面对环境变化时，其适应性的行为改变经常出现"延迟"现象。这意味着，企业并非完全自主的适应性主体，一定存在着某种因素阻碍了企业行为的适应性改变。这类阻碍企业行为的机制我们称为企业规范约束机制，其描述了降低企业主动应对环境的适应性改变的组织结构特性，并随着企业的发展而不断强化，具有维持现有平衡态、限定变革在增量范围内、排斥变革尝试的特征。企业规范的约束机制并不等同于僵化，反而是成功存活组织的共同特征，是弹性组织行为的适应性结果，其具有多种表现形式或来源，表现为组织惯性。企业采用此类惯例化的问题解决方法和相似的战略，能够节约时间、精力，并规避风险。另外，企业的利益相关者也偏爱具有稳定绩效的组织，企业为保持其稳定的收益，不敢尝试变革。

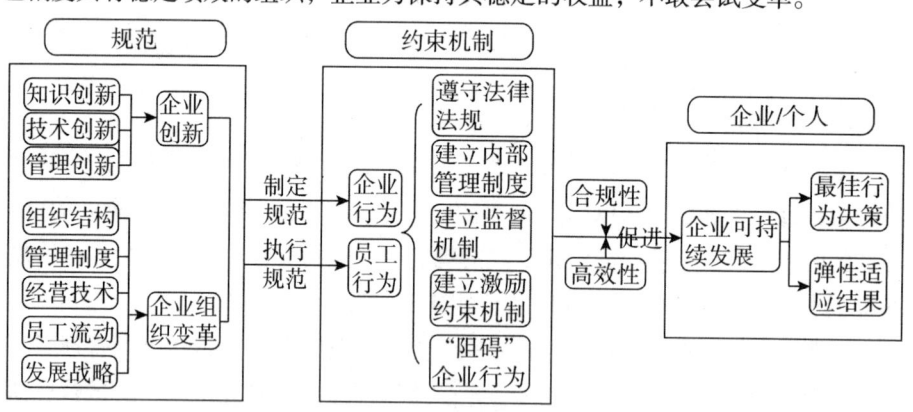

图 3-7 企业规范的约束机制

七、基于企业规范的企业演化的机制总结

基于企业规范的企业演化的自组织机制、遗传机制、变异机制、选择机制、适应性学习机制和规范的约束机制是企业管理活动中的重要组成部分。企业的自组织机制是企业通过自我组织和自我调整，形成一种机制，有助于企业根据市场需求和自身条件，自主地组织和管理内部资源，实现自我优化和高效运转。

企业的遗传机制是企业将自身的规范和制度传递给后代企业，这种机制有助于企业保持自身的优势和特点，同时也有助于推动整个行业的进步和发展。企业的变异机制是企业对自身的规范和制度进行修改和完善，以适应不断变化的市场需求和企业发展需求。这种变异机制有助于企业保持灵活性和创新性，从而在市场竞争中保持领先地位和竞争优势。企业的选择机制是企业在内部运营过程中，通过对不同的规范和制度进行选择和优化，以适应不断变化的市场需求和企业发展需求，有助于企业保持规范的有效性和适应性，从而实现企业的持续发展和竞争优势。适应性学习机制是企业在面对外部环境的变化和内部运营的挑战时，对自身的规范和制度进行适应性的调整和完善，有助于企业提高适应性和创新能力，从而在市场竞争中保持领先地位和竞争优势。约束机制是企业通过制定和执行规范，对企业的行为和员工的行为进行约束和引导，有助于企业确保自身行为和员工行为的合规性和高效性，促进企业的可持续发展。

综上所述，这些机制共同构成了基于企业规范的企业演化框架，它们相互作用、相互影响，共同推动企业的持续发展和进步。例如，遗传机制可能为企业提供稳定的基础，但变异机制可能为其带来新的机会。选择机制帮助企业做出决策，而适应性学习机制则使其从错误中学习并不断进步。自组织机制和规范的约束机制共同作用，确保企业在有序的环境中持续发展。企业需要在理解和应用这些机制的基础上，不断优化和完善自身的规范体系，以适应不断变化的市场环境和内部需求。

第四章

基于规范的多视图企业演化概念模型

第一节 企业建模方法

一、传统的企业建模方法

当前大多数的企业模型方法主要集中在企业内部结构、信息和过程的集成上，通过多个视图对企业进行描述。这类企业模型方法很多，其中比较著名的企业模型方法有 Zachman、CIM-OSA、ARIS、IDEF、集成化企业建模方法等。

（一）Zachman 框架

Zachman 框架由 John Zachman 于 1987 年提出。[1] 如今，Zachman 框架已经有了很大的发展，并得到了广泛认可，被认为是企业建模领域中的权威，Zachman 框架视图的覆盖面非常完全，很多建模框架都被认为是 Zachman 框架的派生。它包含了 5W1H（What、Who、When、Where、Why、How）和 6 种不同的角色（Planner、Owner、Designer、Builder、Sub-contract、Product），如图 4-1 所示，5W1H 构成了完整的问题空间描述，而 6 种不同的角色也体现了开发过程的特点。在美国，Zachman Framework 已成为众多企业体系结构的参考模式，形成了如 FEAF、TEAF、C4ISR、USCS EA、IRS 等行业的建模框架。[2]

---

[1] ZACHMAN J A. A Framework for Information Systems Architecture [J]. IBM Systems Journal, 1987, 26 (3): 276-292.

[2] 张晓明，邓子琼. 企业建模方法学的分析与建模工具的评价 [J]. 系统仿真学报，2004 (3): 511-515.

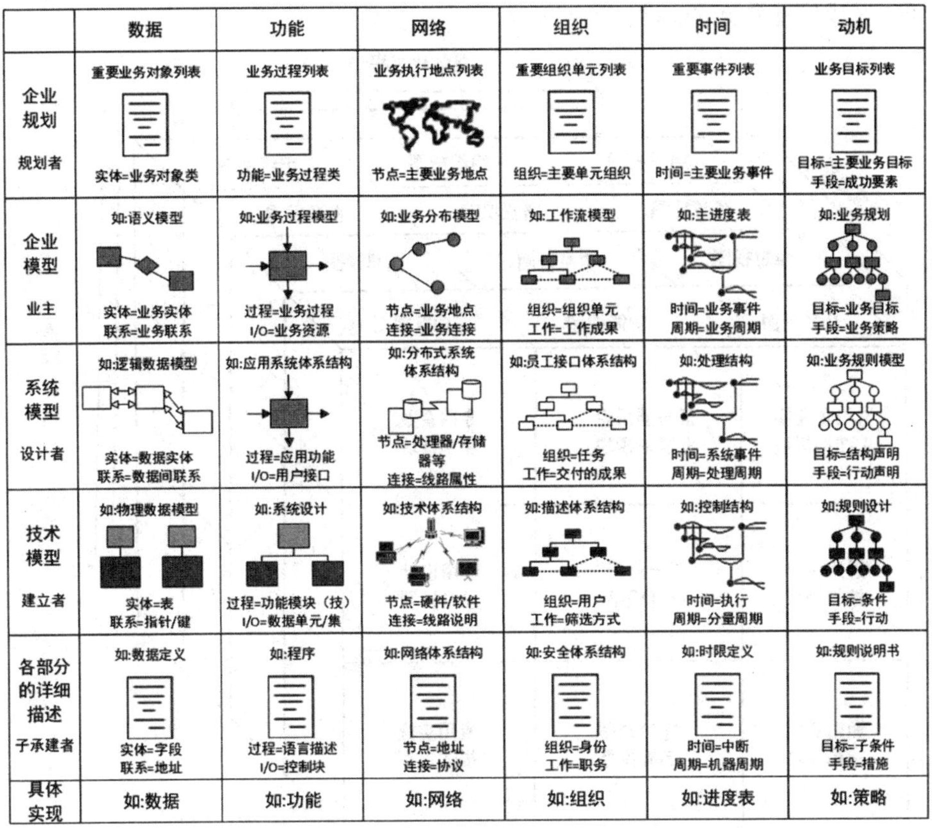

	数据	功能	网络	组织	时间	动机
企业规划 规划者	重要业务对象列表 实体=业务对象类	业务过程列表 功能=业务过程类	业务执行地点列表 节点=主要业务地点	重要组织单元列表 组织=主要单元组织	重要事件列表 时间=主要业务事件	业务目标列表 目标=主要业务目标 手段=成功要素
企业模型 业主	如:语义模型 实体=业务实体 联系=业务联系	如:业务过程模型 过程=业务过程 I/O=业务资源	如:业务分布模型 节点=业务地点 连接=业务连接	如:工作流模型 组织=组织单元 工作=工作成果	如:主进度表 时间=业务事件 周期=业务周期	如:业务规划 目标=业务目标 手段=业务策略
系统模型 设计者	如:逻辑数据模型 实体=数据实体 联系=数据间联系	如:应用系统体系结构 过程=应用功能 I/O=用户接口	如:分布式系统体系结构 节点=处理器/存储器 连接=线路属性	如:员工接口体系结构 组织=任务 工作=交付的成果	如:处理结构 时间=系统事件 周期=处理周期	如:业务规则模型 目标=结构声明 手段=行动声明
技术模型 建立者	如:物理数据模型 实体=表 联系=指针/键	如:系统设计 过程=功能模块(技) I/O=数据单元/集	如:技术体系结构 节点=硬件/软件 连接=线路说明	如:描述体系结构 组织=用户 工作=筛选方式	如:控制结构 时间=执行 周期=分量周期	如:规则设计 目标=条件 手段=行动
各部分的详细描述 子承建者	如:数据定义 实体=字段 联系=地址	如:程序 过程=语言描述 I/O=控制块	如:网络体系结构 节点=地址 连接=协议	如:安全体系结构 组织=身份 工作=职务	如:时限定义 时间=中断 周期=机器周期	如:规则说明书 目标=子条件 手段=措施
具体实现	如:数据	如:功能	如:网络	如:组织	如:进度表	如:策略

图 4-1 Zachman 企业模型框架

（二）CIM-OSA

CIM-OSA（Computer Integrated Manufacturing-open System Architecture）是欧共体的 21 家公司和大学组成的 ESPRIT-AMICE 组织，经过六年多的努力而开发的一个 CIM 开放系统结构①，其目是提供一个面向 CIM 生命周期的、开放式的 CIM 参考体系结构，从多个层次和多个角度反映 CIM 企业的建模、设计、实施、运行和维护等各个阶段，提供 CIM 系统描述、实施方法和支持工具，并形成一整套形式化体系。CIM-OSA 通过功能、信息、资源、组织四个视图描述企业，并将模型分为三个层次（通用、部分通用和专用层），从而对 CIM 企业的设计、建立和运行提供指导与支持，如图 4-2 所示。CIM-OSA 是一个可执行的模型，它可以运行在 CIM-OSA-IIS 平台上，因此它不但可以完成对企业的建模，而且

---

① AMICE E C. CIMOSA：Open System Architecture for CIM [M]. 2th ed. Berlin：Springer-Verlag，1993.

可以完成信息系统的建设。

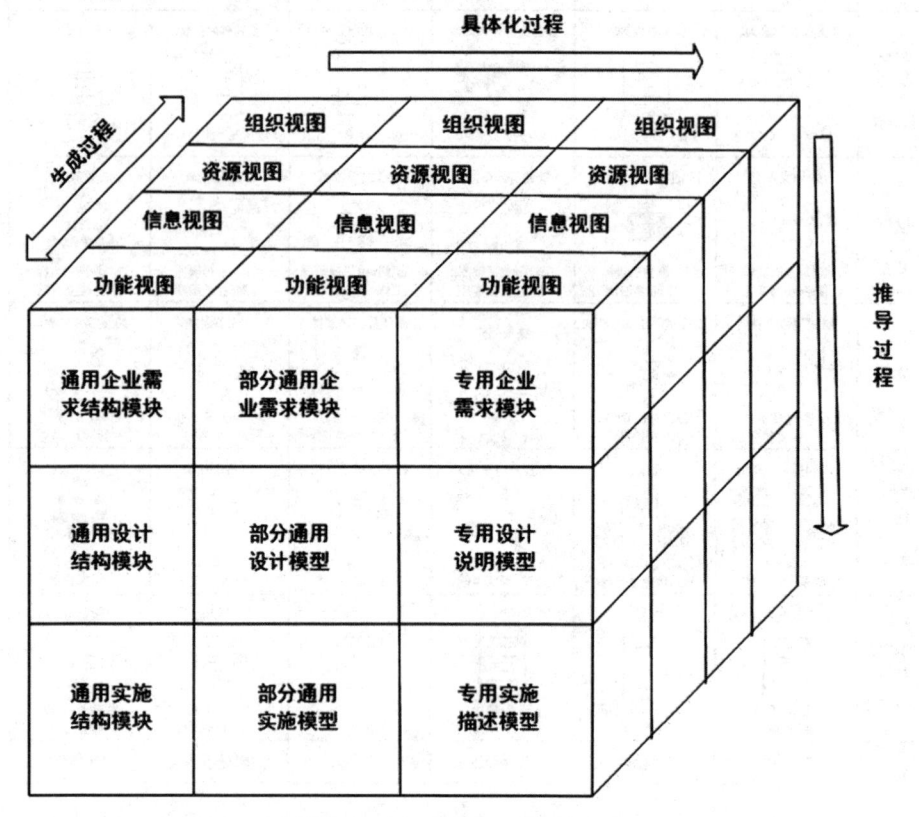

图 4-2 CIM-OSA 模型框架

（三）ARIS

ARIS（Architecture of Integrated Information System）是德国 Saarland 大学的 Scheer 教授于 1992 年提出的一种面向过程的模型结构，是一个集成化的信息系统模型框架[1]，在这个框架之中发展、优化集成应用系统，并转化为具体实施。ARIS 主要是由五个视图、三个阶段构成，以面向对象的方法描述了各视图，并通过控制视图描述组织、数据、过程、资源四个视图之间的关系，如图 4-3 所示。面向信息系统实施的生命周期，定义了需求定义、设计说明和实施描述三个阶段的内容。ARIS 经过多年的实践和发展，目前已成为世界上极具影响力的企业建模框架，著名的 SAP R/3 系统就使用此建模方法。

---

[1] SCHEER A W. Architecture for Integrated Information System [M]. Berlin：Springer-Verlag，1992.

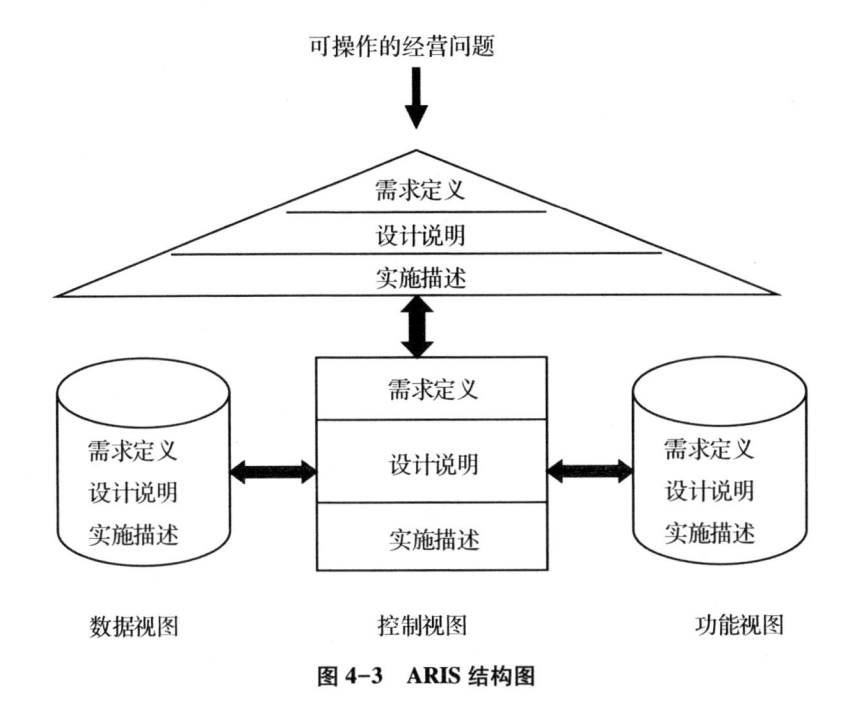

图 4-3 ARIS 结构图

(四) IDEF

IDEF（ICAM Definition Method）是美国空军在结构化分析方法基础上发展起来的一系列建模方法。[①] 特点是从不同的视角使用不同的模型对系统进行建模，如面向功能的 IDEF0 模型（图 4-4）、面向数据的 IDEF1x 模型（图 4-5）、面向对象的 IDEF4 模型、面向企业过程的 IDEF3 模型（图 4-6）、面向本体的 IDEF5 模型等 16 套建模方法。在各自领域都是优秀的建模工具，但各模型不同，构建企业模型的结果往往是分离的描述，很难形成一个集成的企业模型。

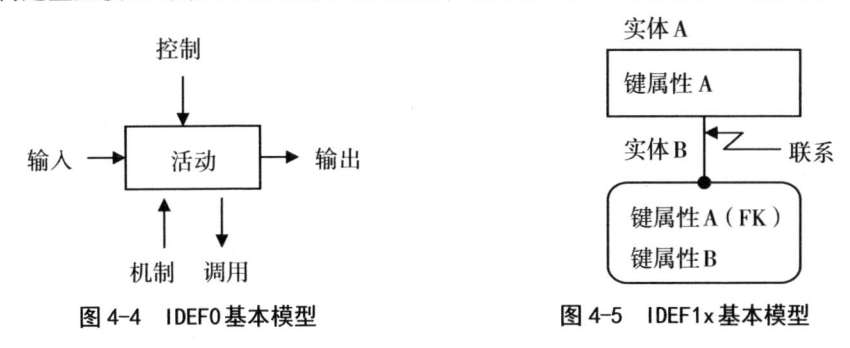

图 4-4 IDEF0 基本模型　　图 4-5 IDEF1x 基本模型

---

① 陈禹六. IDEF 建模分析和设计方法 [M]. 北京：清华大学出版社，1999：5.

图 4-6　IDEF3基本模型：流程模型和状态转移模型

（五）集成化企业建模方法

集成化企业建模方法是清华大学范玉顺教授等人提出的一种融过程、功能、信息、组织、资源视图模型为一体的集成建模方法，以解决目前企业建模存在的诸多问题。[①] 该方法研究了企业建模方法的发展趋势，给出了建模框架体系和建模方法，并设计了一个基于 Corba 软件总路线技术的集成化企业建模与仿真优化系统，如图 4-7。该方法本质上是以过程视图模型（工作流模型）为核心，其他视图模型为辅助的集成化建模方法，对促进集成化企业建模方法学的研究、开发具有我国自主版权的建模与优化系统具有实际应用价值。

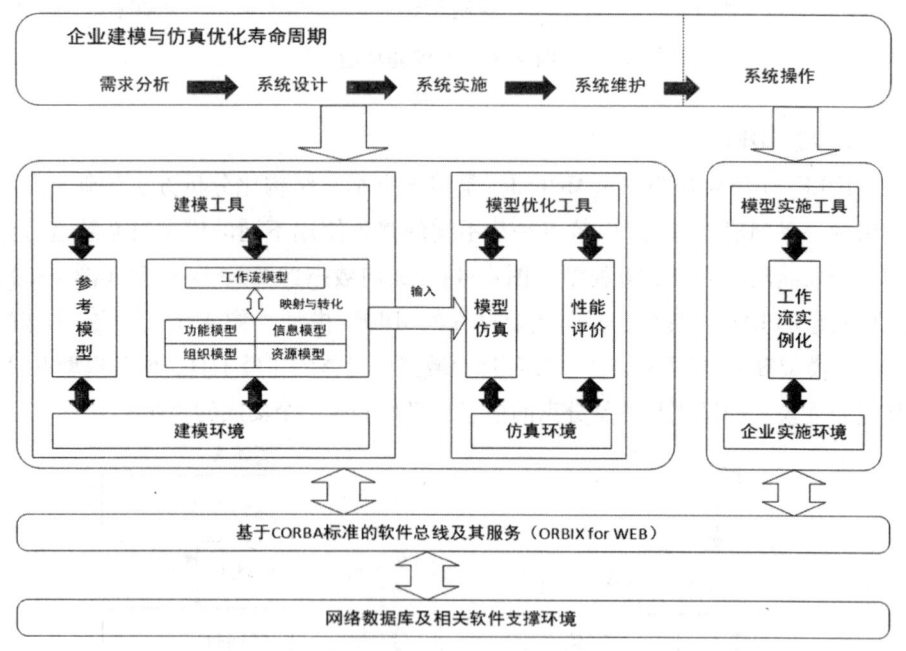

图 4-7　集成化建模与仿真优化系统的体系结构图

[①] 范玉顺，吴澄，王刚. 集成化企业建模方法与工具系统研究 [J]. 计算机集成制造系统-CIMS，2000（3）：1-5；范玉顺，曹军威. 多代理系统理论、方法与应用 [M]. 北京：清华大学出版社，2002：5.

此类企业建模方法很多，着重描述企业的功能和数据处理，强调企业功能的实现，将企业系统视为一个机械系统，忽视了企业活动中的管理、人和外部环境的动态交互，导致基于该类模型的应用系统结构僵化，无法描述许多非结构化和模糊程度较高的企业系统特性。如有些模型将企业的运作与当前的业务流程捆绑在一起，严重束缚了企业的灵活运作，为了实现新的运作方式，不得不重新开发新的系统。在环境复杂多变、企业频繁改造变化的时代，传统的建模方式与当前企业经营管理的理念和面临的实际环境已经发生了严重的冲突，导致企业信息系统失败率非常高，并成为企业生存与发展的障碍。

二、基于多 Agent 的建模方法

当前 Agent 技术已大量应用于企业建模、企业信息系统分析与设计、企业决策支持等各方面。目前研究人员提出了一些多 Agent 的开发方法和模型，可供多 Agent 企业建模做参考，按照其特点可以分为以下几类：基于知识工程的方法、基于对象技术扩展的方法以及基于组织概念模型的方法。

（一）基于知识工程的方法

该类方法应用知识工程的理论与技术对 Agent 系统进行建模，代表性的包括 MAS-Commonkads、Comomas 等。Agent 是一个具有知识处理能力的实体，具体而言：

1. 由于 Agent 具有认知的特性，而知识工程方法恰恰为 Agent 知识提供了相应的建模技术，因此知识工程方法对基于 Agent 系统的建模与开发提供了一定的基础。

2. Agent 的定义过程可以被看作一个知识获取的过程。现有知识工程方法的扩展可以充分利用已有的经验、工具、本体库和问题求解方法库。

基于知识工程的方法虽然反映了 Agent 的认知特性，但是，知识工程将系统看作一个集中控制式的系统，不适用于具有分布性和社会性的企业 Agent 系统。

（二）基于对象技术扩展的方法

该类方法以面向对象软件开发方法学的理论和技术为基础，将 Agent 视为具有并发和自主特征的特殊对象，通过对已有面向对象软件开发方法的扩充来支持对基于 Agent 系统的建模。其特点是侧重于对 Agent 个体的研究，称为 Agent-Centered[①]，或称 ACMAS，强调对 Agent 个体的思维状态建模，通过思维推理来

---

① CARLEY K M, GASSER L. Computational Organization Theory [M] //WEISS G. Multi-Agent Systems. MA：The MIT Press，1999：299-330.

进行行为选择和交互协调。常见的以 Agent 为中心的系统分析设计方法有以下几种：

1. 面向对象的方法扩展

由于 Agent 与对象的某些相似性，如都有一些属性、行为等，因而很多 Agent 开发人员采用面向对象的方法进行基于 Agent 的分析与设计。面向对象的方法与基于 Agent 的方法基于不同的概念，面向对象的方法包括类、对象、继承、封装、实例化等一些概念，而面向 Agent 的方法是基于 Agent 的概念（包括结构、行为等）以及 Agent 之间的种种交互作用。传统的面向对象的方法只是规定了两个静态的关系：继承和包含。这使其在对多 Agent 系统进行建模时变得力不从心。当系统是分布的，而且重点是在协同行为时，其交互作用方式就变得极为重要。面向对象的方法不能准确、全面、系统地捕获基于 Agent 之间的复杂相互作用。AMTS 方法学就属于这一类方法，同类型的还有 MASB 方法（Multi-Agent Scenario-Based Method）、面向 Agent 的企业建模的方法学等。

2. AOSE（基于 Agent 的软件工程）

AOSE 将复杂系统分解为一系列层次结构的子系统，每个子系统完成某个特定的目标，通过这些子系统之间的协同工作，共同完成组织目标。其中每个子系统都可以用 Agent 来实现。这种方法其实仍是一种自顶向下的建模方法，与传统的信息系统建模方法并没有很大区别。值得注意的是，自治性是 Agent 最显著的特征，而 AOSE 的子系统并不能充分反映出 Agent 的自治性，所以这种方法难以对 Agent 进行准确的刻画。

3. 基于 BDI 的 Agent 系统建模技术[1]

BDI 方法定义了外部层次和内部层次来建模 Agent。外部层次将系统分解成 Agent 和 Agent 间的相互作用。内部层次通过三个模型来实现对每个 BDI Agent 类的建模，包括信仰模型、目标模型和计划模型。外部观点的开发过程始于辨识应用域中的角色，以找出 Agent 并安排它们在一个 Agent 类层次中，然后与每个角色相连的责任以及用来履行责任的服务被辨识出；下一步是找出对每个服务来说必要的交互作用；接着，信息被收集到 Agent 实例模型中；内部观点始于分析赢得一个目标的不同方法，将反映一个目标的事件或赢得一个目标的计划采用图形符号表示，最后，关于环境目标的信仰采用符号被建模和表示出来。

---

[1] IGLESIAS CA, GARRIJO M, CONZÁLEZ J C, et al. Analysis and Design of MultiAgent Systems Using MAS-CommonKADS [C]. In AAAI'97 Workshop on Agent Theories, Architectures and Languages, Providence, RI, July 1997, ATAL.

4. AUML

AUML 试图扩展当前的 UML 来分析与设计面向 Agent 的系统。AUML 扩展了 UML 的交互作用图来处理 Agent 之间的交互作用协议,但该方法并没有以 Agent 的概念为中心,用交互协议说明对象行为并不能使该对象成为一个 Agent,因为,Agent 还有很重要的其他特性,如主动性、自治性等。

5. MESSAGE/UML

Caire 等人采用 MESSAGE(Methodology for Engineering Systems of Software Agents)/UML 进行基于 Agent 的软件系统的分析与设计,目的是提供一个系统及其环境的分析模型,便于开发团队及客户之间的联系,并为随后的设计提供基础。

6. 基于智能 Agent 的企业建模方法

周庆和李洪磊以复杂系统理论为基础分别对供应链及企业进行建模,周庆采用分层有色 Petri 网对物流系统中的 Agent 结构进行描述[1],而李洪磊的 Agent 定义更多地采用了人工智能技术。[2] 两者都提供了 Agent 的框架、Agent 的通信机制,便于建立复杂适应系统的多 Agent 企业模型。另外,他们都采用 Swarm 工具对建立的多 Agent 模型进行仿真。他们建立的模型对企业及供应链中的决策问题提供了较好的支持。

为使多 Agent 适用于工业企业应用,非营利团体 FIPA 提出并设计了多 Agent 的一套标准和规范,这套标准和规范基于以下的假设:

(1)一个 Agent 必须与其他 Agent 通信;

(2)Agent 提供了系统中可以被其他 Agent 使用的一套服务;

(3)每个 Agent 具有限制和保证与其他 Agent 的可到达的责任;

(4)每个 Agent 具有保证与其他 Agent 的交互、合同的责任,每个 Agent 都清楚地知道与其他 Agent 可能的交互;

(5)每个 Agent 容纳它的名字和与外界联系的方式,Agent 被假设成自治的和交互的非限制性。

按照以上的假设,正如 Jennings 和 Wooldridge 指出的[3],在大型工程系统中,ACMAS 将导致以下两方面的缺陷。一方面,交互的模式和结果具有不可避

---

[1] 周庆. 基于 Agent 的供应链配送渠道系统的建模与仿真 [D]. 北京:北京理工大学,2002:3.

[2] 李洪磊. 自适应企业建模与仿真分析研究 [D]. 北京:北京理工大学,2003:7.

[3] JENNINGS N R, WOOLDRIDGE M. Agent-Oriented Software Engineering [M] //BRADSHAW J. Handbook of Agent Technology. Palo Alto:AAAI/MIT Press, 2000.

免的不可预知性。主要是由于要通过其组成要素来进行预测,整个系统的结果预测变得非常困难,几乎不可能。另一方面,自由交互要付出代价,不可能假设不同的设计者设计的 Agent 能够互相交互。

(三) 基于组织概念模型的方法

ACMAS 有很多缺陷,特别是作为一种问题求解模式,运用于社会系统的认知、分析和建模时,如果仅重视对 Agent 个体的研究,显然不够。尽管有很多基于 Agent 的模型方法,但基于多 Agent 的企业建模还缺乏系统的、结构化的方法和模型支持,使得建立的企业模型实用性较差。近年来,一些研究者将社会学及组织理论引入 MAS,使用了一些"organizations, groups, communities, roles"等概念,形成以组织为中心的 MAS 或以 Organization-Centered 为中心的 MAS,简称 OCMAS。① 目前,以角色、组织模型为中心的多 Agent 企业建模研究已成为国内外研究热点,该类方法借助于社会学和组织学等学科的理论,通过角色或组织概念来理解系统中的行为,将 Agent 视为系统中承担某个或某些角色的自主行为实体,以下是一些有代表性的基于组织的多 Agent 模型方法。

1. 基于组织的 MAS 元模型 Aallaadin

Aallaadin 方法是合并现有的两种方法论 AOSE 和 Prometheus and ROADMAP 后,通过适当剪裁和增加而形成的一种方法,这将增强开发者的能力和增加合适的特性。② Aallaadin 方法提出一个基于组织概念的多 Agent 元模型,其由 Groups、Roles 和 Structures 等构成,可以设计出各种形式的 Agent 组织,此模型提供了一个非常简单的合作和协商的描述,适合于像市场类型的组织、层次类型的组织描述,建立的组织允许 Agent 使用不同的语言和结构。Agent 作为一个主动的通信 Agent,可以在组织中承担一定的角色,对其内部结构及其表示方法不做规定,设计者可以根据应用领域选择;小组是指一组 Agent 的集合,Agent 可以同时在不同的小组中承担不同的角色,即小组可以有重叠关系,角色是 Agent 的功能和可以提供的服务在小组中的抽象表示,小组的创建者是个特殊的角色,称为管理者角色。

2. AOR (基于 Agent 的关系建模方法)

Wagner 提出的 Agent 对象关系 (AOR) 模型是一种基于 Agent 的信息系统

---

① CARLEY K M, GASSER L. Computational Organization Theory [M] //WEISS G. Multi-Agent Systems. MA: The MIT Press, 1999: 299-330.

② FERBER J, GUTKNECHT O. A Meta-Model for the Analysis and Design of Organizations in Multi-Agent Systems [J]. Proceedings International Conference on Multi Agent Systems, 1988 (3): 128-135.

的建模方法，旨在为信息系统的设计提供一个通用的方法学。① 在 AOR 方法中，一个实体可能是一个事件、动作、声明、承诺、Agent 或对象，但只有 Agent 能够通信、感知、动作、做出承诺以及满足对方要求。AOR 模型扩展了 ER 模型，它被证实是有能力将除静态实体外的 Agent 之间的关系模型化。在 AOR 模型中，实体具有六种类型：代理、事件、动作、委托、要求和对象。委托和要求是对偶的，一个 Agent 的委托可以看作相对于其他 Agent 的要求。

3. TAEMS

TAEMS 模型是一个关于任务分析和环境建模及仿真的模型，用来分析、解释和预测系统及其组成部分的行为，该模型使用了与应用领域无关的任务模型语言。② TAEMS 不是专门设计用来描述组织结构的，但使用 TAEMS 可以方便描述 Agent 组织的结构和行为，这种描述是通过对组织的任务结构描述实现的。

4. Tropos

Tropos 方法学在软件系统开发过程中使用了 Agent、目标、规划、资源和其他不同知识层次的概念等基本原语。③ Tropos 中采用了战略依存模型（Strategic Dependency Model），模型把参与者（Agents，Roles，Positions）、目标和参与者之间的依存关系作为在需求工程早期阶段建模的原始概念。参与者，可以把其看作有战略目标和战略意图的实体，可以是一个现实世界中的 Agent。角色可以看作在相关范围内参与者所具有的行为的抽象特征，职位代表了一组角色，参与者是单个或者多个 Agent，Agent 对应一个职位，一个或者多个 Agent 可以映射成一个角色。目标代表了参与者的利益，规划描述了满足目标的计划，资源描述的是参与者想要的实体。

5. Gaia 方法学

Gaia 是由 Wooldridge 等人于 2000 年提出的，用于指导基于 Agent 系统的分析与设计。④ Gaia 方法主要是为了捕捉 Agent 的柔性、自治的问题，解决 Agent 间存在的复杂交互作用以及 Agent 系统组织结构的复杂性。Gaia 方法鼓励开发

---

① WAGNER G, TULBA F. Agent-Oriented Modeling and Agent-Based Simulation [M]. Berlin: Springer-Verlag GmbH, 2003: 205-216.
② PRASAD N MV, Keith D, ALAN G, et al. Exploring Organizational Designs with TAEMS: A Case Study of Distributed Data Processing [M]. kyoto: Proceeding of the Second International Conference on Multi-Agent Systems, 1996: 12.
③ GIUNCHIGLIA F, MYLOPOULOS J, PERINI A. The Tropos Software Development Methodology: Processes, Models and Diagrams [R]. Technical Report 0111-20, ITC-irst, 2001.
④ WOOLDRIDGE M, JENNINGS N R, KENNY D. The Gaia Methodology for Agent-Oriented Analysis and Design [J]. Autonomous Agents and Multi-Agent Systems, 2000, 3: 285-312.

人员将建立基于 Agent 的系统的过程看作一个组织设计的过程,信息系统是由各角色及其相互作用组成的。信息系统中一个角色有许可、责任及协议三种属性,其中责任决定了其功能,是一个角色最核心的属性;许可表示角色为了实现功能应具备的权利,它识别出角色应具有的资源,在模型中主要是指信息资源;协议定义了一个角色与其他角色交互作用的方式。

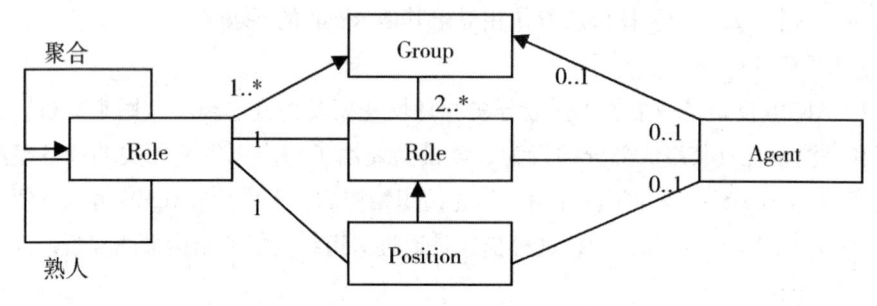

图 4-8 Agent-Group-Role 类模型

6. OCMAS 模型

OCMAS 是一类以组织为中心的多 Agent 系统研究,提供了一种 OCMAS 模型 AGR(Agent/Group/Role)①,AGR 模型是一个功能强大且具有一般性的 MAS 组织模型。如图 4-8 所示,AGR 模型由三个主要概念组成,Agent、Group 和 Role,它们是最基本的概念,并且概念上相互关联。

Panzarrasa 和 Jennings 认为研究 Agent 的社会性将是多 Agent 新的理论基础。以组织为中心的多 Agent 不再考虑更多单个 Agent 的心智状态,而关注于组织概念的能力和限制,例如,角色、组、任务和交互协议等。多 Agent 组织并不强调组织中的一致性,即不同角色之间可能具有不同的利益关系,因而通过多 Agent 组织可以将研究的范围扩大,通过不同的角色关系反映不同的社会现象。另外,以组织为中心的多 Agent 构造方法强调组织的设计,可以事先对组织的目标、结构以及角色的责任能力进行规定,事先对角色的推理行为、交互行为进行建模,并通过模型来保证其有效性和一致性,然后再将相应角色赋予 Agent 个体,让角色执行 Agent 的行为。这样,一方面可以有效地降低对 Agent 智能特性的要求,同时也可以有效地促使 Agent 之间的协调和协作高效灵活,从而构造出实用的多 Agent 系统。

---

① FERBER J, GUTKNECHT O, MICHEL F. From Agents to Organizations: An Organizational View of Multi-Agent Systems [J]. Lecture Notes in Computer Science, 2003:214-230.

三、组织符号学方法

组织符号学是在符号学的基础上发展起来的，创建于 20 世纪 80 年代，Stamper 对此做出了重大的贡献①，Liu 进一步总结和发展了组织符号学的理论。② 组织符号学试图通过使用符号、文本、文档等来理解组织，使用符号学、社会心理学、信息系统科学的研究结果作为其理论方法基础。

（一）组织和信息系统中的符号学

符号学是关于符号的理论，其研究覆盖符号的整个生命周期，包括创建、处理、使用，并将重点放在符号的效果上。③ 关于符号也有不同的定义，Peirce 认为，一个符号是相对于某人、在某方面、能代替（代表、表现）他物的某种东西，该定义是三元的，存在符号、对象客体、解释人三方面。SjÖstrÖm 和 Goldkuhl④ 在此基础上，认为符号是产生该符号角色的有目的的行动结果，因而把产生符号的角色也考虑在对符号的定义中，从而做到从联系的观点来考虑符号问题，如图 4-9 所示。

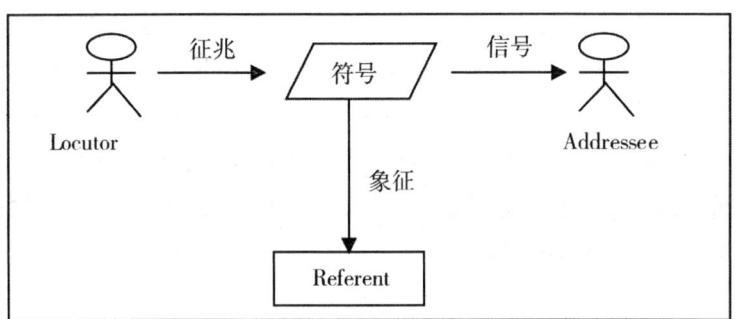

图 4-9 符号的三个基本功能

Peirce 将符号分为三类：图标（Icon）、索引（Index）和象征（Symbol）。

---

① STAMPER R. New Directions for Systems Analysis and Design［M］//FILIPE J. Enterprise Information Systems. Dordrecht：Kluwer Academic Publishers，2000.
② LIU K. Semiotics in Information System Engineering［M］. Cambridge：Cambridge University Press，2000.
③ LIU K. Semiotics in Information System Engineering［M］. Cambridge：Cambridge University Press，2000.
④ SJÖSTRÖM J，GOLDKUHL G. The Semiotics of User Interfaces：A Socio‐Pragmatic Perspective［M］//LIU K. Virtual，Distributed and Flexible Organisations：Studies in Organisational Semiotics. Dordrecht：Kluwer Academic Publishers，2004.

图标与其代表的对象客体非常相像,如地图代表某个国家或地区、肖像代表某个人等。索引与其代表的对象客体间有一种内在的联系,两者之间为存在或因果关系,如敲门声代表有人要来、脚印代表某动物曾经经过等。象征与对象客体的关系往往是出于一种习惯,往往是一种人为的定义,如交通灯的三个颜色等。

引入符号的概念使我们能够以更为精确的方式理解其他许多概念,如"信息"的不同含义以及其他的核心概念,如"意义""联系""相关性"等,这些概念可以作为符号显著的属性或用符号执行的操作。

对于组织早期的理解有两种观点:一种观念认为组织是就关于信息和通信的抽象体,这一观点被现在许多组织理论共享;另一种即符号的观点。组织符号学认为,组织可以被看作一个信息系统,其中,Agent通过使用符号来执行有目的的行动,它强调组织、业务过程及IT系统的区别及联系。组织的符号学部分可以由一些有责任的Agent以协调方式执行一些包含创造、控制及消耗符号的行为,因而组织可以被视为信息系统。①

组织的一些功能是重复性的,可以通过软件来实现,这一部分形成技术信息系统;还有一些组织的规章制度、工作流程等难以用计算机实现,但规定了计算机系统的执行及组织方式,这一部分形成了正式信息系统;另一部分反映了组织的文化,如习惯、文化、价值观点等,难以表达甚至还未被组织意识到,这一部分形成了非正式信息系统。组织的这三个层次可以Stamper的洋葱模型来表示②,如图4-10所示。

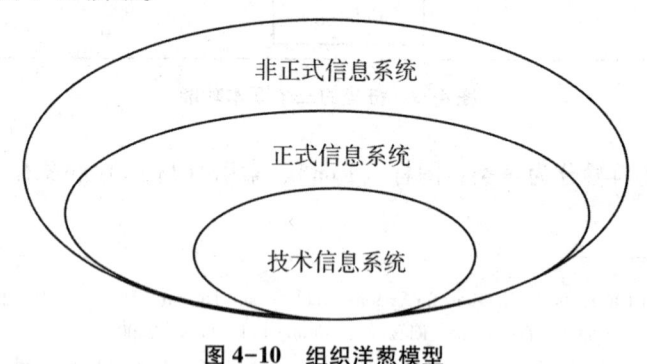

图 4-10 组织洋葱模型

---

① FILIPE J B L. Normative organiational modelling using intelligent multi-agent systems [D]. Staffordshire: Staffordshire University, 2000.
② LIU K. Semiotics in Information System Engineering [M]. Cambridge: Cambridge University Press, 2000.

为了基于组织模型建立一个成功的信息系统,需要将组织的技术信息系统层成功映射到 IT 层,即由组织模型很方便地导出信息系统模型并表示出来,同时,组织其他层应通过接口与 IT 系统交互,如图 4-11 所示。

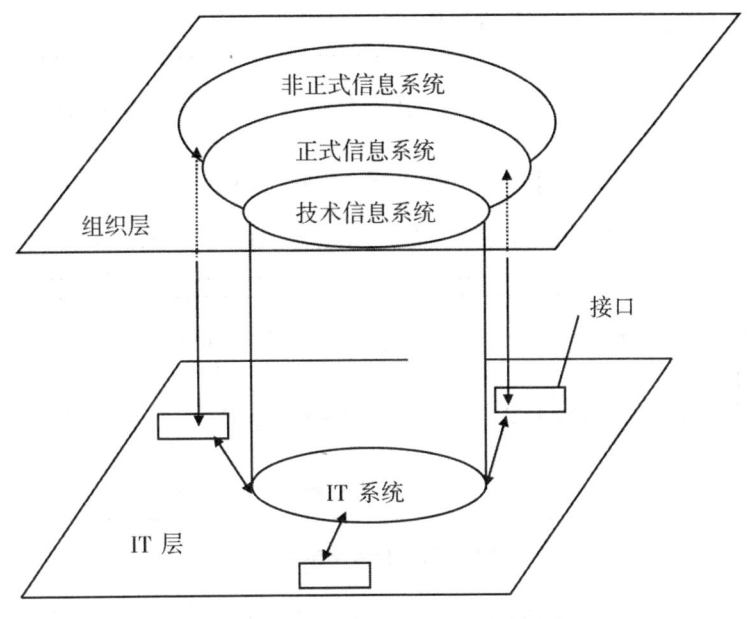

图 4-11 组织层到 IT 层的映射

如前所述,在当今用户需求不断发生变化的环境条件下,相应地,系统也在不断变化以适应用户多变的需求。这要求 IT 系统与组织同步发生变化。正如 Moor 指出的,一种允许不断对现存信息系统的某些部分重定义的方法被提上了日程,即社会域与 IT 域要共同进化。因而,建立的组织模型及信息系统模型要有足够的柔性,来反映这些变化。

组织的"洋葱"模型告诉我们,技术信息系统是组织的一个重要组成部分,是组织实现其目的的重要手段。因而在开发信息系统中,要把将来的信息系统作为组织的一个部分,避免将技术层与组织分开。从这一观点出发,在设计信息系统时,不仅要对系统进行建模,还要对系统与组织的关系进行描述,这样才有利于实现信息系统的功能。[1]

(二)组织符号学框架

传统的符号学将符号分为语法、语义、语用三个层次[2],涉及符号结构、意

---

[1] 赵军,甘仞初. 基于组织符号学的组织建模综述 [J]. 情报杂志,2006 (9):54-57.
[2] 莫里斯. 指号、语言和行为 [M]. 罗兰,周易,译. 上海:上海人民出版社,1989.

义及使用三方面的内容。Stamper 将上述分类进行了扩展,增加了物理层、经验层及社会层三个层次。[①] Stamper 提出的框架如图 4-12 所示,图上部分的三个层次主要关注符号的使用、符号在联系意义及意图的过程中如何起作用,下部分的三个层次主要关注符号的物理属性。

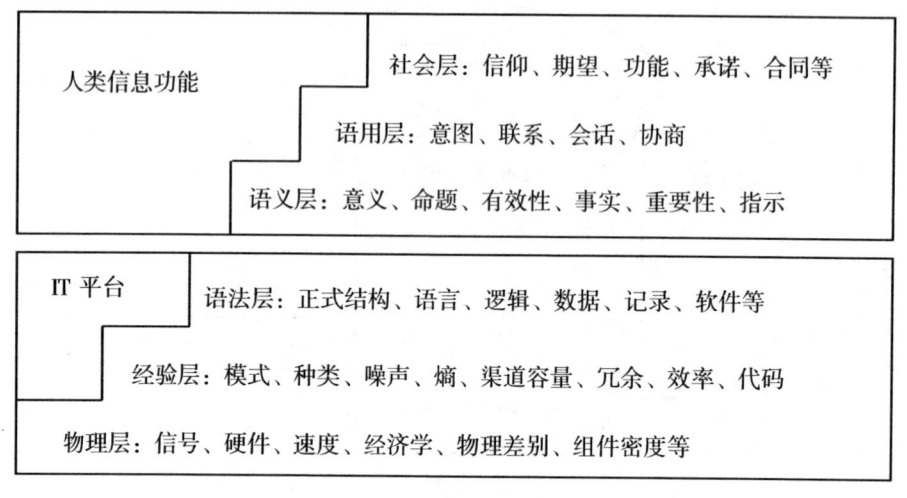

```
人类信息功能    社会层:信仰、期望、功能、承诺、合同等
               语用层:意图、联系、会话、协商
               语义层:意义、命题、有效性、事实、重要性、指示

IT 平台         语法层:正式结构、语言、逻辑、数据、记录、软件等
               经验层:模式、种类、噪声、熵、渠道容量、冗余、效率、代码
               物理层:信号、硬件、速度、经济学、物理差别、组件密度等
```

图 4-12 符号学框架

1. 物理层——在信号及标志层上关注符号的物理学方面特性,如信号发生频率、速度等。比如,某部件的需求信息要在信息系统中传播,需转化成数据库中的记录或存储在其他格式的文件中通过计算机传播,此时符号有大小等属性;或转化成声音信息通过电话传播,此时符号有频率等属性。了解符号的物理属性,可以帮助设计人员在设计信息系统中考虑采用什么样的物理架构,比如网络设计、通信设备等,以保证信号在信息系统中正确、有效地传播、转换和存储。符号的物理层属性与信息系统采用的硬件类型是相对应的。

2. 经验层——研究当使用不同的媒介及装置时符号的统计学特性。考虑到符号的经验层属性将指导分析设计人员考虑如何设置信息系统的硬件配置,如何对符号进行处理以保证符号在信息系统中高效传播,如服务器及客户机的内存设置、硬盘大小等。考虑符号的经验层属性将有助于对信息系统的硬件资源进行合理的配置。

3. 语法层——研究符号的结构或组织方式。信息在信息系统中存储、传播等要遵循一定的语法,如信息在数据库中存储要有一定的格式,信息系统中传

---

① LIU K. Semiotics in Information System Engineering [M]. Cambridge:Cambridge University Press,2000.

递的符号也要遵循特定的语言规范，在信息系统中联系的不同对象要使用双方认可的语言，即处于同一语法层次上。

4. 语义层——研究符号的意义。信息系统中的符号都有特定的含义，指的是"符号及其行为的关系"，是使用符号的结果。意义通过使用不断地被建立、测试和修改，意义高度依赖于使用符号的过程，并依赖于 Agent 的行为。

5. 语用层——研究符号的有目的的使用。在信息系统中符号不仅有特定的含义，还有特定的意图。人们总是使用符号表达一些有目的的行动。信息系统是使用者之间联系的一种方式和工具，不同的使用者使用信息系统不仅仅表达意思，还表达了一种目的。

6. 社会层——研究使用符号对人类行为的影响。人类创建及使用符号主要是为了联系。在联系过程中，使用符号会对人类期望、信仰、承诺等产生影响。各方在使用符号联系的过程中，同时会产生承诺及义务。

(三) 组织符号学的建模方法

组织符号学中使用的建模方法 MEASUR（Methods for Eliciting, Analysis and Specifying Users' Requirement 的缩写），是由 Stamper 于 20 世纪 70 年代发起的一个研究项目。MEASUR 以符号学为基础，提出了一套用于进行需求分析、信息系统设计及实现的方法。[1] 经过 30 多年的发展，MEASUR 现已包含了以下 5 个方法：问题描述方法（Problem Articulation）、语义分析方法（Semantic Analysis）、规范分析方法（Norm Analysis）、联系及控制方法（Communication and Control Analysis）和元系统分析方法（Meta-Systems Analysis）。这五个方法各自致力于信息系统开发的不同阶段，并通过精确的语言及清晰的模型来引出并表示用户需求。在这些方法中，对组织建模最为重要的是语义分析及规范分析。

1. 问题描述方法（PAM）

用于确定系统分析的问题域，明确系统中需要注意的问题，通过识别系统的关键任务，描述问题的结构和范围，定义系统中的各个子系统。问题描述方法包括四个步骤：定义子系统、评估系统框架、并行分析和系统结构分析。

2. 语义分析方法（SAM）

语义分析的理论基础是组织符号学和符号学框架。它是一种引出及表达用户需求的方法，自从被提出以后，它已经被应用于许多领域，比如，商务系统的用户需求、组织分析、分析及设计计算机系统等。通过语义分析，可以得到

---

[1] LIU K. Semiotics in Information System Engineering [M]. Cambridge：Cambridge University Press，2000.

人类 Agent、Affordance（可支付行为）及其本体依赖关系。语义分析的主要目标是通过澄清表达问题中使用的语言，帮助分析人员清晰准确地表达用户需求。语义分析是一个概念化业务组织的过程，通过语义分析，可以系统地分析组织行为并把其表示在本体图上。

3. 规范分析方法（NAM）

规范分析基于本体图，它规定了一系列的步骤，可以系统化地引出并表示规范，从而得到组织的动态行为模型。根据 Liu 的研究①，规范分析包括四个步骤：责任分析、相关因素分析、触发条件分析及详细规范表示。通过规范分析，可以明白哪个 Agent 负责什么行动、在什么条件下一个 Agent 会采取什么行动以及行动的起始及终止时间。这样，就可获得关于组织的一个清晰的动态模型。

4. 联系及控制方法

根据 PAM 的结果，用以分析系统中所有的子系统和行为 Agent 之间的消息传递关系。根据消息传递的目的，消息可以分为信息型、协调型、控制型三种。规范可以控制消息的传送过程、步骤及奖惩措施。

5. 元系统分析方法

元系统分析方法将整个项目的革新或将系统开发当作一个对象来研究，需要从目标系统外部来观察，有助于处理项目计划和项目管理中的元问题。

基于组织符号学的组织建模方法的研究把组织符号学方法与现有的技术结合，增强语义的研究与语用的研究。如把 UML 和规范分析结合起来进行业务过程建模的方法，增强系统设计的语义表示。② Bonacin 采用交互设计（Participatory Design）及组织符号学理论提出了一个设计模型——SPaM，用来支持组织的协作。③ Joseph 将规范分析方法和 DEMO 方法结合起来对业务过程模型进行了扩展，增强了模型的动态性。Filipe 从符号学的观点，为了研究如何使用一个基于组织符号学的观点帮助进行分析、说明及设计比较合理的组织信息系统，以多种理论为基础，包括 Role 理论、Agency 理论/行为逻辑、deontic 逻辑、语义分析、认知心理学、社会学、语言行为理论、分布式人工智能等，对组织信息系

---

① LIU K. Semiotics in Information System Engineering [M]. Cambridge: Cambridge University Press, 2000.
② 吴菊华，基于组织符号学的企业建模方法研究 [D]. 北京: 北京理工大学, 2005.
③ Shishkov B, Xie Z, Liu K, et al. Identifying Business Process Patterns Using Semantic Analysis [M] //LIU K. Uirtual, Distributed and Flexible Organisations: Studies in Organisational Semiotics. Dordrecht: Springer, Dordrecht, 2005: 303-305.

统的分析与设计问题，提出了一个新的合理的组织模型及设计方法。① Chong 针对 ABEC 系统的设计问题，开发出 DEON 方法来捕获人类 Agent 的社会义务②，在 DEON 方法中开发出的不同技术有助于设计基于 Agent 的电子商务系统不同的方面。曹聪梅研究了当前协同、分布的组织环境下的采购信息系统的分析与设计方法③，试图在前人研究成果的基础上以组织符号学提供的理论与方法为支持，建立一个采购信息系统的分析与设计框架，用于设计基于 Agent 的采购信息系统。吴菊华基于组织符号学提出一个企业模型框架④，认为此企业模型框架能相对完整地刻画整个企业，并着重从企业中人和规范的角度，从社会层次来对企业建模。

四、目前企业建模中存在的问题

对于企业柔性、敏捷性等要求，进一步增加了企业建模的复杂性，面对复杂变化的环境，要求企业系统能够适应环境的变化，并随着环境的变化而逐渐发展。针对这一目标，企业建模研究者对这个问题进行了一系列的研究，并取得了重要的成果，但也存在一些问题。

（一）源自 CIMS 的企业建模方法，受传统系统论、控制论和软件工程理论的影响，将企业系统视为一个机械系统，着重描述企业的功能和数据处理，强调企业功能的实现，而忽视了企业活动中的管理和人、业务规则与规范方面的问题，以及与外部环境的动态交互，导致基于该模型的应用系统结构僵化，无法描述许多非结构化和模糊程度较高的企业系统特性。

（二）基于 Agent 技术构建的企业模型对于提高企业系统的适应性是一种较好的选择。但如综述中所讨论的，只强调单独 Agent 的设计，然后依靠企业中各个 Agent 之间的协商完成系统的目标，没有合适的企业模型支持，这样构建出来的多 Agent 企业系统必然会导致冲突以及合作效率低下。当前的企业建模方法对于企业中的人、组织和社会因素考虑相对较少，导致企业模型与企业系统不同构。另外，对于复杂约束的业务过程、角色行为及协作关系描述还有不足之处，

---

① FILIPE J B L. Normative organiational modelling using intelligent multi-agent systems [D]. Staffordshire: Staffordshire University, 2000.
② CHONG S Y C. DEON: A Semiotic Method For The Design of Agent-based E-Commerce Systems [D]. Staffordshire: Staffordshire University, UK, 2002.
③ 曹聪梅. 协同、分布环境下采购系统建模方法的研究 [D]. 北京：北京理工大学，2005.
④ 吴菊华. 基于组织符号学的企业建模方法研究 [D]. 北京：北京理工大学，2005.

导致协作效率低，冲突较多。

（三）符号学在信息系统应用中存在的问题。符号学建立在哲学逻辑基础上，具有较好的理论基础，给我们带来一个从哲学逻辑角度来研究信息系统的有力工具。符号学在信息系统中的应用，是一种新的理论和方法的尝试，已经有一些成功的应用，当然，组织符号学所提供的建模方法在进行信息系统分析和设计时还存在不少缺陷，需要继续改进和完善。1. 组织符号学提供的方法可以有效地获取组织中的语义和规范，但难以描述复杂约束下的组织业务过程，以及组织中复杂的交互。2. 对于一个处在复杂环境中的组织进行描述时，当组织边界不清，系统复杂的情况下，还缺乏有效的问题定义及有效的方法支持。3. 通过给定的方法描述企业不够规范，没有充分利用现有成熟的软件工程的方法。UML是当前流行的较为通用的建模语言，在软件工程领域已经得到广泛的应用，有必要在组织符号学所提供的方法中使用UML扩展来进行组织的描述。

第二节 企业演化的目标视图

一、基于平衡计分卡构建的企业目标模型

企业目标视图主要是通过一组企业目标来表达企业的整体发展策略，同时也担当其他视图建模的参考指南。企业的目标视图运用在企业建模的早期阶段，通过企业目标视图可以将所有者、高层管理者、决策者描述的愿景转移到一个具体的企业模型上。企业目标视图主要由以下两部分构成：企业策略定义和目标模型。企业策略定义是基于企业的愿景和企业战略，建立粗略的企业目标描述域。目标模型是将企业业务的总体目标划分为若干子目标，并标明为了实现这些目标所需要解决的问题，其完整分析过程涉及目标定义、目标分类、域属性描述、目标精化和目标冲突等行为，以及这些行为之间相互依赖关系的描述。

企业战略目标定义了企业未来的全局策略，通常基于对核心业务过程的评价或者通过创建新的过程来拓展业务的新领域。这意味着业务必须结合周边的具体环境来考虑，以确定那些可能需要业务做出相应调整的威胁和机遇，在此阶段通常不考虑企业的支持过程或者管理过程，企业核心业务系统需要如何被设计或重新调整的细节也暂时忽略。战略反映了业务被引导的方向，业务过程和组织都应该进行相应的调整，表明了所需要进行的改变，描绘了变换的战略思想。战略也可参考以前的失败案例，并针对这些失败制订计划以免失败重现。

企业战略目标是指企业在实现其使命过程中所追求的长期结果，是在一些最重要的领域对企业使命的进一步具体化。它反映了企业在一定时期内经营活动的方向和所要达到的水平，既可以是定性的，也可以是定量的。企业战略目标是企业战略规划的展开和具体化，它具有宏观性、长期性、相对稳定性、全面性和可分性等特点，对企业战略目标的分解有助于深入了解企业的组织架构、企业的运营过程。

战略目标分解，就是要把企业制定的总体战略，逐层向下分解为更低一层的目标，以使企业的各个业务单位和部门直至个人明确自己该为实现企业战略做些什么，该达到什么目标，来为实现战略服务。在企业战略目标分解的方法中，较为常用的方法有鱼骨图分析法、权值因子法、平衡计分卡等方法，其中平衡计分卡在实践中得到了广泛的应用，包括世界 500 强在内的国内外众多企业已经将平衡计分卡方法成功应用于企业管理实践，并取得了突出的业绩。本书引入平衡计分卡的方法，主要是以此方法为目标分解的工具。

（一）平衡计分卡的相关研究

平衡计分卡是由卡普兰和诺顿于 1992 年在《哈佛商业评论》杂志中《驱动绩效的衡量指标》一文中提及：平衡计分卡可以让经营者在最短的时间内，对企业的所有状况一目了然。

平衡计分卡（如图 4-13 所示）是一个企业的核心战略的管理与执行工具，在对企业总体发展战略达成共识的基础上，通过科学的设计，将其四个层面（价值与目标层面、客户与评价层面、流程与标准层面、学习与成长层面）的目标、指标，以及实施步骤有效结合在一起的一个战略管理实施体系。

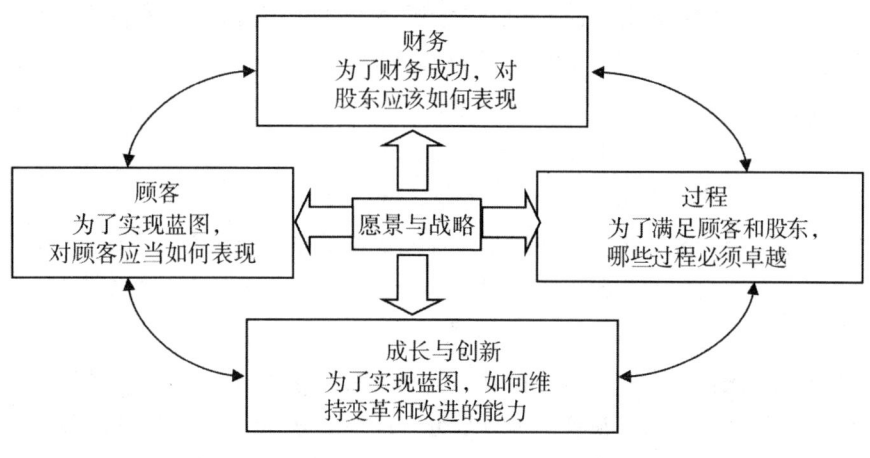

图 4-13 平衡计分卡

1. 财务层面。在财务层面，需要考虑企业怎样满足股东、投资者，实现股东价值的最大化。由此产生第一类指标即财务类绩效指标，它们是企业股东、投资者最关注的反映公司绩效的重要参数。这类指标能全面、综合地衡量经营活动的最终成果，衡量公司创造股东价值的能力。

2. 顾客层面。为了满足股东、投资者，使他们获得令人鼓舞的回报，企业必须关注企业利益相关者——顾客，关注企业的市场表现。因为向顾客提供产品和服务，涉足顾客需要，企业才能生存。顾客关心时间、质量、性能、服务和成本，企业就必须在这些方面下功夫，提高服务质量、保证服务水平、降低定价等。从顾客角度给自己设定目标如评价指标，就能够保证企业的工作有所成效。

3. 过程层面。为了满足顾客获得令人鼓舞的市场价值，从内部运营角度思考：企业应具有什么样的优势？必须擅长什么？一个企业不能样样都是最好的，但是它必须在某些方面满足生产顾客需要产品的机能，在某些方面拥有竞争优势才能立足。把企业必须做好的方面找出来，把需要提高竞争优势的方面找出来，制定考核指标，督促这些方面越做越好，企业才能真正立足于市场。

4. 成长与创新层面。为了提升企业内部运营的效率、满足顾客、持续提升并创造股东价值，企业必须不断成长，由此，围绕组织学习与创新能力提升，对"人"的管理设定的学习和发展类指标，其意义在于衡量相关职位在追求运营效益的同时，是否为长远发展营造了积极健康的工作环境和企业文化，是否培养和维持了组织中的人员竞争力。成长和创新层面的关键绩效指标用来评估员工管理、员工激励与职业发展等保持公司长期稳定发展的能力。

从以上表述中不难看出，平衡计分卡所表述的四个维度实际是相互支持的。为了获得最终的财务绩效，企业必须有良好的市场表现，关注于企业的顾客；为了获取企业的市场，企业必须在内部运营上做进一步的改善；为了有效的内部运营，企业的员工必须不断学习和发展。

(二) 基于平衡计分卡的企业战略目标分解

企业战略目标是企业战略规划阶段性的成果，是企业所有运营活动的唯一依据，它是企业组织划分和业务流程制定的参考标准，也是企业信息系统战略目标的来源。

对于一个规模较小的公司或企业，企业战略目标的划分完全可以依靠个人的知识经验以及个人的主观意愿进行划分，这种划分方法不一定是科学的（因为无法对这样的方法的结果进行量化），但有可能是最切合实际的，因为对小企业来说，业务流程与组织结构并不复杂，同时企业战略目标也是从实际运营环境中产生的,因此对企业战略目标的分解可以根据企业的实际运营情况进行最切合实际的分解。而对一个规模较大的集团企业来说,显然依据个人的经验很难对企业的战略目标进行分解,因此需要一种综合并顾及企业各方面、各个层面的因素对企业战略目标进行合理的分解。平衡计分卡能够反映财务与非财务衡量方法、长期与短期目标、外部和内部、结果与过程、定量与定性等多方面的平衡。

一个企业基本是由财务、客户、内部业务和学习与成长这些关键因素组成,平衡计分卡正是将这四个层面作为坐标,进行企业总体战略的划分。在利用平衡计分卡对企业总体战略进行分解之前,需要根据企业总体战略部署对企业的财务、客户、内部业务、学习与成长方面的因素进行详细的分析。然后根据分析结果构建企业战略地图,企业战略地图其实就是将企业总体战略进行分解后各个层面的战略目标。企业战略目标又是由一系列业务活动所实现,根据企业战略地图的每一个战略目标,就可以构建企业业务活动图,这里的企业业务活动图,只是将企业中所涉及的业务活动的名称以及他们之间的关系表示出来,并不涉及活动的详细流程。

二、企业目标模型的定义

企业目标识别是从一个企业的总体发展状态和发展方向,即企业总体战略而引出的,这些主要的战略目标是从组织字面的政策和意愿中反映的,战略目标是从战略管理的观点对组织意图的进一步说明。目标的识别包括在不同地点和管理层、涉众交互,主要的目标集通过与涉众交互获得和验证,其他的目标可以通过目标精化和抽象加以识别,如通过 How 和 Why 等问题的提出进行逐步深化。

定义1:目标(Goal)是系统所要实现的目的,一个目标由子目标集合组成,每个目标都拥有自己的属性和约束,目标表示为

$Goal = \{<sub\_goal_1>, <sub\_goal_2>, \cdots, <sub\_goal_n>\}$

定义2:目标分解定义

(1) 表示目标的"与"分解。

$Goal = And \{<sub\_goal_1>, <sub\_goal_2>, \cdots, <sub\_goal_n>\}$
$= <sub\_goal_1> \wedge <sub\_goal_2> \wedge \cdots \wedge <sub\_goal_n>$

(2) 表示目标的"或"分解。

$Goal = Or \{<sub\_goal_1>, <sub\_goal_2>, \cdots, <sub\_goal_n>\}$

$$= <sub\_ goal_1> \vee <sub\_ goal_2> \vee \cdots \vee <sub\_ goal_n>$$

（3）在实际情况中，目标的分解往往不是简单的"与"或者"或"关系，而是"与""或"的复杂组合。

$$Goal = AndOr \ \{<sub\_ goal_1>, <sub\_ goal_2>, \cdots, <sub\_ goal_n>\}$$

$$= <sub\_ goal_1> \wedge <sub\_ goal_2> \vee \cdots \wedge <sub\_ goal_n>$$

定义3：子目标之间的关系定义

$Goal\_ rel \ (g_i, g_j, relation)$ $relation \in \{support, optional, hinder, none\}$

其中 support 关系表示 g_j 的实现是 g_i 实现的前提，只有 g_j 实现才能保证 g_i 的实现；optional 关系表示如果 g_j 的实现并不要求 g_i 一定实现，但是 g_i 对实现 g_j 有非常大的帮助，称此关系为 g_j 弱依赖于 g_i；none 表示目标 g_i 与 g_j 没有明确的关系。

由于子目标之间常常会出现一个目标的实现直接支持另一目标的实现，或者一目标阻碍另一目标，甚至是相互冲突，因此在对目标分解时，需要确定子目标之间的冲突以及正面或负面的相互作用问题以及作用强度，根据问题的需要，可以对不同的目标赋予一定的优先级，这样，可以减少部分目标冲突。

如果所有的目标是严格按照上述方法分解的，那么目标分解后目标树的所有子结点逻辑上组合起来应该能够满足根目标，很容易证明目标的正确性。企业目标的逐层分解结构树如图4-14所示。

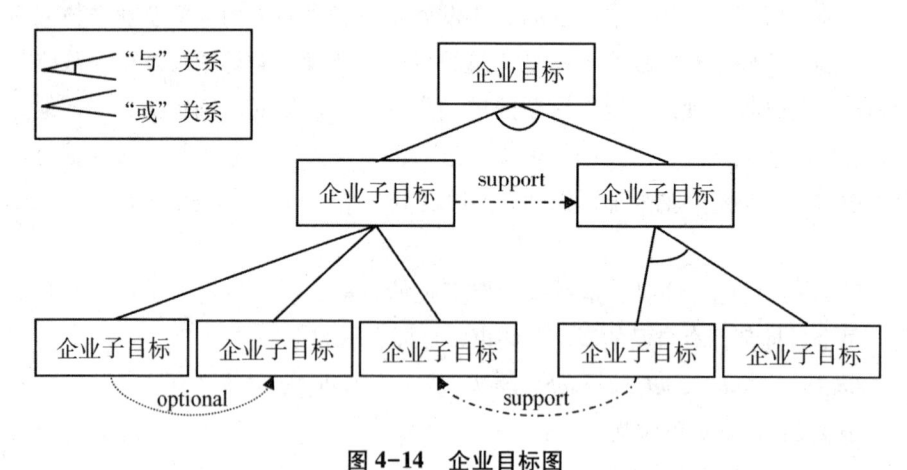

图4-14 企业目标图

三、企业目标的分解原则

目标识别是通过引出现存的业务文档如企业状态、任务表达、政策和过程等来完成的，这些主要的战略目标是从组织字面的政策和愿景中反映的，战略目标是如何从战略管理的观点反映组织的意图，运作目标经常是隐含的。目标的识别包括在不同地点和管理层、涉众交互，主要的目标集通过与涉众交互获得和验证，其他的目标可以通过目标精化和抽象加以识别，如通过 How 和 Why 等问题的提出进行逐步深化。

目标分类可以通过启发式的方法加以定义，很多分类法在以往的文献中已经提供，如目标可以分为功能性目标、非功能性目标和安全目标。功能性目标是指业务过程期望完成的服务；非功能性目标是指过程质量有关的目标如安全性、性能、可用性、柔性、客户化和互操作性等；安全目标表示成信任的、集成的和可用的目标。表 4-1 给出目标分解的一些常用原则。

表 4-1 目标分解的原则列表

原则 \ 解释	内容
分解粒度原则	如果分解出的子目标能够被分配到一个独立的 Agent 实现时，就表明该子目标已经是最小的基本目标单元，并停止精化该子目标，否则，细分为一组子目标
同类目标合并原则	如果不同的父目标分解得到同类子目标，则可以将子目标合并为一个，其中的属性用数组形式分别表示不同子目标的具体属性值，这样合并后的子目标要由同一 Agent 承担
结构分解原则	按照产品的结构进行目标分解，每个子目标提供产品的一个或多个组件
功能分解原则	按照生产任务分解企业目标，如采购、原料提供、设计、制造、组装、测试、运输和销售等
地理分解原则	按照地理分区进行分解
客户分解原则	按照不同客户进行分解，如 ABC 分类法
综合分解原则	按照各种综合平衡的方式进行分解，如使用平衡记分卡分解目标

四、企业目标约束及目标修改

企业目标模型除了描述企业的各级子目标、目标的各种属性外，还要考虑产品和服务有关的各种约束条件，企业战略层、管理层和业务层的各级目标之中，都有影响企业目标制定和实现的约束。企业目标约束用于表达限制，规则、法律、政策等会影响到企业目标的制定、实现的因素。约束通过约束表达式来表示，有社会法律法规的约束，也有社会道德约束及业务规则等。按照组织符号学中规范的分类定义，目标及其相关的约束可构成评价规范，这样通过企业目标的定义，可以得到各级评价规范的获取方法，针对各级目标的完成情况，可以给出奖励或惩罚的措施。

企业目标随着环境及企业运作的变化要做出相应的调整。企业的各级目标的调整，有两种方法。一是由于企业目标内容的调整，这时需要重新对目标进行相应叶子结点的分解。如果某一企业目标内容受企业内外部环境的影响，从而要求调整相应目标，决策者可通过如图4-15所示的步骤将目标进行分解和目标的重新分配。

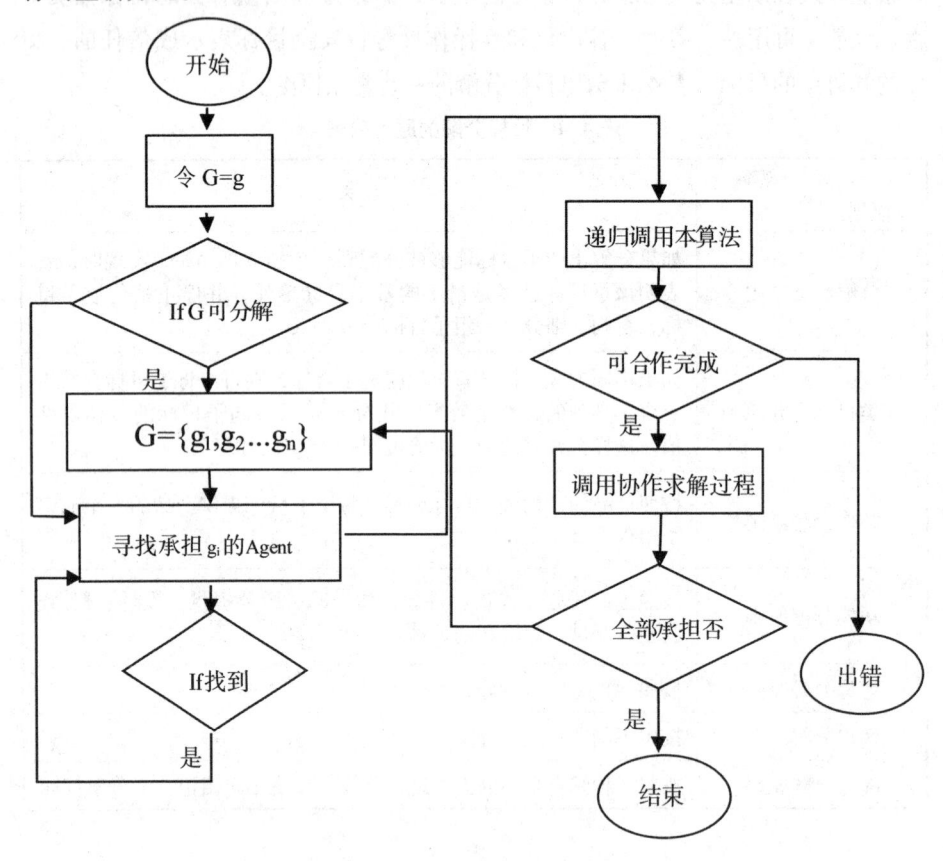

图 4-15　企业目标分解分配

二是修改叶子结点的现有约束。企业目标约束的可变性在发生约束冲突时是很重要的，可以通过放松约束或加强约束来解决冲突。修改叶子目标的现有约束后，系统进行检查，检查修改后的目标集是否存在约束冲突，如果发生冲突，考虑修改冲突涉及的其他目标约束。如果没有冲突，检查新的目标集是否满足根目标。如果满足，则修改成功。如果不满足，修改冲突的根目标约束所涉及的属性在新的目标集目标中的属性约束。目标修改成功后，系统将添加修改后的新目标的信息。例如，目标集 $\{g_1, g_2, g_n\}$ 中的子目标 g_n 的约束 exp1<35 是所有 Agent 均无法满足的约束，可将其修改为 exp1<50。系统检查修改后的目标集的约束是否存在冲突，检查包含约束的 exp1<50 属性约束子集的可满足性和对根目标的满足性。经检查发现，根目标 g 的约束 exp1+exp2<110 无法满足，系统查找目标集中造成此约束冲突的目标约束，得到两个 g_1, g_2 中的相关约束，exp<50，exp<70 造成根目标约束无法满足。于是系统提示决策者对 g_1, g_2 中的约束进行修改，继续检查，直至满足根目标的约束。

第三节 企业 Norm 模型的构建

在快速变化的市场环境中，企业赢得竞争的一个重要因素在于企业是否能够有效控制企业整体运营情况，当企业实时地捕获外界信息并做出相应的决策后，企业的执行能力便是影响企业成败的关键因素，高效的执行能力使整个企业总是处于正常而有序的环境中。

企业要想实现战略目标，必须使组织或主体具有很强的执行力，强有力的执行力源于责任的细分，只有将责任分配至企业的每一个组织或主体，通过组织或主体的共同努力来实现最终的战略目标。

Norm 分析是在企业战略目标分解的结果之上进行的。一方面，Norm 分析可以明确目标的责任主体以及主要活动流程；另一方面，Norm 分析也可以使分析人员了解企业的组织结构以及组织的职能或业务能力，即它可以作为构建组织模型和业务流程模型的一个过渡模型。Norm 分析包括责任分析、触发条件分析、活动分析等，在企业目标明确的前提下，通过一系列的 Norm 分析就可以确定目标实现过程中的责任主体以及所需业务过程，而这种 Norm 分析可以作为企业的一种知识予以保存，以便在类似的场景中重复使用。

分析和设计企业信息系统的前提是充分理解企业的运营过程，企业模型的建立有助于分析人员全面而深刻地了解企业的运营过程。在本书中，Norm 以其丰富的语义信息，在整个企业建模过程中起到重要的作用，主要表现在以下几方面。

第一，企业目标可以被视为一种行为规范的约束，企业主体需要遵守这种规范，才能顺利实现目标。Norm 可以用于说明一个企业子目标将由谁承担，以及用什么样的活动来实现这个子目标；一个子目标可以分解为一个 Norm，也可以分解为多个 Norm，无论 Norm 的多少，它们都是为了实现子目标而存在。

第二，企业由各种角色或主体构成，并在一定的填平下通过 Norm 指导从事各类活动来共同完成企业的目标。Norm 很容易表达主体在某个场景下所具有的能力，因此可以根据 Norm 对角色或主体的描述构建组织视图。

在先前的业务活动中，多利用规则来组织业务过程，由于规则无法表达非确定的业务过程，因此对于这类业务过程的设计要么非常复杂，要么干脆弃之。在业务过程中加入 Norm 后，可以在某种程度上解决这样的问题，由于 Norm 可以表达主体行为的执行力度，因此基于 Norm 的业务过程更具有柔性。

一、组织符号学建模方法

组织符号学是用符号学的方法来分析、描述和解释组织的结构和行为。企业可以被视为一个庞大而复杂的组织，而组织中内在的联系则是依赖符号的创建、传播和转换进行的。一个成功的信息系统不仅能保证符号在信息系统中正确高效地传播到所需要的用户处，还要帮助保证符号的意义、意图及其需要的社会影响等在传播过程中能够正确实现。借用符号学的观点把企业组织分成多层框架结构，重点放在研究人的社会层。最终目的是要达到一种本体的一致性，使得知识在整个企业组织中得到认可和共识。

可以认为企业是由不同的角色组成的功能实体，角色可以被理解为组织 Agent 或个体 Agent，Agent 的行为受到 Norm 的影响或约束，这种影响和约束的 Norm 是为整个企业或组织共同所有的。在行为规范的控制下，行为主体通过信息的相互交流和解释产生了行为。人们采用组织符号学的方法来分析信息系统的主要侧重点是它的语义和语用，即把信息系统作为社会中的一个行为组织进行分析，增加了社会和组织环境的影响因素，信息系统的内部和外部存在的各类行为主体根据系统提供的信息、系统规范、自己所处的角色以及需要完成的组织任务来执行必需的行为，同时这些行为也影响了信息系统和组织环境的状态。

MEASUR 方法正是针对 Norm 的分析所提出的用于描述系统需求方面的成果，信息系统作为一种社会组织，其主要目标就是明确相关的组织规范，而 Norm 是组织规范的核心内容。

（一）语义分析

语义分析（Semantic Analysis）是确定执行者和可供性之间关系的方法。通常对于企业建模过程中的领域知识都是通过建立词汇表，来保证整个建模过程中对企业概念的一致理解，但这种方式无法保证在不同场景，或者利用不同表达方式来描述符号时，无法达到一致性的理解。通过角色可供性（Affordance）的抽取来建立本体关系图，本体图能够很好地描述概念与概念之间的关系，从而实现企业建模过程中概念的无歧义性。

语义分析主要是分析执行者（Agent）与可供性（Affordance）之间的关系。Agent 是指能够在动态、不可预测、开放的环境下运行的一个计算模型，指一个软件程序包。在组织符号学中，Agent 是指一个人或一个组织，他们负有责任、并能执行相应的行为。这里所说的 Agent 与人工智能中的 Agent 是有一定区别的，它指的是具有一定主动行为的组织或人，是为了完成一定任务、具有一定责任和在一定限度下具有理智性的主体。可供性是由 Gibson 在 1968 年提出的，他认为环境的可供性是它所能为动物提供或装备的一切能力，也可以将可供性看作主体一切行为的集合。Stamper 将这一概念从生态学的角度扩展到社会和经济环境中。可供性在这里是指被主体感知到的不变量，在信息丰富的环境下，主体是根据探测不变量进行感知，同时可供性还说明了一个主体能够做什么或提供什么。在社会中这种不变量可以看成 Norm（规范）。可供性必须与相应的主体进行关联，可供性没有独立存在的可能性。

（二）Norm 分析

1. Norm

Norm 是规则的特殊形式，它存在于组织中，并以直接或间接的方式影响主体的行为以及主体之间的交互行为。它是符号学中研究语义、语用和社会行为的重要工具，Norm 具有丰富的语义，主体之间通过相互的依赖和协作来达到最终的目标，利用 Norm 来描述这种依赖和协作关系中主体及其意愿、资源等内容，可以更容易地实现复杂系统和组织的建模和分析。

组织是一种由各种行为主体（组织成员）组合而成的集合体，它们具有共同的目标和一定的边界，并且为了完成目标它们按照特定的规范和约束相互协作、相互影响，组织是行为主体之间进行交流协作的必要条件。Norm 是组织中的行为准则，它以书面的或者非正式的形式表现出来，直接或者间接地指导、协调和控制组织成员的行为模式，规定组织成员之间的沟通方式。Norm 的主要功能是判断人们的行为方式是否符合组织环境的要求，此外，还具有指示性的、说明性的功能。

Norm 对组织成员的行为起到了指导作用，成员都是根据自身所处的状态来利用与它的状态、行为、任务相关的 Norm。这种状态评价过程和 Norm 选择过程可能是完全主观的，也就是说，Norm 和组织成员的行为没有预定好的关系，所以组织成员可以利用 Norm，也可以忽略 Norm。关于 Norm 的分类有很多种：

根据 Norm 的职能层的不同，可以将其划分为社会层 Norm、组织层 Norm、操作层 Norm；

根据 Norm 的执行力度，又可将其划分为刚性类（Rigid Class）Norm、柔性类（Flexible Class）Norm；

而较为常用的分类是由 Stamper 提出的，他将 Norm 分为知觉、行为、认知、评估四类。

表 4-2　Norm 的常用分类及其含义

Norm 类型	Norm 含义
认知 Norm （Cognitive Norms）	主要侧重于对象的结构和因果关系，目的是阐述结构的形式及其功能。通常，对外界的感知模型和对事件的期望模型是联系在一起的，共同指导组织成员的日常行为，同时，在组织中还存在一些非正式的认知规范。在一个组织中，认知规范被评估规范划分为两类：正式的和非正式的
指示 Norm （Denotative Norms）	由于知识要依赖于组织成员所处的文化氛围，这在很大程度上要依赖于组织的价值观念和评估结果。指示规范就是用以明确组织成员在交流中所使用的指导术语和语言，通常这种规范和感知规范要保持一致
行为 Norm （Behavioral Norms）	是组织行为研究中主要考虑的内容，它直接反映了组织中的业务过程和规定，有利于业务规则和行为标准之间的关联。行为规范规定了组织成员在给定的条件和状态下，为了达到预定目标所应该采取的行为，它包括一个行为主体和一些行为方式。行为规范是组织规范的主要组成部分
评估 Norm （Evaluative Norms）	组成了整个组织的价值体系，它们直接影响行为规范的形成

行为规范直接控制行为主体的行为，在这种情况下，行为主体一般采用强制、允许或者禁止的方式去执行某种行为。规范中的信息还包括条件、系统当前的状态等。对状态的评估会引起行为主体根据潜在的规范而采取行动。这种评估相当于规范输入信息，潜在的规范会直接导致行为主体状态的改变。规范中行为部分的结果可以被自己和其他的行为主体所感知，这些可以被感知的结果就是规范的输出部分。所有的这些信息都是规范的结果，规范中定义了组织及其成员和其他组织中的行为主体之间的相互作用。

2. 本书中 Norm 的分类

Norm 作为一种规则和约束被应用至很多领域，包括法律、人工智能、认知科学、文化行为学和社会行为学，根据以上分类可知，已有学者对 Norm 做了分类的尝试，但这些关于 Norm 的分类都是将社会这个大组织作为认知对象，从而使得 Norm 的分类较为宽泛。由于 Norm 存在于组织中的各个环节，因此对一个组织来说，会有很多的 Norm，这给用户理解 Norm 和找到感兴趣的 Norm 带来了极大的困难，为此需要为 Norm 进行合适的分类。

Norm 分类的前提是需要确定认知对象是什么，然后可以根据认知对象的层次来组织分类 Norm。本书围绕企业建模而展开，认知对象被确立为一个企业集团。一个复杂的企业集团，它所面临的环境只有两种：一种是企业外部环境、另一种是企业内部环境。在不同的环境中，企业组织或主体会受到不同规范的约束或影响。总体而言，Norm 可以根据企业所面临的环境分为两类，企业外部 Norm 和企业内部 Norm。

根据 PESTEL 分析工具可知，企业外部环境影响因素又可分为社会因素、政治因素、环境因素、经济因素、技术因素和法律因素。这些因素可以被视为一个企业集团必须遵守的外部规范，而这些因素往往对企业的发展具有重要的影响作用。因此本书将这类规范归结为企业外部 Norm，它包括政治 Norm、社会 Norm、技术 Norm、环境 Norm 和法律 Norm。对一个企业集团内部而言，其本身就由不同的组织层次结构构成，例如，集团由不同的子公司或分公司组成，子公司由不同的职能部门组成，职能部门又由不同的个体组成。因此企业内部 Norm 又可分为集团 Norm、企业或公司 Norm、部门 Norm 和个人 Norm。本书中所提到的 Norm 分类分别为企业外部 Norm 分类和企业内部 Norm 分类，如表4-3和表4-4所示：

表 4-3　企业外部 Norm 分类

Norm 分类	Norm 分类的解释
政治 Norm	是指国家的政策法规对企业生产经营活动具有控制、调节作用，相同的政策法规给不同的企业可能带来不同的机会和制约
社会 Norm	是指组织所在社会中成员的历史发展、文化传统、价值观念、教育水平以及风俗习惯等
技术 Norm	是指与本企业的科学技术现有水平、发展趋势和发展速度等
环境 Norm	是指一个组织的活动、产品或服务中与环境发生的相互作用

续表

Norm 分类	Norm 分类的解释
法律 Norm	是指与企业产业相关的法律、法规

表4-4 企业内部 Norm 分类

Norm 分类	Norm 分类的解释
集团 Norm	集团所制定的有利于集团发展的规范约束
企业或公司 Norm	公司根据其业务特点所制定的规范约束
部门 Norm	为完成企业战略目标所制定的部门级的规范
个人 Norm	个人规范

3. Norm 分析（Norm Analysis）

Norm 分析是一个捕捉规范细节的方法，特别是规范的前置和后置条件，执行者和主体的权限，以及规范运行的触发条件。

Von Wright 定义了 Norm 的六个组成部分。

(1) 特征（character）——表示 Norm 的作用，根据作用的约束程度可以分为 oblige（强制规则）、permit（许可规则）、prohibit（禁止规则）三类。

(2) 内容（content）——表示 Norm 所描述的行为。

(3) 条件（condition）——表示 Norm 所适用的系统状态或者环境。

(4) 权限（authority）——表示创建 Norm 的行为主体。

(5) 主体（subject）——表示应用 Norm 的行为主体。

(6) 环境（occasion）——表示 Norm 所需要的时空状态。

其中主体、内容和条件是 Norm 的核心，它们共同组成了 Norm 的基本描述元素。内容可以是一种行为也可以是状态的改变，如果它是一种行为，则 Norm 必须包含特征部分。另外，环境可以作为条件的一个组成部分。

Norm 分析有四个阶段：责任分析（Responsibility Analysis）、信息辨识（Information Identification）、触发条件分析（Trigger Analysis）、详细的规范说明（Detailed Norm Specification）。

· 责任分析确定了对行为负责的主体，它主要说明了哪一个主体负责本体图中"行为"的开始与终止。一定的行为具有自己的生命周期，有发生、延续和终止，最初和最后的状态可以标记为"开始"和"结束"。

· 相关因素分析主要帮助分析者找出对某一类型的行为做出决策时相关类

型的信息，这一分析的目标是在不忽略任何必要的因素或信息类型的情况下帮助人们做出正确决定。辨别出相关因素的质量及完整性对规范分析结果的完整性及质量有重要的影响，规范规定了与某个行为相关的各种约束条件，是一种联系的方式。一个典型的行为包括发出方、接收方、行为对象、上一个动作、下一个动作等要件，同时一个行为还有开始及终止时间，与上述各因素相关的属性都是与规范相关的因素。

·触发条件分析集中于找出本体图中各行为的触发条件，这些条件一旦发生，将会导致 Agent 的行为或者开始或者终止。触发条件可能是实质行为、符号行为或时间因素。

·详细的规范说明即以一种可以表达的形式将 Norm 表现出来，并予以保存。

语义分析中出现的任何可供性的起点和终点都有与可供性的开始、结束相关的 Norm。Norm 分析可能发现具有相同的可供性的起点和终点规范。根据主体开始和结束规范的责任，或者特别的触发事件，这些规范可能相互独立。Norm 分析也是需求分析和业务流程建模的有力工具。

二、企业 Norm 模型的定义

定义4：Norm 模型的形式化定义：

$Norm = \{sub\_goal_k, norm_1, norm_2, \cdots, norm_n, relation\}$

$relation = \{supprot, optional\}$

对于每一个企业子目标 sub_goal_k，都会有相应的 Norm 来解释子目标的责任主体、业务活动和触发条件等，当有多个责任主体，且每个责任主体都执行不同的活动时，就是有多个 Norm 来共同描述企业子目标，有些子目标需要多个 Norm 共同实现，而有些 Norm 则是可选的。

定义5：Norm 的形式化定义：

$Norm = \{Scene, Trigger, Agent, Action\}$

$Trigger = \{preCondition, trigger_n, postCondition\}$

（一）场景

场景的概念最初是由 Kahn 提出的，并用于领域规划问题中。场景有几种定义，Weidenhaupt 将场景定义为由特定激励输入触发的组件交互集合。Uchitel 则认为，场景是为了达到某一目的，用户、系统组件和环境之间的交互。本书把后者视为广义的场景定义，从系统的角度定义场景；前者是狭义的场景定义，从系统内部角度来描述场景。本书基于狭义的场景定义开展研究。

（二）触发事件

触发事件可以被视为活动的开始，触发事件的分析包含了三种信息：(1) 前置条件，是 Norm 未被触发前事件所处的状态；(2) 触发 Norm 的事件；(3) 后置条件，当 Norm 执行过后，事件所处的状态。如果 Norm 没有被成功执行，前置条件依然有效。

前置条件：当 Norm 被触发前，Norm 必然处在某种状态。

后置条件：后置条件是 Norm 行为结果的一部分，当主体实施某种行为活动后，后置条件便是事件的结果或行为的结果的某一个确认的状态。它可以用于判断 Norm 的行为是否开始或已经结束。

（三）主体

主体是 Norm 中所约定的执行行为的部分，所有 Norm 至少需要一个行为主体。这个主体可以是具体的人，也可以是部门、组织或者角色。

（四）行为

每一个 Norm 都包含一个行为，这些行为的表达方式可以用任何形式表达，在企业模型的概念层一般用非正式的方式来表达，表达的内容必须表明主体的行为是什么，而不是主体行为的过程。在 Norm 分析的过程中，可以很明显看到，由于触发条件的不同，其主体以及主体的行为都会有所不同，但这些行为的后置条件却完全相同。同样地，有些 Norm 的前置条件相同，根据主体所需要信息的不同，又会产生不同的 Norm。

三、企业 Norm 模型的分析与表示

Norm 分析的过程包括责任分析、触发条件分析、主体行为分析和详细的 Norm 表示。

（一）Norm 责任分析

责任分析用于明确在实现战略目标过程中所涉及的组织或主体，以及他们所具有的行为集合，也就是通过 Norm 责任分析来明确哪一个主体对哪一类行为负责。一定的行为具有自己的生命周期，有发生、延续和终止。最初和最后的状态可以标记为"开始"和"结束"，在此关注的是谁对行为具有开始和终止的权威。

（二）触发条件分析

这个步骤主要考虑主体行为的触发条件，即当需要实现某个目标时，应该

由什么条件来触发组织或主体的某个行为，这种触发条件往往是用状态的变化或相对时间的形式来表示。相对时间指的是参照其他事件的发生时间。触发条件分析的结果就是对于行为的列表描述，所有行动可以组织成一个动态的序列表。

（三）主体行为分析

Norm 的基本结构描述了主体在某个触发条件发生后，主体将可能（may）、必须（oblige）或者不能（prohibit）执行某种行为。主体行为分析有助于识别相关的信息类型来制定关于某类行为的决策。

（四）详细 Norm 表示

原型 Norm 可以用自然语言来表示，也可以用正式语言来表示，如下是 Norm 的基本表示方式：

whenever<condition>if<state>then<agent>to<deontic operator>do<actions>

Norm 分析能帮助分析人员快速识别企业中的组织、业务流程以及用于触发业务流程的相应事件或条件状态。Norm 分析也可以用来区分哪些操作可以由计算机完成，哪些操作必须由人来协助完成。同时 Norm 分析还可以作为某些行为是否执行的决策依据，当识别了相关的信息类别之后，需要决策时，Norm 就可以作为责任主体清单表和必要因素来进行考虑。目的是帮助分析人员更容易进行决策而不会忽略任何需要的因素或是信息。举例说明 Norm 分析的详细描述，如表 4-5 所示。

表 4-5　Norm 表达

目标	扩大市场份额
Norm 主体	销售部门
触发条件	当市场份额小于 55%
主体行为	增加利润
详细 Norm 表达	N1：*whenever extend market share if market share<55% then sales deparment is oblige to Increasing profits*
目标	增加利润
Norm 主体	市场部门
触发条件	利润小于 22 万

续表

目标	扩大市场份额
主体行为	改进市场计划
详细 Norm 表达	N2：*whenever Increasing profits if profits<220 thousands then market department is oblige to Inprove Market Programme*

每一个 Norm 都有相应的编号，在构建 Norm 模型时，就是将各个企业子目标与其对应的 Norm 关联起来，其中子目标用矩形框来表示，与目标模型中子目标的表示方式一致，而 Norm 则用菱形来表示，菱形中只加入 Norm 的编号即可。Norm 模型如图 4-16 所示：

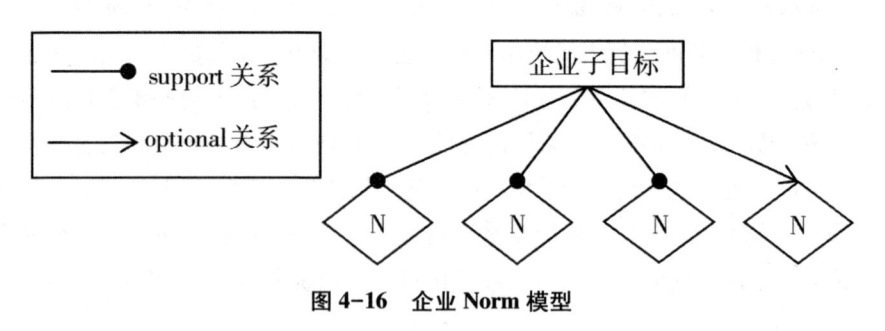

图 4-16 企业 Norm 模型

四、Norm 的表达与收集工具的建立

Norm 最基本的表达方式：

if condition then consequence

由于所有的 Norm 都会涉及某一类组织成员的行为或者状态，所以更准确的 Norm 描述格式：

if some conditions exist then agent takes some action

von Wright 在 1963 年提出，Norm 可以被认为是由六个部分组成的：

（1）the character：Norm 的影响，特殊地，"ought to" 是强制 Norm，"may" 是允许 Norm，"must not" 是禁止 Norm；

（2）the Content：在 Norm 中的活动或行为的描述；

（3）the Condition：在 Norm 的应用中，事件的环境或状态的描述；

（4）the Authority：用来初始化 Norm 的 Agent；

（5）the Subject：使用 Norm 的 Agent；

（6）the Occasion：在什么情况或时间下使用 Norm。

由此，按照 von Wright 的定义，行为 Norm 的一般形式：
whenever occasion if condition then subject is character to content
Stamper 和 Liu 利用术语重新定义了 Norm 的通用格式，也是本书中所采用的定义：

whenever\<condition\>if \<state\>then\<agent\>to\<deontic operator\>do\<actions\>

对行为规范来说，特征部分就是<deontic operator>，< deontic operator>分为 obliged、permitted 和 prohibited 三类情况。在文献"Using Semantic Analysis and Norm Analysis to Model Organizations"中提及，<deontic operator>也可以由自然语言，如 must or should，may or shall，must not or should not 来替代。

一般来说，与一个动作相连的有多个规范。实质性行为具备开始与结束两种状态，因而至少有两条规范控制该行为。同时，还有一些规范控制着与该行为相关的一些对象的状态。

五、Norm 收集工具设计

（一）Norm 收集工具的设计思想

为了企业建模的进一步展开，需要对企业组织或主体的行为 Norm 进行收集，Norm 收集工具是与企业仿真平台组合在一起使用的，用户可选择 Norm 库里的规范来对企业进行模拟仿真。其中 Norm 收集工具只是用于收集企业相关的 Norm，用户可以选择数据库里的 Norm，也可以根据自己企业的实际情况添加、删除、修改相应的 Norm。选定 Norm 后，可以根据企业仿真平台中某一具体的仿真项目进行企业仿真。

整个 Norm 收集工具分为两种不同类型的表，一类是实际 Norm 表，它用于存储那些已被确认具有一定普遍意义的 Norm，这类 Norm 可以适用于不同的企业；另一类是临时 Norm 表，这类表直接源于实际 Norm 表，用户在创建了组织用例时，临时 Norm 表便随之产生，用户可以从实际 Norm 表中选择所需要的 Norm，也可以对这类表进行维护操作。Norm 收集工具有两种用户：Norm 库管理员和组织仿真人员。Norm 收集工具的用例图如图 4-17 所示：

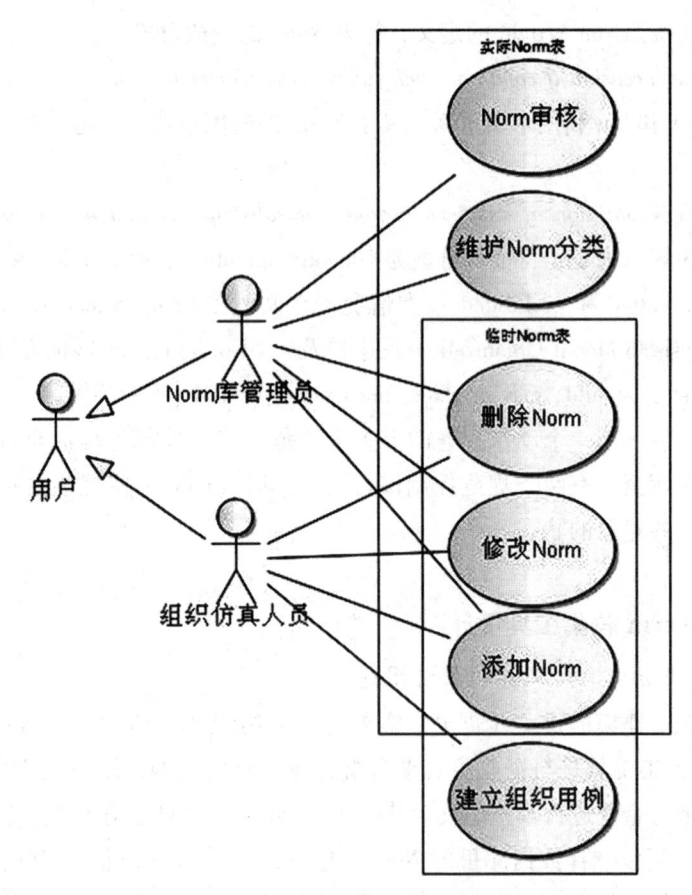

图 4-17 Norm 收集工具用例图

Norm 库的建立只靠几个人去建立是不现实的，因为在现实中，组织的结构和运营过程是千变万化的，组织运营过程中所依赖的 Norm 也会有所不同，因此新设计的 Norm 收集工具需要支持多用户的使用，大家都可以对 Norm 库进行添加、修改，从而使 Norm 库更加丰富和完善，进而帮助用户进行高效、准确的企业仿真。在选定企业仿真中所需要的 Norm 后，系统会提示当前选定 Norm 所存的数据库地址和数据表名，用户在仿真时只需修改相应的数据库地址和表名即可进行仿真。同时，在每一次用户对 Norm 库进行操作维护过程中，系统会自动记录用户新添加的 Norm，Norm 库管理员可以对新增 Norm 进行审核，如果这些 Norm 具有普遍意义，则将这些 Norm 添加到实际 Norm 表中，从而达到丰富 Norm 库的目的。

Norm 收集工具的活动图如图 4-18 所示：

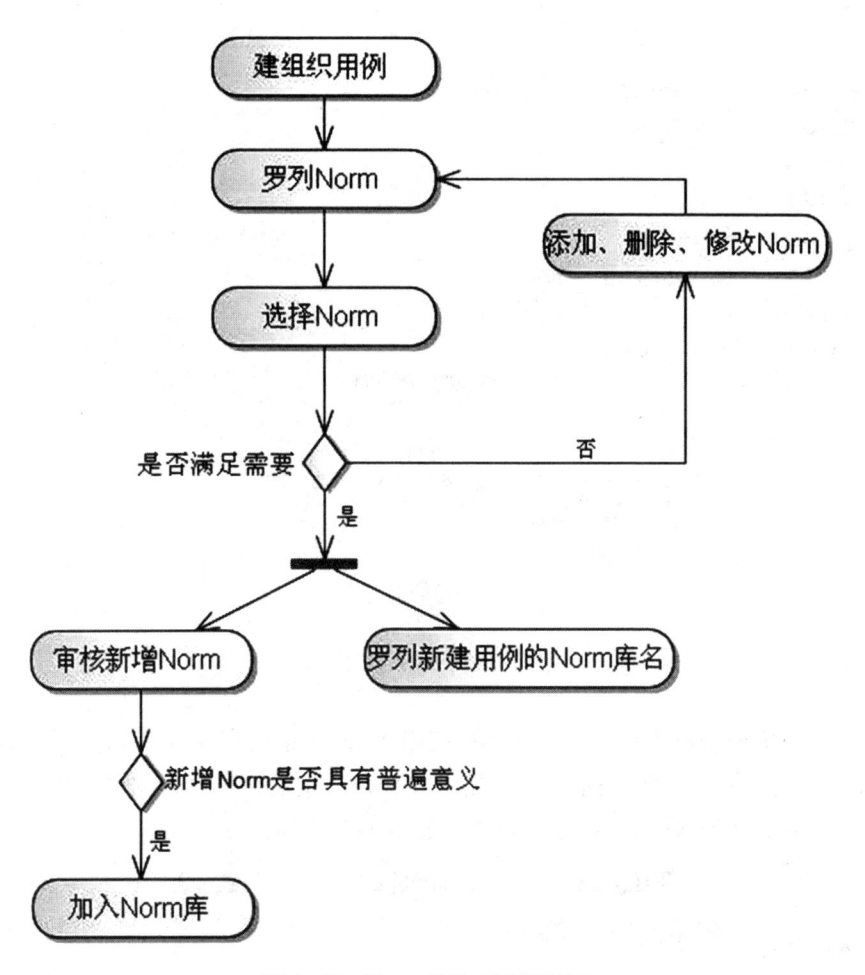

图 4-18　Norm 收集工具活动图

（二）Norm 收集工具的实现

为了方便用户的使用，同时也为了 Norm 库能够得到更加丰富的完善，整个工具被设计为 B/S 结构，采用 SSH（Struts2、Hibernate、Spring）框架技术作为支持，数据库采用 Mysql 数据库。

用户在登录 Norm 收集工具时，系统会自动判断用户是普通用户还是 Norm 库管理员，根据不同的用户，系统将引导用户进入不同的页面。用户和管理员都可以向 Norm 库中添加新的 Norm，只是一般用户添加的 Norm 需要接受进一步的审核才能保存至真正的 Norm 库中。Norm 添加页面如图 4-19 所示：

图 4-19 Norm 添加页面

为了方便企业仿真人员能够直接使用 Norm 库中已存在的 Norm，系统根据 Norm 的分类罗列了所有的 Norm，用户在新建实例后，可以根据自己仿真的需要，选择合适的 Norm，Norm 选择页面如图 4-20 所示：

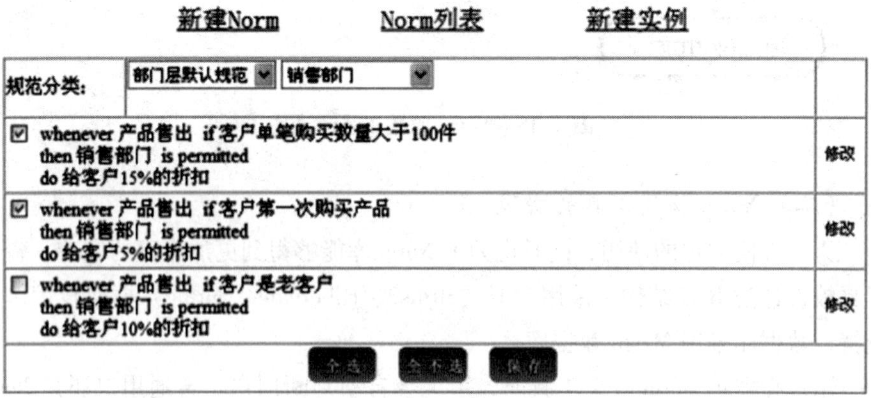

图 4-20 Norm 选择页面

第四节　企业演化的组织视图

一、基于规范的企业组织视图

组织模型通常用于描述组织的构成、权限、职责等组织的特性，是企业组织的骨架，是为了使企业管理人员和信息系统分析设计人员对企业组织有一个整体认识，帮助企业管理人员对企业组织进行整体分析。基于角色的组织形式称作角色组织，是目前组织描述的主要手段之一。本书认为中企业组织模型是由组织的目标、角色集合、角色拥有的行为能力、每种行为的约束限制所构成的角色行为能力模型，通过组织符号学所提供的本体图和规范来表示。企业中组织成员是动态变化的，组织成员所能完成的行为和行为约束也是随着时间不断变化的。

角色概念来自社会学，被视为构成社会群体或社会组织的基础，它表示与个体的社会地位相一致的一整套权力、义务和行为规范，是社会对处在某种特定社会地位个体的行为期待。Biddle 对角色做出定义：角色是一组关于一个人或一个职位的标准、描述、规范或者概念的集合，角色对应于某一职位的权力和义务。义务是角色的职责，即角色应该履行的责任，有强制的特性。权力是角色在履行义务的过程中能够行使的权力，包括资源使用、访问控制等权限。规范是角色的行为规范，即角色在行使权力和履行义务时必须遵守的规范。

角色具有两种属性：1. 纵向专业化。对角色所拥有的权力或协调能力的规定，即对角色职能的规定。各个角色必须承担一部分组织的权力或管理职能，纵向专业化是一个角色对其可控角色和对等角色进行通信、控制和协调的基础。2. 横向专业化。对角色所具有的专业知识的规定，是角色对具体问题能够进行分解或直接求解的基础。Kendall 指出角色建模的必要性：[1]

（1）角色建模关注社会性的交互行为。

（2）角色建模中的所有角色一起工作以达到某个目标。

---

[1] KENDALL E A. Role Modeling for Agent System Analysis, Design, and Implementation [J] //Proceedings. First and Third International Symposium on Agent Systems and Applications, and Mobile Agents. IEEE, 1999: 204-218.

(3) 角色模型代表了一种模式,它可以重用。

(4) 角色与角色模型是一种新的抽象,因为 Agent、对象、过程、组织与个人都可以扮演角色。

(5) 角色模型鼓励分解,从而将复杂的 Agent 行为分解为角色,设计者可以从简单的角色入手,然后通过合成得到复杂的 Agent。

(6) 角色模型的动态性可用来对移动性、适应性、上下文切换等概念建模,在角色建模中,角色以一种动态的方式进行分配。

用角色模型表示企业组织构成及关系,并且角色受自身规范的约束。当给定一个角色的时候,即知道可以在什么范围内举行什么活动。因此角色首先必须赋予它一定的知识、能力和权力,同时也应当具有一些约束(即规范),使得它只能在一定的情景下,在规定的范围内行使权力,履行赋予的职责。例如,企业销售人员采用角色模型表示,角色的目标是最大化销售额,拥有签订订单、维持现有客户的权利与义务;具有签订销售订单的行为能力、能力范围(0~3万),将受到行为规范的约束。Norm1:Whenever <是老客户> IF <未付款超过信用额度>Then <销售人员> Oblige To <拒绝订单申请>,与其他 Agent 的合作关系:与销售主管是控制关系,与财务人员、生产人员、库管人员是平等关系。角色模型如表4-6所示。

表4-6 角色模型

名称:角色的标识
描述:对角色的描述
目标:角色的目标描述
职责:需要承担的管理职责
权力:履行义务的过程中能够行使的权力
义务:角色应该履行的责任
可支付行为:角色拥有的能力集合
规范:角色的行为规范,表现为一定场景下的约束
合作关系(依赖、控制、平等关系):与其他角色的关系

使用角色模型可较好地解决面向对象系统中难以解决的多重实例化、多重继承和信息访问安全等问题。角色与 Agent 在强调社会性上有相同点,但是角色更多地强调职能的划分和角色之间的协作,而 Agent 更加强调智能性和自治。一般而言,每个 Agent 至少应该具备一种角色或充当多种角色,反映业务领域内目

标的完成，是企业组织总体目标需求的体现。Agent通过完成各自的子目标而促进整体目标的实现。承担角色的Agent被赋予了一定的期望，必须遵守角色的约束限制，从执行角度上看，角色是人类Agent的某些属性和行为的封装并且绑定在软件Agent上。

组织是由不同的角色组成，角色是目前组织描述的主要手段之一，而角色又是由一组主体形成。本书认为企业组织模型中的角色具有某种行为能力，并且角色的每种行为都受到不同层次规范的约束或影响，角色本身是无法执行行为的，必须有具体的主体来执行，同时角色还约束或影响着主体的行为。组织、角色、主体和Norm之间的关系可由图4-21来表示：

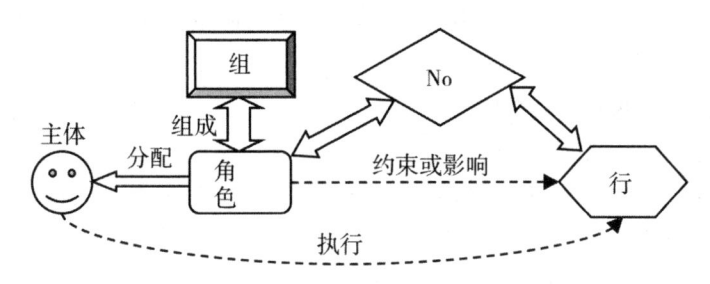

图4-21 组织、角色、主体、Norm之间的关系

二、基于规范的组织模型定义

定义6：组织模型的定义

组织模型是一个四元组：

ORG = < O_ID, O_GOAL, O_MEMBER, O_AFFORDANCE, O_NORM >

O-ID是组织的唯一标识；O_GOAL是组织的目标集合，O_GOAL = {Goal1, Goal2…}；O_MEMBER表示组织中的成员，使用角色来表示，O_MEMBER = {Role1, Role2…}；O_AFFORDANCE是组织行为能力的集合，O_AFFORDANCE = {Affordance1, Affordance2…}；O_NORM是与组织行为能力相关的约束集合，O_NORM = {Norm1, Norm2…}。

定义7：角色模型的定义

角色是组织模型的基本组成单元，角色模型是一个八元组：

ROLE = <R_ID, R_GOAL, R_DUTY, R_RIGHT, R_OBLIGTION, R_AFFORDANCE, R_NORM, RELATION>

R_ID是角色的标识；R_GOAL是角色的目标描述；R_DUTY是角色需要

承担的职责；R_ RIGHT 是角色履行义务的过程中能够行使的权力；R_ OBLIGATION 是角色应该履行的责任；R_ AFFORDANCE 是角色拥有的行为能力集合；R_ NORM 是角色的行为规范，表现为一定场景下的约束；R_ RELATION 是与其他角色的合作关系，如依赖、控制、平等关系。

定义 8：角色行为能力的定义

角色行为能力的定义指角色在组织中拥有的行为能力，指角色拥有的不变的属性或可以完成的功能，角色行为能力模型用一个二元组表示：

R_ AFFORDANCE = <RA_ ID, R_ Attr>

RA_ ID 表示角色行为能力的唯一标识，是角色行为能力的名称，如库存人员有出库、入库的行为能力；R_ Attr 表示行为的限定词和行为的各种属性，如数量、质量、位置和型号等信息。

定义 9：角色行为规范的定义

角色的行为规范是一个七元组：

R_ NORM = <NormID, Character, Content, Condition, Authority, Subject, Occasion>

NormID 是规范名称；Character 表示规范的特征，指 Norm 所产生的效果；Content 表示规范的内容，指 Norm 中规定的动作或事件；Condition 表示规范的条件，指 Norm 应该被应用的场景或状态；Authority 表示规范的权威，规定 Norm 的人类 Agent；Subject 表示规范的对象，具有规范的人类 Agent；Occasion 表示规范的场合，指 Norm 所处的空间位置和时间跨度。

三、角色的绑定机制

企业模型中角色的具体工作赋予 Agent 完成，一般通过角色绑定机制说明角色与 Agent 之间的映射关系。目前的研究认为角色与 Agent 之间的关系具有如下一些典型性质：

（1）动态性：在 Agent 生命周期内，可以为其添加新的角色，也可以撤销原有角色。

（2）依赖性：角色不能独立于 Agent 存在，它必须依托于某个 Agent。

（3）多重性：同一 Agent 可能在同一时期承担多个不同的角色；同一 Agent 也可能在不同时期承担不同的角色。角色和 Agent 之间是多对多的关系，可以构造出复杂的系统。由于 Agent 可以承担不同的角色，带给其他 Agent 不同的视点，从而体现出更加全面细致的认知。

在企业组织的形成过程中角色对 Agent 的绑定，是根据企业目标、能力来确定的。每个 Agent 担负一个或多个角色，通过动态转换角色，这个组织能够更加有效地执行目标，以适应不能预期的环境变化，从而提高系统的整体性能。角色绑定机制允许多个 Agent 在执行协作任务时相互协调，可以采取角色绑定机制，实现角色动态转换，角色绑定主要可分为三种类型：

（1）角色分配：Agent 在完成当前角色的任务之后，采取一个新的角色。

（2）角色重分配：Agent 中断当前角色的执行，转而采取另外一种角色。

（3）角色交换：两个 Agent 同时执行期间，交换执行对方的角色。

如果一个 Agent 要扮演一个角色，首先，要求两者在目标集合上具有相似性，当两者的目标集合相符时，表示 Agent 可以扮演该角色。其次，不定期要计算角色的能力集合与 Agent 的行为集合之间的相似程度，文献①给出了通过计算任务关系相似度来进行计算角色与 Agent 目标和能力相似度的方法。当某一角色的目标无法由某个单一的 Agent 独立完成或者子目标不能再继续分解为止，此时需要多个 Agent 合作完成相应的目标，这需要进行任务的分配。

企业的业务模型可以通过角色建模，而角色由 Agent 扮演，即 Agent 承担企业业务的执行，角色与 Agent 的对应关系如图 4-22 所示。

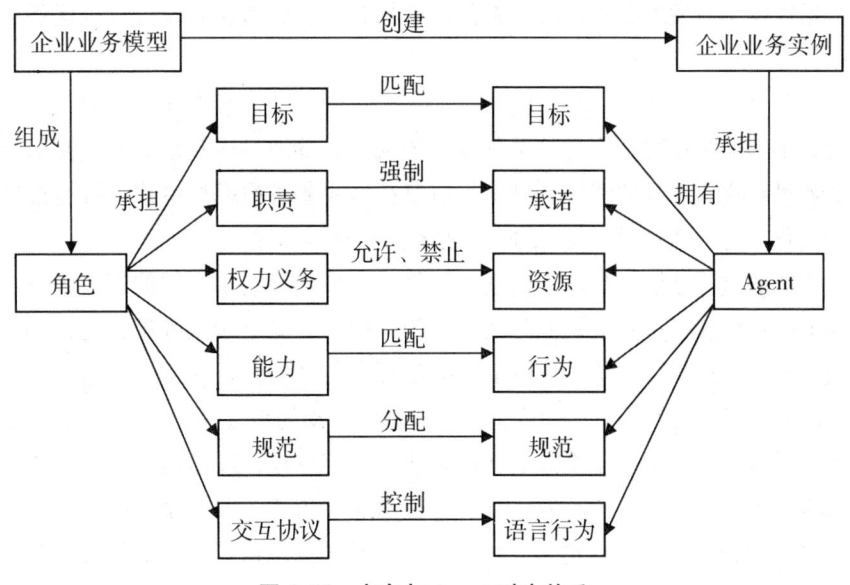

图 4-22 角色与 Agent 对应关系

---

① 刘建昌. 基于 Multi-Agent 的信息系统动态集成建模与分析研究 [D]. 北京：北京理工大学，2005.

(1) 角色的目标决定了 Agent 的目标和意图。
(2) 角色的职责意味着 Agent 的承诺。
(3) 角色的权力义务意味着 Agent 可利用的资源。
(4) Agent 的行为能力必须匹配角色的能力集合。
(5) Agent 的行为规范与角色的行为规范相匹配。
(6) 角色交互协议决定了 Agent 的交互行为，而 Agent 的交互基于语言行为。

第五节　基于规范的企业过程视图

一、企业业务过程模型

企业为了获得生存和发展，必须不断满足顾客多样化、个性化的需求，这就需要企业不断改善运营效率，以适应复杂多变的市场竞争，而运营效率的提升很大程度上依赖于业务过程的改进。现如今业务过程已不再是一成不变，而是根据环境不断发展、变化的，流程是否具有柔性成为企业保持竞争优势的必要条件。

业务过程模型作为一种交流语言，主要目的是通过模型元素及规范，使其能对复杂的业务过程结构与关系予以抽象表达，并通过所建模型，让使用者可对业务过程达成一致的理解。但是目前存在的业务过程模型中缺乏智能柔性的业务过程支持，而且对于复杂约束的业务过程难以描述。

传统的过程建模多是基于活动的，将过程描述为活动之间的逻辑关系。基于活动的过程建模是对组织业务的一种简单映射，侧重于业务逻辑的描述。面对比较复杂的流程，不易从整体上把握流程参与者的责任和协作关系。而业务的不断变化导致流程的复杂程度提高，对基于活动的柔性流程建模提出了挑战，需要有便捷高效的柔性建模方法支持企业的流程管理，以提高企业管理的效率和适应市场需求的灵活性。为此有学者提出基于角色的柔性流程的设计，如文献"基于角色的柔性流程建模"中，讨论了基于资源依赖的组织目标分解预制角色，构造层次化的角色建模框架，通过预制角色构件的选择、配置和组合实现一定的流程建模柔性。

目前已出现了许多业务过程建模方法，如业务过程图、IDEF 系列模型和事件过程链等。这些模型方法对于业务过程的建模研究往往有片面性，多是从业务过程的个体活动、行为结果、目标等角度描述，对组织人员及其角色缺乏重视。信息时代的业务过程是面向客户的，业务过程中的个体之间存在着任务分担、结果共享的相对关系。企业通过业务过程向客户提供有价值的产品和服务，客户对产品和服务的满意度是衡量一个业务过程绩效较重要的指标。业务过程的绩效最终依赖于员工和角色的作用，而不是产品和业务过程。以活动的业务过程观点来看，业务过程由活动及其逻辑关系组成，这种观点重在对活动关系的限定而不是参与者之间的承诺，而从满足客户的要求分析，业务过程的基本组成元素是角色及其协调关系。面向角色的方法，详细说明并分析参与业务过程中各角色的作用，强调执行业务过程中的角色及其关系，可表达多个角色协同合作的过程。

二、企业业务过程模型的定义

角色是拥有一定行为能力的模块，能提供一定的行为服务，这种行为服务就是 Norm 分析中所说的可供性（affordance），也就是说，Norm 可以很好地表达角色在一定的场景下，满足某种条件状态后所要执行的行为。业务过程是将数据或资源分配给不同的角色，通过明确不同角色之间的协作关系，以达到最终目标的过程。因此业务过程可以看成企业目标、资源、角色的可供性以及 Norm 的集合体。本书在组织模型中使用本体的描述方式，已经可以很好地消除组织模型中概念的歧义性，因此当业务过程在将资源、信息、事件、角色进行组合后，整个业务过程的表达也是非常清晰、明确的。

定义 10：业务过程模型的形式化定义如下：

$Function = \{goal, role<affordance>, data, Norm\}$

data 表示业务中所用到的数据；goal 表示整个业务过程的目标；role<affordance>表示业务过程是由不同角色来完成，而整个业务过程是在角色的可供性的基础上形成；Norm 表示在业务过程中用于判断流程流向的关键点。

三、基于角色的企业业务过程

从角色的观点来看，复杂的业务过程是由各种各样的角色组成，它们具有不同的职能、能力和任务，相互协作完成业务过程的目标，活动及其关系是角色及其合作的外在表现。因此，业务过程本质上是角色的集合，是由角色及其交互组成，在多个不同个体在共同企业目标驱使和有限资源约束下，协同完成一定的任务和活动的过程。角色理论认为，角色限定了个体的行为，角色之间的关系限定了系统中个体之间的交互。角色是责任和权力的统一体，其中责任规定了角色的行为规范和约束，即角色是某一类对象结构、性质、行为、职能等方面所共有的特征集合，它具有目标、能力、责任、许可、约束和协议等对象多方面本质特征的综合反映。角色也是个层次概念，其粒度是和其目标分解的粒度对应的。根据业务过程跨越组织的范围，小到一个员工、工作小组，大到供应链中的企业，都担负一定的角色。从角色的观点来说，角色的确定依赖企业目标的分解，高层角色将负责高层目标。

业务过程的实施可以通过目标的分解、角色目标的分配及活动的执行来完成，角色之间的相互关系通过目标分解和活动执行来建立。目标是个层次型概念，根据设定的目标分解原则可以将目标逐级分解，直至子目标可由相应 Agent 承担为止。目标的实现依赖角色的活动，因此，活动和角色也是可分解的。角色的分解和业务目标的分解对应，并由 Agent 负责相应层次的活动，角色和活动的层次性是和目标的层次性相对应的，高层的目标涉及高层的角色，低层的目标涉及低层的角色。企业的目标是由相互合作的角色参与的业务过程完成，角色负责成员的活动分配，企业目标和角色、Agent、业务过程的关系如图 4-23 所示。用角色描述业务过程，其实质是由相对独立的角色根据业务过程规则进行交互的过程，更确切地讲，业务过程把业务目标分解，然后由各级角色分配给相应的 Agent 通过活动完成的过程。

常见的角色业务过程描述方式是角色行为图（RAD），通过 RAD 可以描述角色及其行为关系，但缺乏对复杂过程的约束。目前，关于组织符号学的研究在计算机支持的协同工作方面取得了一定的成果，规范的扩展性较好，不仅可以描述业务规则，还可从系统的整体状态出发来研究业务过程的控制问题，适用于描述复杂约束的业务过程及其协作关系。

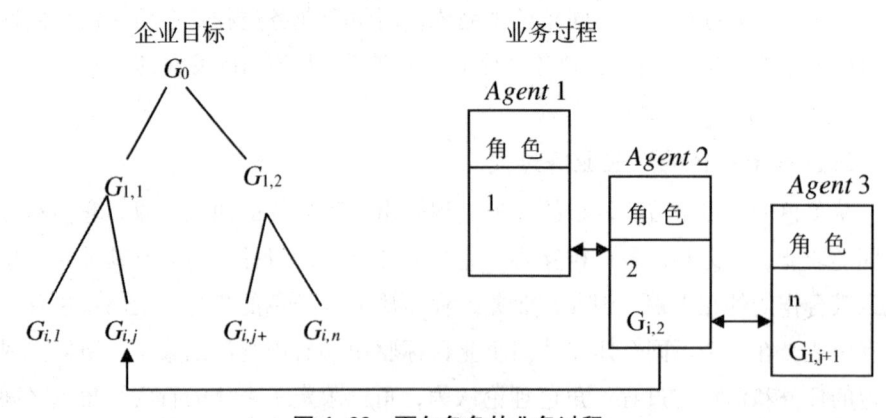

图 4-23 面向角色的业务过程

四、规范约束的企业业务过程

企业的业务过程中包含了各种类型的约束,它们定义了业务过程如何动作的相关约束、条件和策略。业务规则定义为"对业务中某些定义和限制的描述,用于维持业务结构或控制、影响业务的行为",通过定义可知,业务规则指设计业务过程时所需要遵循的约束和控制条件。

ECA 规则(Event-Condition-Action Rule)已经被广泛应用到业务过程建模中,用于业务过程智能控制。但是此类规则难以图形化描述,对于系统的整体状态没有明确表达,难以表达复杂系统中的约束与依赖关系。当前比较流行的被开发人员和客户广泛接受的过程描述工具是 UML 活动图,但 UML 语言作为一种语言主要还是面向技术人员的,它不能完整充分表述组织需求和业务模式,需要其他建模方法的补充和扩展,可通过扩展 UML 业务过程图来表示业务过程。

UML 中有一种正规的约束说明语言——对象约束语言 OCL(Object Constraint Language),OCL 通过一个经过构造型为注解的元素对规则进行定义。这样的注解元素清楚地将规则和图表中的特定元素或其一部分相关联,同时以纯文字的方式非正式地定义了一些软件规则,如公理、原则,或者一个引入了人为判断因素的规则。OCL 用在 UML 活动图中,对业务过程中的约束进行描述。这种方法容易满足对于规则变化不大,或是不需要人工干涉的规则,但是这种约束难以用直观的方式表现出来,特别是在组织变化较大的情况下,难以描述复杂约束的业务过程,所以使用在 UML 图中直接加标注的图形方式,在业务过程中表示业务规则。

规范具有丰富的语义,可以表示业务规则,组织符号学提供了规范分析方法,可以有效获取企业业务规则。结合 UML 建模方法表示业务过程,UML 图形将业务规则加以形式化,不但可以消除采用自然语言表达时语义上的模糊,而且也是形式化分析和设计业务过程的基础。

鉴于 UML 活动图的缺点和 OCL 的不足,通过 UML 活动图来表示业务过程,将规范加入业务过程图中。在 UML 活动图中,泳道将业务过程按其职责范围进行分组。UML 活动图中泳道有多种不同的用途,包括揭示动作在何处执行,或者表明动作在组织的哪个部分得以完成。在活动图中,泳道以垂直的矩形绘制,而那些所属的活动则包含在这个矩形之内。矩形顶端是泳道的名称,对应组织单元或角色,而活动则被放置于那些它们得以执行的组织单元中,通过泳道,就将基于角色的业务过程模型与组织模型有机结合起来。

把规范加上标号加入图中表示,在活动图的分支判断中,把规范以[#]在此处插入,"#N1:Whenever 采购请求满足公司的采购政策 Then 采购经理 Is Obliged to 批准",这样就把对应的角色及其所具有的规范在图中清晰表现出来,如图 4-24 所示。

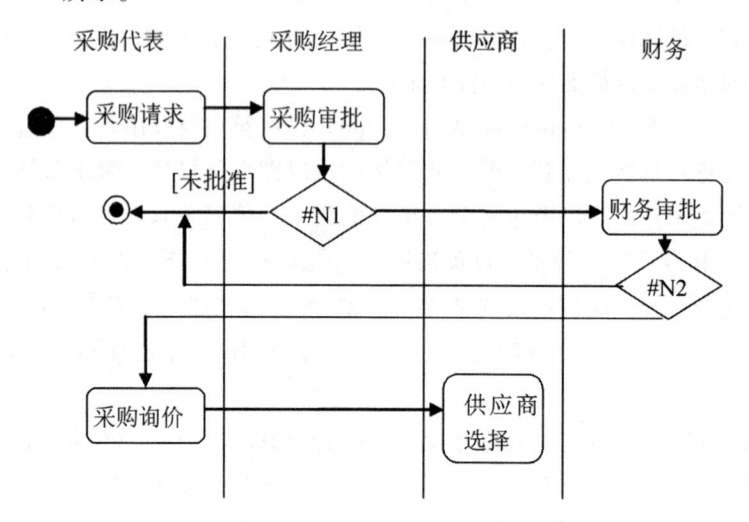

图 4-24 采购业务过程活动图

第六节 交互视图

业务过程图展现了企业的业务过程中角色的关联,但企业中各个成员角色之间的复杂交互,在业务过程图中难以体现出来。一般来说,角色之间的交互是过程的一部分,可在过程视图中表示。然而,复杂的角色交互细节难以在业务过程中体现出来,需要使用其他方式来展示多个不同角色之间的行为和交互。如在企业采购招标时,供应商和采购商的交互细节在业务过程的图表中表现不出来,在交互视图加以详细描述。

业务过程中复杂的交互细节可以使用 UML 交互图,用于角色之间交互关系的描述,UML 交互图主要包括序列图和合作图。序列图与合作图所描述的是相同的信息,只是它们在描述交互信息时所注重的方面不同,序列图注重描述消息的时间顺序,而合作图注重表达通信实体之间的关系。创建 UML 交互图的主要任务就是找出角色之间所发生的事件序列,这两种图表展示了某个特定场景中一系列角色之间的交互作用,可用于展示多个角色之间详细的协作关系。这

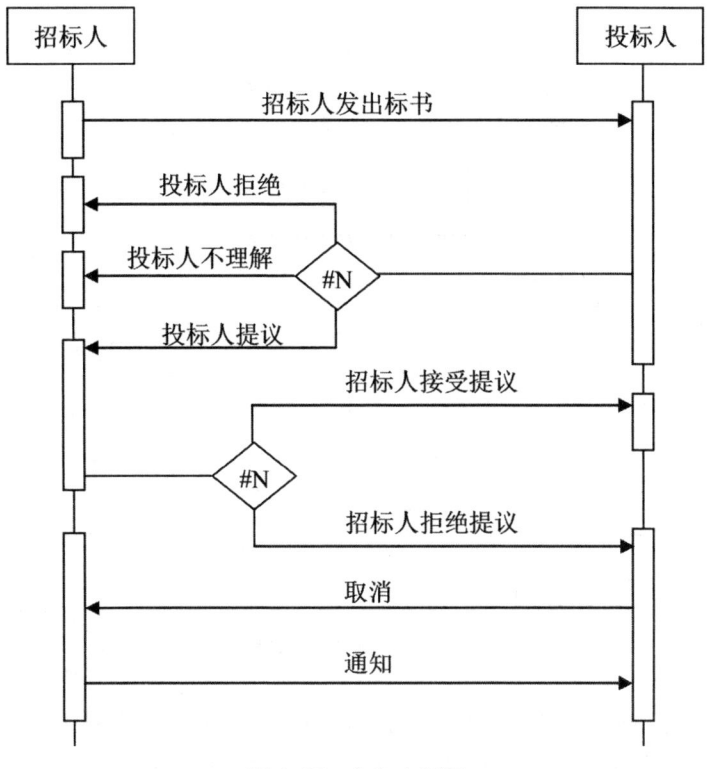

<<< 第四章　基于规范的多视图企业演化概念模型

图4-25　角色交互图

里的协作关系同样也是整体过程的一个组成部分，但是因为过于细节化，而难以在过程图中表现。图4-25是一个角色交互的序列图，对图中判断的地方加入获取的规范，以展现复杂交互中的约束，可以有效减少角色冲突。

第七节　基于规范的企业建模过程

在概念层建立企业模型，使用社会Agent、角色和规范作为企业系统的抽象机制，可以尽早地达到理解和沟通，可提供重用和提高模型的适应性，作为在技术层构建企业系统的基础，可以改善企业系统分析和设计的质量。

企业概念模型中包括目标模型、组织模型、过程模型、交互模型。企业概念模型中各视图模型并不是各自孤立的模型，而是从不同角度企业的反映，各视图相互组合形成一个完整企业模型。企业目标模型表达企业的整体发展策略，同时也担当其他视图模型设计的指导；组织模型是企业组织骨架，提供了关于企业业务的核心概念及其基本逻辑联系；过程模型是企业业务活动的模型，是一组相关的过程，完成业务需要的任务；交互模型是复杂活动交互细节的进一步描述。角色模型是所有企业视图的核心，通过角色模型将企业的四种基本视图组合在一起。各视图之间的关系，通过图4-26来表示。

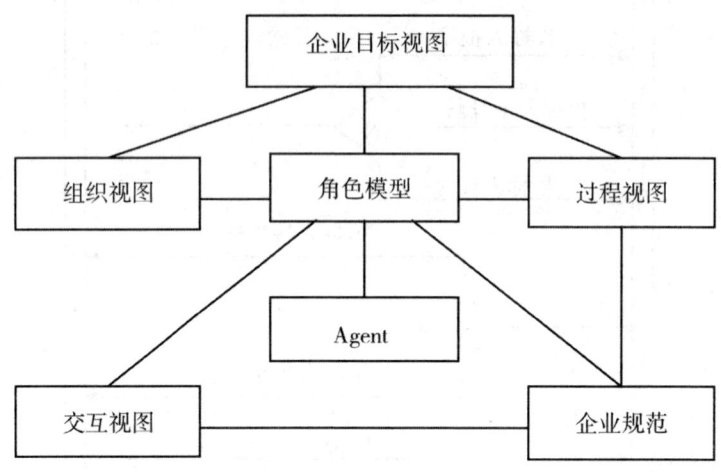

图4-26 视图关系模型

基于规范的企业建模过程中，目标视图作为其他视图建模的参考指南，确定了企业的问题域，各模型视图互相关联，其中以角色模型为联系纽带。整个建模过程并不是一个完全连续的过程，而是一个反复和不断交互的过程。为方便企业概念模型的具体设计，为模型设计提供一个有效的步骤，提出基于规范的企业建模过程，如图4-27所示。

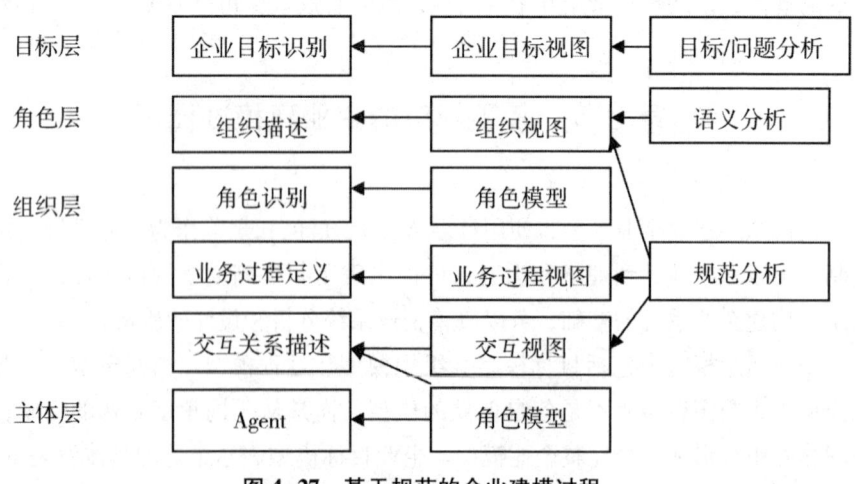

图4-27 基于规范的企业建模过程

(1) 基于目标分析方法，对企业关键目标进行识别并分解，得到企业目标视图。

(2) 组织目标赋予角色或通过角色的协作来完成。

(3) 通过语义分析方法和规范分析方法得到企业的组织模型。

(4) 通过规范分析方法，以目标模型和角色模型得到业务过程。

(5) 组织目标分配到业务过程，然后业务过程由组织中多个角色独立或协同完成。

(6) 企业交互视图是企业过程模型的补充，对于某个特殊场景下业务对象的交互情况，描述了业务对象之间的交互作用。

(7) 确定角色组织模型后，在现实的系统中寻找不同角色的行为执行者进行角色扮演，进行角色与 Agent 的绑定。

备注：

企业规范是整个研究的核心，围绕企业规范建立相应的研究框架。包括基于规范的演化框架，基于规范的企业演化建模方法，基于规范的多 Agent 设计，基于规范的企业演化分析。

(1) 关于企业规范的定义与范围，需要加以限定和分类，设定其相应的要素，否则难以解决。主要集中于两个方面，一个是规范的分层多语义，另一个是规范的主观性。

(2) 规范的获取方式，基于规范的建模方法及过程。如何从自然语言中收集规范，利用组织符号学语言收集规范的技术，语义分析和规范分析。结合基于规范的分析和企业演化建模形成一个包括企业规范的建模方法。

(3) 建立企业的规范库、知识库，找到一个合适的例子。设计一个合适的小工具。也可暂时用 Excel 代替。

(4) 规范库的单独管理。涉及规范与程序设计的接口，以及 Agent 和其他程序设计的集成。

从企业演化角度来研究的话，企业模型需要包括它的环境及环境施加于它身上的影响。因此，组织符号学的建模观点和方法可以应用到其中。当然，主要关心企业外部的主体和相关规范。此部分所形成的多视图的企业演化模型，还需要进一步整合，形成可供仿真使用的概念模型。因此，这部分的工作还需要做一次转换，即多视图到企业仿真概念模型的转换。关于企业建模方法的研究成果作为重要文献部分体现在哪一个部分，此部分的研究，可以成为企业信息管理诊断、咨询、信息化、精细化管理等的研究基础。

第五章

企业演化的多 Agent 模型

第一节 多 Agent 企业演化模型

一、多 Agent 企业总体模型

企业总体模型通过协作机制将企业成员连接起来，形成一个动态、松散的结构，同时联系关系紧密的成员聚集成合作团队，合作团队又聚集成更大的团队，形成分层结构，这种结构与企业层次化网状组织结构是同构的。

企业的总体模型由四部分组成：1. 企业 Agent，指具有主动行为的企业成员，如企业中的各个决策管理机构、企业员工等；2. 企业客体，指没有主动行为的企业成员，如生产资料、生产设备等；3. 环境 Agent，与企业有业务往来、具有主动行为的社会成员，影响企业变化的外部 Agent；4. 成员关系，指 Agent 与 Agent 间的相互作用。

基于多 Agent 的企业模型是一种可软件化的企业模型，能用于企业信息系统的构建。根据自适应演化企业模型的要求，总体模型描述了企业的组织结构、企业成员及外部环境，这是一个层次化网状模型，如图 5-1 所示。

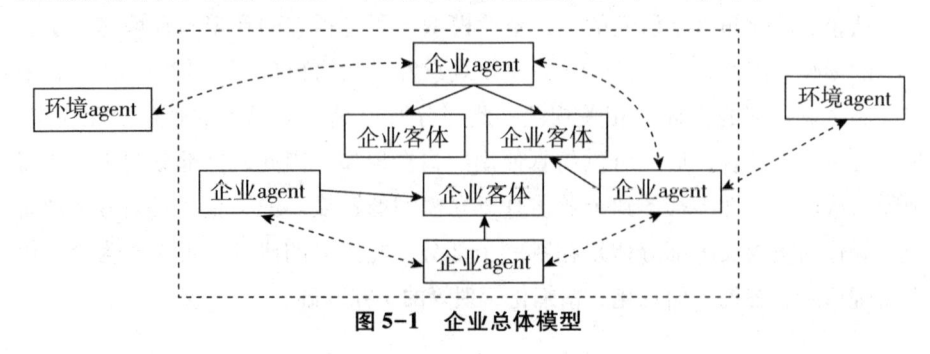

图 5-1 企业总体模型

二、多 Agent 企业模型的演化过程

(一) 企业演化模型具有以下几个特性[①]：

1. 企业模型中含有环境因素。
2. 企业模型强调以权变管理思想的机制。
3. 企业模型含有智能机制，以反映企业成员的智能行为。
4. 企业模型是动态可重组的，即成员间的联系是动态可变的。
5. 企业模型成员之间的交互能体现企业成员间的实际交互特征——命令、协商、合作、协调。
6. 企业模型成员具有自治能力，即具备自主活动能力。
7. 企业模型要有及时可靠的信息反馈机制。
8. 企业模型的运作必须是可统计分析，可观测的。

(二) 多 Agent 企业模型的演化过程是一个系统状态序列，每一时刻的系统状态都可以用一个六元组来表示：

$MAS = State(t), (t = 0, 1, 2, \cdots)$

$State(t) = (A_t, E_t, S_t, D_t, K_t, P_t)$

A_t 是 t 时刻的 Agent 集合。

E_t 表示 t 时刻系统中的场景集合。

S_t 为 t 时刻系统中所有 Agent 的战略集合。

D_t 为 t 时刻系统中所有 Agent 的战略决策机制集合。

K_t 表示 t 时刻系统中公共信息和知识库，系统中私有信息和知识库。

P_t 表示 t 时刻场景态势，即某一时刻某一场景中 Agent 的状态集合。

对多 Agent 企业模型状态集合变量的直观解释如下：

A_t 的变化：多 Agent 企业模型中 Agent 的死亡、变异、繁殖，本系统 Agent 的退出或外界 Agent 的加盟。

E_t 的变化：企业系统外界环境的改变，导致某些场景的消失或新场景的出现。

S_t, D_t 的变化：Agent 通过自身的学习，发现新的战略、新的战略决策机制或某些战略、战略决策机制已经没有存在的必要性。

K_t 的变化：多 Agent 之间以及 Agent 与环境之间的交互所获取的新信息、新

[①] 张青山，徐剑，乔芳丽，等. 企业系统柔性·敏捷性·自适应 [M]. 北京：中国经济出版社，2004：7.

知识，以及通过学习所生成的新元信息、元知识。

Pt 的产生和变化是由于场景中的一些 Agent 被激活，或以前某一时刻某一场景中 Agent 的状态及形式再次出现。

在对策论的框架下，Shoham[①] 指出了组织规范是对参加博弈的 Agent 行为的一种限制，并且这种限制使得所有的 Agent 都选择同一种行为策略。该定义主要是针对一类特殊的对称博弈环境，但是没有考虑一般的博弈环境下组织规范的界定以及如何生成。Agent 都选择同一种行为战略只是组织规范的一种特例，因此 Shoham 对组织规范的定义过于特殊化，不具有一般性。

在多 Agent 中，尤其是异质的多 Agent 中，大部分的 Agent 都在追逐自身利益的最大化，如果要实现全局利益的最大化，那么或者参加博弈的每个 Agent 的个体利益最优，同时也满足全局利益最优，或者每个 Agent 都服从管理 Agent 的指挥，由管理 Agent 强制 Agent 个体选用某个战略来实现全局最优。当不存在全局最优解的时候，Agent 可能通过协商与通讯来寻求非劣解，从而形成组织规范。

可以认为，多 Agent 的演化过程是在多 Agent 组织规范的约束下进行，而组织规范在多 Agent 演化过程中产生变化。组织规范是针对相应场景状况而生成的一种行为策略限制，这种限制可能是由于个体追逐自身利益最大化或者实现其他自身目标的结果，也可能是管理 Agent 从全局利益或者其自身利益出发的强制性限制，还可能是 Agent 之间协商的结果。

第二节 企业成员 Agent 结构的设计

一、Agent 的结构设计研究

Agent 是现代计算机通信和分布式人工智能技术发展的必然产物。Agent 的确切定义一直是个难题，通常只能从各自的研究方向和需求出发。最典型且被广泛接受的是"弱定义"与"强定义"。(1) 弱定义：Agent 通常被用来描述一种具有自主、社会、反应、预动作等能力的软硬件系统。(2) 强定义：Agent 除了具备上述特性外，还具备了人类特有的知识、信仰、目标、义务等特性，并

[①] SHOHAM Y, TENNENHOLTZ M. On the Synthesis of Useful Social Laws for Artificial Agent Societies [M]. Cambridge, MA: MIT Press, 1992: 276-281.

具有流动性、诚实性和合理性等特性。一般而言，可以认为 Agent 是一类在特定环境下能感知环境，并能灵活、自主地运行以实现一系列设计目标的、自主的计算实体或程序。在一定的目标驱动下并具有某种对其自身行为和内部状态的自我控制能力，准确理解用户的真实意图，运行于复杂和不断变化的动态环境，有效利用环境中各种可以利用的数据、知识、信息和计算资源，为用户提供迅捷、准确和满意的服务。

Agent 具有的属性尚无定论。Wooldridge 和 Jennings 等人提出的 Agent 应具有自主性、反应性、社会能力与主动性四个基本属性，[1] 大多数的 Agent 研究者认为 Agent 除了满足一些最基本特性外，还应该包括如移动性、适应性、学习性等特性。[2] Agent 的特性使得它表现出类似人的特性，为解决企业复杂问题提供了新的途径。虽然 Agent 可能具有多种属性，但是研究和开发人员没有必要构建一个拥有所有以上描述特性的 Agent，而是从实际企业需求出发，开发包含所需特性的 Agent 企业系统。

现有的 Agent 应用都是以 Agent 的某几个属性为关键属性，进行 Agent 结构设计，Agent 结构大体上可以分为以下几类。

（一）思考型 Agent

思考型 Agent 将 Agent 看作一种意识系统，一种特殊的知识系统，即通过符号 AI 的方法来实现 Agent 的表示和推理。思考型 Agent 的结构直接反映了 Agent 作为意识系统的理性本质，是支撑 Agent 进行行为推理、思维判断等意识活动的关键，也是构造各类复合型 Agent 个体的基础。图 5-2 给出了思考型 Agent 基本结构。

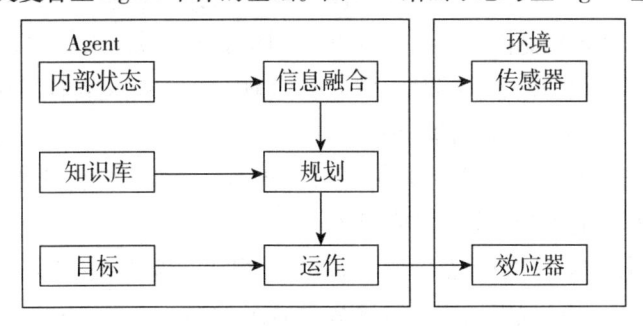

图 5-2 思考型 Agent 基本结构

---

[1] WOOLDRIDGE M, JENNINGS N. Intelligent Agents: Theory and practice [J]. The Knowledge Engineering Review, 1995, 10 (2): 115-152.

[2] 伍尔德里奇. 多 Agent 系统引论 [M]. 石纯一，张伟，徐晋晖，等译. 北京：电子工业出版社，2003：5.

选择什么样的意识态度来刻画 Agent 是构造思考型 Agent 首先要考虑的问题。[①] 根据 Agent 理性的不同实现方式，有以下几种典型的思考型 Agent 结构，基于经典逻辑的 Agent 结构，基于 BDI 框架的 Agent 结构和基于决策理论的 Agent 结构等。

1. 基于经典逻辑的 Agent

基于经典逻辑的 Agent 以经典逻辑公式表述 Agent 状态和行为，以在一定推理规则下演绎推理表述 Agent 的思维决策过程，将推理求得的结果公式作为输出动作。由于经典逻辑具有严密的语法和直观、简洁的语义，因此基于经典逻辑的 Agent 结构也相应地具有这些优点。但同时，由于经典逻辑本身的局限性，使得问题复杂度增加时，推理过程的计算复杂度呈指数上升，因此在很多情况下失去了实用价值。另外，经典逻辑的表达能力有限，对复杂环境状态难以建立相应的逻辑表达式，更难以表示信念、意愿等反映思维意识的概念。

2. 基于 BDI 框架的 Agent

BDI 是思考型 Agent 结构的典型代表，反映了人们为了实现一定的目标而采取一系列行动的过程，具有深刻的认知心理学和哲学基础。BDI 模型由信念、愿望和意图三个基本概念构成。信念是 Agent 所掌握的关于当前世界状况以及为达到某种效果可能采取的行为路线的估计，表示 Agent 对环境和自身的了解；愿望描述了 Agent 对未来实际状况以及可能采取的行为路线的喜好。Agent 可以是不相容的，也允许存在不可达的愿望，其中相容且可达的部分构成目标集；由于资源的有限性，Agent 不可能一次追求所有的目标，它选择目标集中的一部分做出承诺，从而形成意图。信念、愿望、意图等概念通过人们的日常生活可建立起一些非形式化的概念，同时为分布式环境中的 Agent 交互打下基础。但也应该注意到 BDI 模型存在以下的问题：

（1）通过逻辑描述的方法表达信念、愿望、意图等反映思维状态的概念，并合理完成相应的推理转化，还有很大的困难。

（2）BDI 实际上可以说是个体 Agent 思维属性，描述 Agent 之间的社会层面的交互还存在一定的局限性。如何与 MAS 中的协调、合作、协商、组织规范等宏观理论结合，人们已认识到将如联合意图、集体承诺等群体概念直接归结为个体思维属性的组合做法的缺陷，提出要使 Agent 具有社会层面的思维属性，但在实用化方面仍然有很多困难。

[①] 刘大有，杨鲲，陈建中. Agent 研究现状与发展趋势 [J]. 软件学报，2000（3）：315-321.

3. 基于决策理论的 Agent 结构

Agent 观察外部环境，然后通过自身的预测、思考或规则匹配，最后输出行为的过程可以看作 Agent 求解问题并追求效用最大化的过程。因此，Agent 理性行为可以从描述理论出发，通过基于效用评价的决策过程来刻画。基于决策理论的 Agent 结构较好地反映了人们求解问题的实际过程，可以在决策理论的指导下综合运用数学、逻辑、人工智能等多种技术加以实现。同时，可用对方案结果的估计来表示"信念"，用各个可能结果状态的效用来反映"愿望"，可较好地实现 Agent 的 BDI 框架结构。

同时，由于决策 Agent 的资源有限性和客观世界无限性的矛盾，决策者不可能尝试所有的方案，于是从两个方面寻求解决途径：一是对真实环境的简化，用较小的问题空间代替实际的问题空间，形成以估算和最优为特征的经典决策理论方法；二是以满意替代最优，形成以搜索和满意为特征的现代决策理论方法。满意法则并不需要严格估计或计算后果的发生概率及相应的效用，而只需要一个相对范围，整个决策过程是一个逐步细化的搜索过程，但如果过程控制不好，也可能导致过多开销。

（二）反应式 Agent[①]

反应式 Agent 结构更加强调交互行为本身对产生智能和理性行为的作用，Agent 的智能、理性的行为不是在其所处的环境单独存在的，而只能在现实世界与周围环境的交互中表现出来。Agent 不依赖于任何符号表示，直接根据感知输入反射行动。[②] 如图 5-3 所示，反应型 Agent 基本结构只是简单对外部刺激发生反应，没有使用符号表示的世界模型，也没有复杂的符号推理。在决定如何行动时并不参考历史信息，它们的决策完全基于当前状态。

图 5-3 反应型 Agent 基本结构

[①] 张维明，姚莉. 智能协作信息技术 [M]. 北京：电子工业出版社，2002.
[②] 张林，徐勇，刘福成. 多 Agent 系统的技术研究 [J]. 计算机技术与发展，2008（8）：80-83，87.

相对于逻辑推理和效用计算，反应式 Agent 结构在响应速度上具有优势。尤其是在动态、时变环境中其重要性更得以体现。但是反应式 Agent 结构的局限性也很明显，比如，只根据当前环境状态决定自身行为，缺乏对整个环境以及环境变化历史的了解，因此其行为缺乏中长期规划。决策是以局部信息为基础的，不能考虑整体和其他部分的信息，也无法预测其决策对整体行为的影响，这种没有远见的行为可能导致系统行为的不可预测性和不稳定性。反应式 Agent 模型依赖于一定的设计者经验基础之上的行为规则和优先级规则，很难形成系统的方法。另外，反应型 Agent 没有任何学习能力，表现出 Agent 的适应能力比较差。

（三）混合式 Agent

思考型 Agent 具有较高的智能，但无法对环境的变化做出快速响应，而且运行效率较低。反应型 Agent 能及时而快速地响应外来信息和环境的变化，但其智能程度较低，也缺乏足够的灵活性。纯粹的思考型 Agent 和反应型 Agent 对于大多数的实际问题都不是十分合适，实用的方法是综合两者的优点，把以上两类 Agent 结合起来，构造混合体系结构的 Agent，通常被设计成至少包括如下两部分的层次结构：高层是一个包含符号世界模型的认知层，用传统符号处理规划和进行决策；低层是一个快速响应和处理环境中突发事件的反应层，不使用任何符号表示和推理系统，反映层通常具有更高的优先权。

过程推理系统（Procedure Reasoning System）PRS 体系是混合式 Agent 结构的一个典型实例。PRS 有一个计划库以及显式表示的信念、愿望和目标：信念是一些事实，包括外部世界和 Agent 的内部状态，它们是用经典的一阶逻辑表示；愿望由系统行为来表示；PRS 计划库包含一些不完整的计划，称为知识区（KA），一个 KA 都和一个激活状态相连，这个状态决定 KA 什么时候被激活。德国 Fischer 和 Muller 等人提出的 INTERRAP 结构，更是层次结构的典型代表。它的控制器分为行为层、规划层、协作层，其中，行为层用于对外界情况做出及时反应，规划层支持系统的中长期规划，协作层则支持系统与外界的交互。设计此 Agent 的三个层次反映了反应性、预动性、社会性的 Agent 三个属性。

（四）EDA 模型[1]

EDA 模型与其他人工智能中的 Agent 模型不同，它不仅说明了目的性，而

---

[1] FILIPE J B L. Normative organianical modelling using intelligent multi-agent systems [D]. Staffordshire: Staffordshire University, 2000.

且便于多 Agent 环境下的社会交互。EDA 模型包括认知（Epidemic）、义务（Deontic）及价值（Axiologic）三个部分。E、D、A 源于建立在社会心理学中对 Norm 的分类：认识、行为和评估 Norm。认知组件中存储了 Agent 的知识，共涉及两种知识：陈述性知识（关于 Agent 的信念）和过程性知识（关于 Agent 的 know-how）。价值组件是 Agent 的价值系统，是由 Agent 对一系列 Norm 的偏好组成；偏好不是固定不变的，而是在不断发生着变化。义务组件是描述行动倾向于以某种方式实现。

信念（Belief）一体化到认知模型中，义务（Obligations）和责任（Responsibilities）体现在义务组件中，价值（Values）放在价值组件中，EDA 模型如图 5-4 所示：

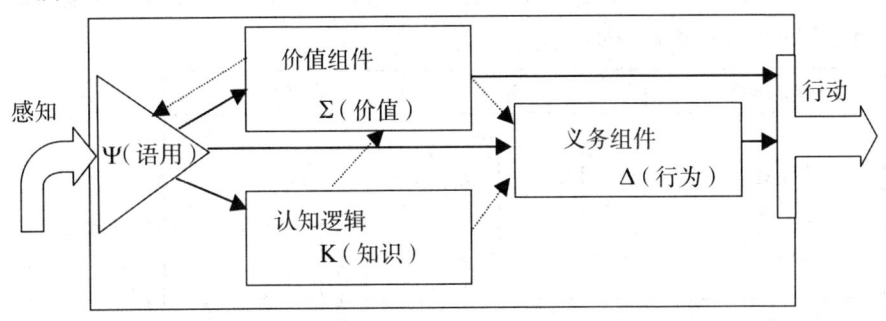

图 5-4　EDA 模型

说明：Ψ 是语用功能，用来过滤感知信息。根据 Agent 本体，使用感知和价值 Norm，更新一个或多个模型组件。Σ 是价值函数，主要用在以下两种情况下：帮助确定感知哪种符号，帮助决定把什么目标放在日程和执行中。K 代表以知识为基础的组件，存储了 Agent 的显式和隐式信念。Δ 代表一系列的计划，可能是显式的也可能是隐式的。这些计划都是 Agent 感兴趣的并且可能要选择执行的。

EDA 模型有较强的描述能力，适合描述人类 Agent 又适合描述软件 Agent，同时关注 Agent 的社会性。但是正如 Filipe 自己所指出的，使用 EDA 模型中的每个组件中的表达式（Statements）自动化推理过程仍是一个公开的问题，而且在他的研究中也并未试图解决。因而，采用 EDA 的方法来表示的 Agent 在实际应用中还有很大的难度。

二、基于规范的 Agent 的结构设计

在 Agent 典型结构的基础上，可根据企业实际需要开发包含自治性、智能

性、社会性、反应性和预动性的 Agent。在此强调 Agent 的自治性是有限自治，是在一定的环境下受到约束的自治，其 Agent 行为受到环境的约束。Agent 的社会性设计能够提高协作效率，适应环境且能够主动预测环境，具有有限的行为能力和拥有该领域的部分知识。

（一）企业 Agent 结构设计

参考以上各类 Agent 结构的优点，设计的 Agent 模型考虑了反应性，具有感知环境，并通过行为对环境中相关事件做出适时反应；从社会层次上考虑 Agent 社会因素，考虑了交互是否有效和是否符合组织目标；设计了智能模块，实现 Agent 行为的智能学习和演化；Agent 模型中添加了 Norm（规范）库，体现为 Agent 拥有的个体知识。本书设计的企业 Agent 结构如图 5-5 所示，企业 Agent 模型的各个功能模块解释如下：

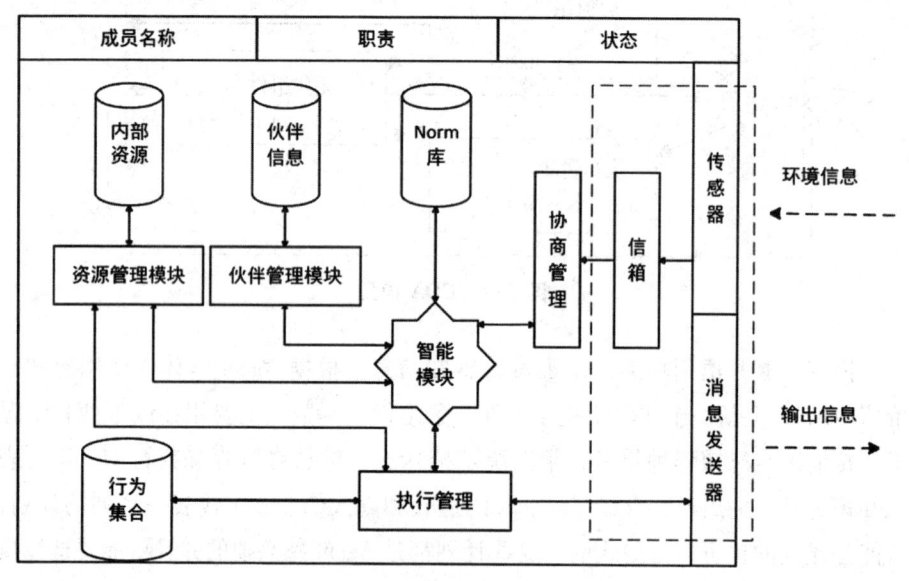

图 5-5　企业 Agent 模型

1. 身份信息

Agent 名称（Name）：Agent 名称是企业 Agent 模型的唯一标识。

职责（Responsibilities）：Agent 所承担的责任和义务。

状态（Status）：Agent 当前的工作状态变量，通过该变量，外界可以观察 Agent 的活动情况。

2. 通信管理模块

通信管理模块如图 5-5 中虚框部分所示，它负责分析接收到的信息，并传送至相应的单元进行处理，并与其他 Agent 进行通信，生成信息的内部描述，以便于通信理解。① 其中 Agent 可以通过传感器感知环境变化，传感器根据预先设定的参数或内容工作；消息的传递通过消息发送器来完成。

3. 协商管理模块

协商模块是企业 Agent 的一个重要组成部分，在实际需要时负责与其他 Agent 的协商活动，协商行为按照预先设计的协商模型和协议进行，该模块的主要功能是在具体协商过程中与智能模块交互。另外，协商管理模块还需要跟通信模块建立连接关系。

4. 资源管理模块

企业 Agent 在进行业务处理时需要各种各样的资源，资源管理模块就是负责对这些资源进行管理，包括资源的获取、提供、回收等，同时该模块服务于智能模块，为其行为决策提供信息资源支持。

5. Norm 库

Norm（规范）库主要用于存储 Agent 的个体行为规范。由于 Agent 的个体行为规范的差别，从而体现出 Agent 个体之间的差别。另外，行为规范代表可利用的知识和可能的行为选择，表现为 Agent 不同的知识，这样使得即使在同样的环境条件下，不同的 Agent 也会有不同的行为选择。规范在具体设计时使用一般规则的形式，但是由于规范代表了 Agent 的主观特性，为加以区别，根据规范的主观特性将 Norm 分类存放。

6. 伙伴管理模块

通过利用历史信息以减少重复的交互行为，需要每个 Agent 对其伙伴的一些基本信息、能力与信誉度等有所了解，而本模块将负责对这些信息进行管理，该模块也为智能模块提供决策支持。

7. 智能控制模块

智能控制模块类似于人的大脑指挥中心，它是 Agent 的核心模块，直接或间接控制指挥其他所有模块的活动。该模块将根据 Agent 接收的环境信息，并根据 Agent 的当前状态和 Norm，指导 Agent 做出适应性反应，并根据 Agent 的工作经验，更新掌握的知识，提高 Agent 的适应能力。②

---

① 吴菊华，孙德福，甘仞初．基于多 Agent 的企业建模及仿真［J］．计算机工程与设计，2009，30（1）：72-75.
② 吴菊华，孙德福，甘仞初．基于多 Agent 的企业建模及仿真［J］．计算机工程与设计，2009，30（1）：72-75.

8. 执行模块

执行模块包括行为管理和行为集合，在行为被调用之前，会预先定义好一个执行序列，然后根据这个序列，从已有的行为集合中按要求调用相关操作进行业务处理。在业务处理过程中它会与资源管理模块保持交互状态，实现对已有资源的使用。仿真实验中模拟业务处理过程的任务也由该模块来完成，如一些需要统计、观测的业务处理信息等。

（二）环境主体结构设计

环境主体模型比企业主体简单，原因在于企业无法像了解自己一样了解对方，研究人员只能根据实际观测结果描述它们的基本活动规律，并对一些活动进行模拟，实现与企业主体的交互。其模型定义如图5-6所示：

成员名称：环境主体在模型中的唯一标识。

类型：环境主体的类别，如顾客、制造商、供应商等。

可观测状态：企业主体能观测到的环境信息。

行为集合：环境主体活动的集合。

行为发生器：根据活动规律调用行为集合中的行为产生主体活动，并通过消息发送器向企业发送消息。环境主体的活动规律一般通过统计分析方法得出，如交易量、交易次数服从某种分布等。

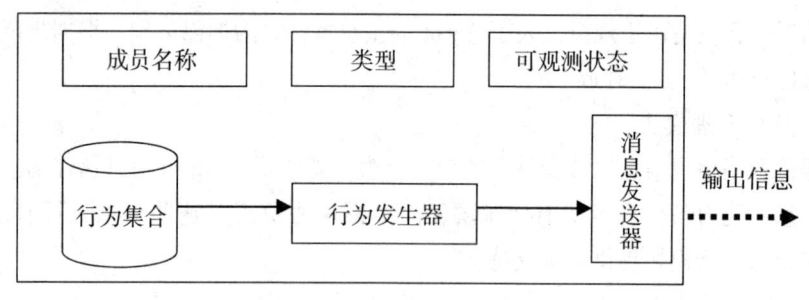

图5-6 环境主体模型

（三）企业客体的设计

企业客体是不具备主动行为，或者与企业运作不相关的企业实体，这些实体是主体的操作对象，一般包括原材料、设备、能源、仓库、产品、组织规范及其他虽然有主动行为但与经营管理无关的事物，使用对象模型描述这些企业客体，客体结构可用图5-7描述。对象属性用以描述客观的性质及状态，方法则用来描述施加在客体上的操作，这些操作由主体调用。

属性
方法

图 5-7　企业客体模型

三、各功能模块设计

通过以上对企业 Agent 模型中的各功能模块的分析，开始对它们进行设计，以下各功能模块代码均设计至元类 Agent 中，其他的 Agent 设计根据自身具体功能和实际需要都将通过对元类 Agent 的继承来调用所需模块中的功能方法。各功能模块代码设计分别如下：

（一）通信管理模块

public class CommunicationManageBlock {

void sensor ( )；//传感器（感知环境变化）

Com_ link cl = new Com_ link ( )；//初始化

cl. getMessageType ( )；//获得消息类型

cl. getContent (hashtable)；//获得 Hashtable 有关信息

public String getContent ( )；//获得 string 内容的有关信息

cl. getSender ( )；//获得发送者 Agent 信息

cl. getReceiver ( )；//获得接收者 Agent 信息

void clear ( )；//清空设置的信息

void reset ( )；//重置信息

public string StringCom_ link (Com_ link name)；//此方法适用于解析与 string 内容

//有关的通讯内容。通过解析 Com_ link 通讯包中的内容，从而得到如内容、消息型

//送者信息、请求类型等信息

public java. until. Hashtable HashtableCom_ link (Com_ link name)；//主要是解析有关//Hashtable 对象封装后的内容，同样是通过解析 Com_ link 通讯包中的内容得到相关信息

public string sendMessage (char receiverAgent, string Message)；//发送消息

}

（二）协商管理模块

public class NegotiationManageBlock {

OriginalAgent oa=new OriginalAgent();//初始化

oa.Exchange_Function();//调用元类Agent的交互协商函数方法，并负责发送协商

//结果信息至相关Agent

}

（三）资源管理模块

public class sourceManageBlock {

char sourceName;

public getSource（sourceName）;//处理业务时获取所需资源

public supplySource（sourceName）;//提供相关资源

public recycleSource（sourceName）;//回收闲置资源

OriginalAgent oa=new OriginalAgent();//初始化

oa.Exchange_Function();//交互协商

}

（四）Norm库

在这里为规范库单独创建一个类，在类中可以根据不同类型的规范（如刚性规范和柔性规范等）定义不同链表用于存储这些规范。另外，还定义getnormId()和addnormIdToList()方法，前者用以获取所需规范的编号，后者负责将前者所获取的规范编号添加到相应链表中，这个编号在每条规范创建时被赋予。在Agent交互过程中需要遵循具体的哪条规范时，只需调用链表中这个规范的编号就可以了，而如何匹配相应规范的问题在具体的编程实现时需要用户定义一个匹配函数（构造函数）。规范库类的简单定义如下：

public class normLib {

  String normId;

  List aList，bList…;//链表

  ……//不同类型的Norm

  ……//匹配函数

  void getnormId();//获取规范的编号

  void addnormIdToList();//添加编号至链表

}

（五）伙伴管理模块

public class partnerManageBlock {

  public manageAgent（agent Base_essage）;//管理伙伴Agent基本信息

```
        OriginalAgent oa = new OriginalAgent ( ) ; //初始化
        oa. Exchange_ Function ( ) ; //交互协商
}
```

(六) 智能控制模块

```
public class intelligenceContrBlock {
        void taskProcessing ( ) ; //事务处理
        void inference ( ) ; //推理机
        void rereshKnowledgeList ( ) ; //更新本身知识
}
```

(七) 执行模块

```
public class excuteBlock {
        char actionList; //行为集合
        char actionSqu; //动作执行序列
        OriginalAgent oa = new OriginalAgent ( ) ; //初始化
        oa. Exchange_ Function ( ) ; //交互协商
        oa. Excute_ Function ( ) ; //动作执行
}
```

第三节　基于行为规范的企业 Agent 演化机制设计

企业演化机制设计主要通过企业 Agent 的行为选择，而企业 Agent 的动态行为选择实现依赖于 Agent 对掌握知识的运用以及知识发现机制。规范是组织中的行为准则，可视为组织中的知识，可以由设计者事先规定，也可以在某种机制的约束下由系统在运行中生成，将规范的演化视为多 Agent 的学习过程。本章在分析以往 Agent 学习的研究工作基础上，[1] 提出了一种基于 Holland 分类器的 Agent 行为规范的演化实现机制。

---

[1] 马光伟，王一川，石纯一. 一种 Agent 规范机制的设计 [J]. 计算机研究与发展，2000 (11): 1298-1305; 李洪磊. 自适应企业建模与仿真分析研究 [D]. 北京：北京理工大学，2003.

一、行为规范

规范是组织中的行为准则，可视为组织中的知识，以正式或非正式的方式表现出来，以直接或间接的方式控制与协调组织成员的行为，规定了成员间的交互方式。规范对组织成员的行为进行指导，组织成员根据自身所处的状态来利用与它的状态、行为、任务相关的规范，反过来规范又会对人们的行为产生影响。按组织符号学对规范的分类及定义，行为规范是根据一定的文化背景中人们的实际经验开发出来的，行为规范指导 Agent 的活动，包括行使权力和履行义务。

行为规范是在不断学习变化的，规范的产生是否合适以企业 Agent 是否适应环境为标准。为提高对环境的适应能力，行为规范的学习需要从适应能力高的 Agent 学习，也要从适应能力低的 Agent 学习，以保持 Agent 行为规范的多样化，从而提高对环境的适应能力。李洪磊利用 Holland 分类器实现了企业 Agent 的学习机制，并使用随机选择机制，对分类器进行了改进，提高了企业 Agent 的适应性。[1] 文献[2]分析了各种对行为规范的处理机制，基于人工神经网络设计了一种 Agent 的行为规范机制，但没有反映出 Agent 中行为规范的主观能动性。Shoham 等提出了用规范来指导 Agent 的交互行为，目的是在保证优化的同时减少协调开销。[3] 这样，Agent 在进行特定的交互时甚至可不再进行联合规划，直接按照规范的要求采取行动，节省开销。企业中的 Agent 在交互时，可以根据行为规范在多个可能的行为之间直接做出选择，从而可以减少通信和协调开销。

二、分类器系统

企业 Agent 的学习与知识发现机制可以通过人工智能中机器学习的方式实现。机器学习实际上是对人类学习过程的一种抽象和模拟，机器学习的任务分为两大方面：一是适当的状态空间划分，即所谓的分类；二是在分类的基础上得到期望的行动。为完成这两大任务的有效途径之一是研究知识的发现机制。知识一般用规则表示，形式是基本的刺激——反应规则形式。用遗传学习的形

---

[1] 李洪磊. 自适应企业建模与仿真分析研究 [D]. 北京：北京理工大学, 2003.
[2] 马光伟, 王一川, 石纯一. 一种 Agent 规范机制的设计 [J]. 计算机研究与发展, 2000 (11)：1298-1305.
[3] SHOHAM Y, TENNENHOLTZ M. On the synthesis of useful social laws for artificial agent societies [M]. Cambridge, MA：MIT Press, 1992：276-281.

式可以获得新的规则系统，通过不断进化，适应能力在不断增加，这种方法被称为基于遗传算法的机器学习。遗传算法应用于机器学习和知识发现的过程，与遗传算法在最优化问题中的应用存在着根本的区别。最优化问题强调搜索收敛到一个近似最优解，而基于遗传算法的机器学习不仅要获得具有好的规则的个体，而且要在不同的环境下发现和创造具有最佳协调程度的规则集。

1976 年，Holland 提出分类器系统的概念，提出以来，分类器系统在应用领域取得了一些成绩。Holland 和 Reitman 设计了第一个分类器系统 CS1，该分类器系统主要包括规则及消息系统、信任分配系统和遗传算法等，后来被归纳为"密歇根方法"[①]。Holland 在圣塔菲研究所工作期间，用分类器系统模拟了一些具有适应能力的经济 Agent，证实分类器系统具有一定的学习功能。西班牙学者 Cordon 和 Herrer 等 1996 年时在 Holland 等人研究的基础上，提出了"在重复中学习"的学习策略，具有记忆系统和经验修正机制。继上面所说的"密歇根方法"之后，1991 年 De Jong 等提出了"匹兹堡方法"和 1994 年日本学者市桥提出的"名古屋方法"，这些方法都分别在复杂机器学习系统中获得了成功的应用。

Holland 分类器结构如图 5-8 所示。最低层是执行系统（规则与消息系统），它直接和环境发生作用，是一种形式特殊的产生式系统，其中规则被称为分类器；第二层为信用分配系统，用于对分类器进行性能评价，每条分类器根据其性能将得到一个强度；第三层是遗传算法规则生成与更新系统，用于不断产生新的、性能更好的分类器代替性能差的分类器。

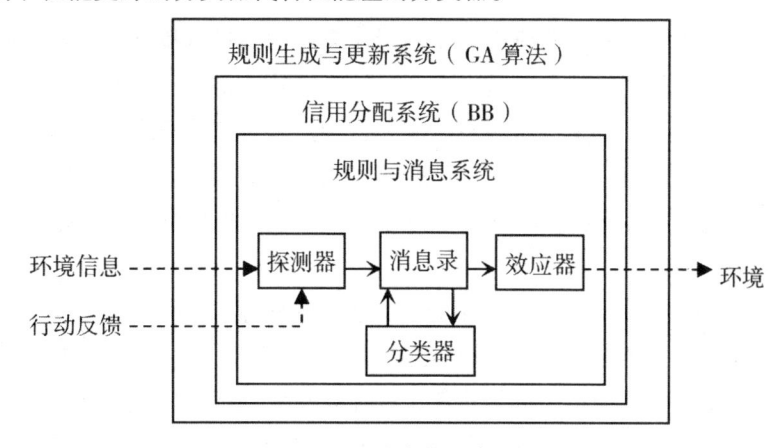

图 5-8 分类器系统结构图

---

① HOLLAND J H，REITMAN J S. Cognitive Systems Based On Adaptive Algorithm [J]. Acm Sigart Belletin，1977 (63)：49.

(一) 规则与消息系统

规则与消息系统中，环境信息通过分类器系统的探测器编码成有限长的消息，然后发往消息录，消息录中的消息触发分类器，被触发的分类器再向消息录发消息，这些消息可能触发其他的分类器或引发一个行动，通过效应器作用于客观环境。

1. 探测器：将环境信息中由重要特征和类别组成的训练子集，编码成二进制字符串的消息。

2. 消息录：包含当前所有的消息。

3. 分类器：由当前进化产生的规则组成，规则系统中规则的一般形式：IF <condition> THEN <action>。一个规则由三个部分组成：条件部分、行为部分和规则的适应值。分类器的规则结构较为特殊，将传统规则的行为部分变为消息，这种消息可以激发 Agent 的行为，也可以激活其他规则。

4. 效应器：将消息转换成具体问题的真实输出值，并作用于环境。

分类器系统中最后获得的规则包含通配符#，这就会出现大量的冗余规则，如 10##与 1111 是一致的。一般来说，系统具有最小的规则集将获得较高的性能。分类器系统的规则与消息系统提供了规则的并发激活，由此提高了推理的性能。为了解决多个规则冲突问题，Holland 教授引入"强度"指标，实现规则的"择优录取"，强度的赋值则由信用分配系统完成。

(二) 信用分配系统

信息分配是根据各分类器所起的作用对所有分类器进行排列，负责对规则的评价。每次使用规则后都会对其做出评价，决定其效用，实际上是一种"学习"和"积累经验"的过程。当系统为某个行为产生直接效益时，评价工作比较容易，但当多条规则相互配合，共同实现某种结果时，评价就变得比较困难。信用分配机制的意义在于提供了实际的度量方法，以及把定量研究和定性研究有机结合起来。

进行信用分配的常用算法是 Holland 教授提出的"桶链算法"(Bucket Brigade Algorithm)。这是一种分布式的增量信用分配模式，通过对不同规则使用效果的评价，给规则反馈相应的信用值，以提高有效规则的权值。该方法模拟了经济学中的"拍卖"和"交易"机制。在拍卖机制中，所有被匹配的分类器需根据其权值参与投标，投标值与此分类器的权值成正比，投标值越高，其适应性越强，就越有可能参与信息的发送。一旦一个分类器被选中发送其消息，它必须通过交易支付其投标值给消息提供者。当某条消息被一个或多个分类器所匹配，这些分类器组成一个桶。

BB 算法可表示为式 (5-1):

$$S_i(t+1) = S_i(t) - P_i(t) - T_i(t) + R_i(t) \quad \text{式 (5-1)}$$

其中, $S_i(t+1)$ 为第 i 个分类器在时间 $t+1$ 时刻的权值;

$S_i(t)$ 为第 i 个分类器在时间 t 时刻的权值;

$P_i(t)$ 为第 i 个分类器在中标时的出价, $P_i(t) = S_i(t) \times P_{bid}$;

$T_i(t)$ 为第 i 个分类器的税赋, $T_i(t) = S_i(t) \times P_{bid}$;

$R_i(t)$ 为第 i 个分类器的回报。

由式 (5-1) 可知,每条规则都有一个强度(资本),凡条件与消息匹配的规则根据其资本与投标系数的乘积投标,中标的(强度高的)规则被激活,并且将投标金额付给激活它的那条规则。由此不断进行竞标与付费,最终导致 Agent 产生某种行为的规则都将有所收获,由于投标是要付税的,因此没有中标的规则强度会因此减少。随着 Agent 活动的持续,很少被激活的规则会因为强度减弱而被淘汰。

在实现中存在这样一种情况,即有多条规则可与同一消息匹配,但这些规则具体化程度(条件部分具体值的数量与条件长度之比)不同,虽然投标金额差异很小,但执行结果会大相径庭。例如,有如下两条规则:

r1: IF 缺货 THEN 进货

r2: IF 缺货 and 销售不畅 THEN 不进货

当"缺货"而且"销售不畅"时,如果 r1 的强度不小于 r2 的,按照上述算法,r1 会被激活,但这对企业是不利的,会造成大量货物积压。因此在计算投标价格 $P_i(t)$ 时应该使其与规则的具体化程度成正比,从而使具体化程度高的规则更具优势,因为这种规则更具有实用价值。

(三) 规则生成与更新系统

规则生成与更新系统由遗传算法构成,Holland 教授采用遗传算法完成规则的生成与更新系统,从而实现 Agent 的学习功能。基本思想是利用遗传操作算子,选择强度高的规则进行遗传操作,生成新的规则代替旧的、强度低的规则,实现 Agent 的进化,从而使系统的整体性能不断提高。以下是一些常见的遗传操作算子,另外,基于遗传算法的分类器系统的学习功能受初始规则设置及适应度计算方法的影响,可根据具体应用,设计一些其他的高级逻辑算子和机制来提高分类器系统的学习功能。

1. 选择算子

从群体中选择优胜的个体,淘汰劣质个体的操作就是选择。它的目的就是要把优化的个体直接遗传到下一代或是通过交叉产生新的个体再遗传到下一代。

选择操作是建立在群体中个体的适应度评估基础上的。通常采用的选择算子就是适应度比例法，它也叫赌轮或蒙特卡罗选择，在该方法中各个个体的选择概率和其适应度值成比例。

设群体大小为 n，其个体的适应度值为 fi，则个体被选择的概率 P_{si} 为

$$P_{si} = \frac{f_i}{\sum_{i=1}^{n} f_i}, \ (i=1, 2, \cdots, n) \qquad 式（5-2）$$

显然 P_{si} 反映了个体的适应度在整个群体的个体适应度总和中所占的比例，个体适应度越大，其被选择的概率越高，反之亦然。n 太小时难以求出最优解，n 太大则会增长收敛时间，一般取 n=30~160。

2. 交叉算子

遗传算法中起核心作用的是遗传操作的交叉算子，所谓的交叉是指把父代中两个个体的部分结构加以替换重组而生成新个体的操作，通过交叉，遗传算法的搜索能力得以飞跃提高。在实际的遗传操作中，一般采用单点交叉和两点交叉，当然还有其他的交叉方式，但是一般都不常用。这里采用的是单点交叉又叫简单交叉，具体操作就是在两个个体串中随机设定一个交叉点，实行交叉时，该点前或后的两个个体的部分结构进行互换，并生成两个新个体。

例如：

个体 A　10101 * 001 →10101110 → 新个体 A1

个体 B　01101 * 110 →01101001 → 新个体 B1

　　　　　　交叉点

交叉算子 Pc 太小时难以向前搜索，太大则容易破坏高适应值的结构，一般取 Pc=0.25~0.75。

3. 变异算子

变异算子就是对群体中个体串的某些基因座上的基因值以概率 Pm 做变动。对于二进制编码，变异操作就是把某些基因座上基因值取反，即 1→0 或 0→1。如果 Pm 过小，很难生成新的基因结构，太大就会变成一种单纯的随机搜索，一般取 Pm=0.01~0.2。

三、行为规范的学习与演化

行为规范可以由设计者事先给定，也可以在某种机制约束下自动生成。规范的作用主要是在优化的同时，减少协调的开销，Agent 在交互时，根据行为规范在多个可能的行为之间直接做出选择，从而可以减少通信和协调开销。规范

是在学习变化的,规范的变化和产生是否合适以是否适应环境为标准。Holland 教授的分类器系统借鉴了生物系统个体的生长、发育、进化等概念,但是也正是因为这一点而带有浓厚的生物系统特征与色彩,从而对于企业这类社会复杂系统有一些缺陷,如当条件符合时,可能存在允许、禁止、必须等模糊目标的表达和操作。组织符号学中规范的概念,来自社会心理学,具有丰富的语义内涵,使用行为规范来代替规则是 Agent 社会性的重要体现之一,在协调过程中可有效地降低协调成本。另外,对于规范的引入,也使分类器系统在适应性能力上有所增加。

(一)行为规范的分类

在人工社会系统应用之中,构建合适的规范集是整个系统的关键,规范有道德、伦理、法律法规、行政命令、技术上的规定等,以往对规范获取及其优化都没有系统的方法。在组织符号学中,规范代表知识,组织是由规范组成的系统。

按照模态逻辑的表示,对道义逻辑算子(Denotic)的分类,形成的道义命题有三种类型:义务命题或必须命题,记录为 O_p;允许命题,记录为 P_p;禁止命题,记录为 E_p。其中,O、P、F 为义务、允许、禁止算子,也就是道义逻辑算子。L 代表模态算子,S 代表逻辑常项"受到惩罚"。根据规范的道义逻辑算子进行的分类,用来表示对规范不同的约束强度,分别为允许规范(Permitted)、强制规范(Obliged)和禁止规范(Prohibited)。分别定义如下:

1. 允许规范

这种行为规范表示允许 Agent 执行某种行为,对应的道义逻辑算子是 Permitted。形式化地表示为 $P_p = \neg L(p \rightarrow S)$,意思是"'允许 p'等值于'如果履行 p 则受到惩罚,这不是必然的'";这种规范约束级别最低,允许规范中的行为,Agent 可以执行,也可以不去执行。

2. 强制规范

这种规范指角色必须执行某种行为,对应的道义逻辑算子是 Obliged。形式化地表示为 $O_p = L(\neg P \rightarrow S)$,意思是"'必须 p'等值于'如果不履行 p 则受到惩罚,这是必然的'";强制规范的约束性较强,对于其规定的行为,Agent 必须去执行,否则就要受到处罚。

3. 禁止规范

禁止规范指禁止 Agent 执行某种行为,对应的道义逻辑算子是 Prohibited。形式化地表示为 $F_p = L(p \rightarrow S)$,意思是"'禁止 p'等值于'如果履行 p 则受到惩罚,这是必然的'"。这种规范的约束性较强,对于禁止规范中的行为,是严禁 Agent 执行，如果必须执行，需采取一些挽回举措。

以上的规范执行代表了 Agent 对规范的一种主观态度。规范代表了 Agent 行为的可选择性，对规范的模糊化处理将使规范在一定程度上提高可行性。将获取的规范作为初始规范集，按照规范的分类，分别给予一定的适应度，这样处理将扩大规范的选择范围。根据以上规范的分类，可知道义逻辑算子代表着规范的一定适应度。强制规范代表规范执行的可能性很高；允许规范则代表一定的可能性；禁止规范代表此规范将不被执行，若执行，则需要付出很高的代价。各类行为规范在规范库中各自分类存放。

（二）行为规范的学习与演化过程

行为规范是在 Agent 多次交互中表现出的规律，行为规范可以通过机器学习的方式来学习与演化。使用人工智能系统中 Holland 分类器系统的产生式规则，来进行行为规范的学习与演化。规范与机器学习中的产生式规则相比有一定的差别，除了规范代表着一定场景下的知识，其中很重要的一个区别在于规范的道义逻辑算子，代表 Agent 具有一定的主观意愿性。可以将规范的道义逻辑算子放在分类器的信用分配系统中作为控制机制，即在链桶算法的基础上增加一些决策机制。将专家手工获取的规范作为初始规范集，按照前面对规范的分类，分别给予一定的适应初值，这样处理符合真实情况并可以帮助改进规范演化的效率。

可依据获取规范的不同类型来确定适应度初值。将道义逻辑算子模糊化处理，此处设定"强制""允许""禁止"对应的区间长度依次定为 2/5、2/5、1/5，其对应的区间范围为[1,0.6]、[0.6,0.2]、[0.2,0]，进行分类器选择操作时，我们在区间[0,1]中随机产生一个数，当产生的随机数处在 3 个区间之一时，就随机地在该区间对应类的个体中选择一个个体。比如，产生了一个 0.8 的随机数，该随机数属于区间[1,0.6]，那么就在区间[1,0.6]对应的"强制"类中随机选择一个个体。这样不断产生随机数，不断地选择个体，直到选择出我们所需要的规范。

下面是利用 Holland 分类器进行规范学习和演化的步骤：

1. 确定规范的编码方式。
2. 产生初始分类器库，根据道义逻辑算子，赋予适应度初值。
3. while 遗传算法工作时间到 do

（1）环境刺激通过传感器编码为消息，消息被放入消息录；

（2）执行系统将消息录中信息和分类器库中的所有分类器的条件部分进行匹配，所有匹配的分类器根据规范强度的大小进行竞争（由 BB 算法来完成），获胜的规范将其结论部分放入消息录中或引发一个动作；
（3）BB算法修改所有行为规范的适应度；
（4）在适应度区间随机选择参与产生下一代的个体；
（5）对父代个体以概率Pc进行交叉操作；
（6）对新产生的个体以概率Pm进行突变操作；
end while。

4. 产生新的规范代替分类器库中旧的规范。

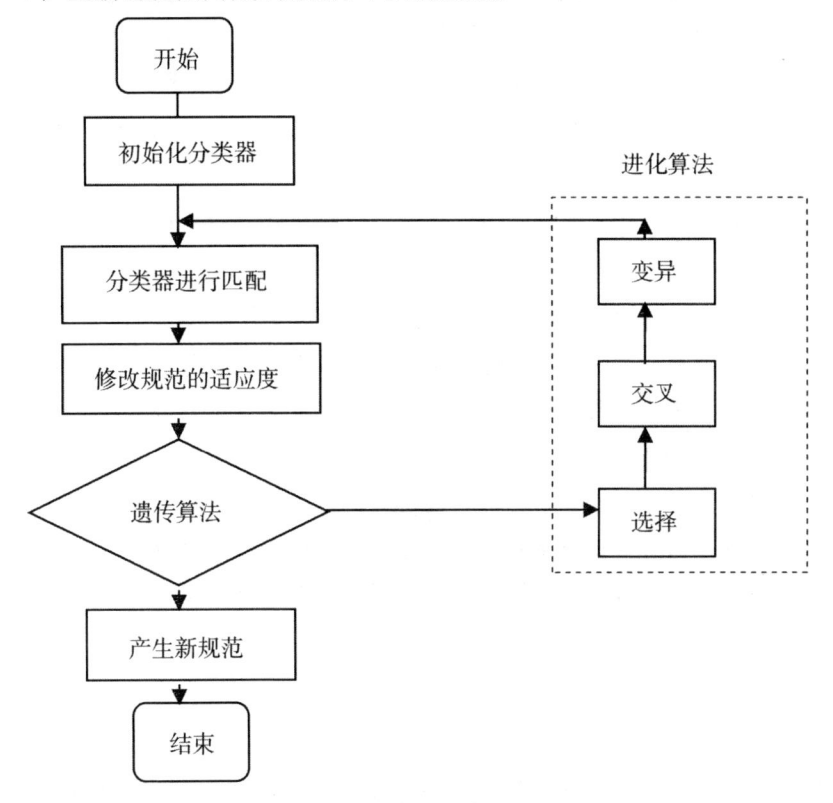

图 5-9 基于规范的分类器工作过程

四、企业 Agent 适应能力改进

企业 Agent 行为规范的智能学习演化机制表现为 Agent 的适应能力增加。Holland 分类器系统中，基于局部细节的规范所组成的规范集必定存在不完备性，Agent 的适应能力受初始规范的影响。当初始规范不能有效覆盖领域知识时，Agent 的知识会出现"不均衡"现象，即针对大概率事件的知识大量繁殖，

而针对小概率刺激的知识逐渐消失。规范间可能存在交叉、冗余甚至是矛盾现象，这就要求系统具有一定的适应性。于是在系统中，采用了增加不变的缺省规范，反复、多次数的学习方式来不断增加规范数量，调整规范的适应值大小，并删除不合适的规范。

（一）增加缺省规范

初始化分类器库时，根据概念模型中获取的规范特点，专家手工获得的经实践检验长期有效的规范，作为不可更新的缺省规范使用，从而改善了Agent的知识结构，利用这些缺省规范产生更加合理的知识以适应环境的变化。根据前面道义逻辑算子的分类，对专家手工获取的适应度较高的规范保存为缺省规范，使其长期有效，这样可以保证企业知识的完整，提高企业Agent的适应性。

（二）模糊选择法进行规范的学习

在分类器系统中，由于在知识发现方面过分依赖于过去的经验，所以容易出现忽视其他有效知识的情形，从而不利于整个系统知识体系的进化。这样当一项规范与其他规范同样有效时，如果它在一开始没有被选择，便会逐渐退化，直至被淘汰。为解决这个问题，在遵循按适应度大小选择分类器的同时，基于行为规范的分类研究成果，采用模糊选择方法将行为规范分成3个区间，产生一个[0，1]区间的随机数，然后分区间进行选择，最后在区间内再随机选择分类器，这将会降低规范适应度对规范的编码敏感性，兼顾各类规范对群体规范进化的贡献，提高企业系统中Agent的适应性。以上方法是对BB算法进行的改进，此改进能够给适应度低的分类器展现自身有效性的机会，从而避免知识的流失。

五、实例分析

以采购系统为例，通过行为规范的变化过程来说明规范的学习演化机制。假设招标时供应商不知道投标价格，采购Agent对A产品进行招投标，采购Agent向潜在的供应Agent发出标书，标书中提供了价格、质量和配送等约束条件和可协商的信息，采购Agent首先根据规范的约束进行预选，供应Agent根据自身的生产和库存等情况决定是否参与投标，以及确定投标的价格等。在多次投标活动中，供应与采购Agent不断调整自己的行为规范，以求获得最大的利润。

供应Agent根据对招投标物品的库存数量，上次市场平衡情况确定供应的数量，其规范示例如下：

}
  IF 上次此物品是供不应求 THEN 供应量=库存量
  IF 上次此物品是供大于求 THEN 供应量=库存量×0.2
}

  根据各报价规范的适应度选择报价，各规范被选中的概率与它的适应度成正比，与它在各规范中的重要性成正比。如有两规范的适应度分别为 3 和 5，则前一规范被选中的概率是 3/（3+5），而后一规范被选中的概率是 5/（3+5）。为提高采购系统的适应性，除利用适应度进行报价规范的选择外，可以结合模糊选择机制选择要采用的报价规范。

  定价规范的初始适应度可按照专家手工方式获得，以代表一定的主观意愿。各个供应商 Agent 根据自己的基准价格、供应量和所选择的定价策略来确定此招投标的投标价格。

  每次投标完毕，完成交易后，每个供应商 Agent 要调整自己的产品基准价格，价格的调整有很多种方式，此处采用最简单的价格调整方式。

{
  IF 上次此物品是供不应求 THEN 价格上调 5%
  IF 上次此物品是供大于求 THEN 价格下调 5%
}

  交易完成后需要进行规范适应度的调整，根据本次交易的收益情况判断本次所选择的价格规范是否合理，再调整相应规范的适应度，可采用链桶算法进行信用分配。在此处，规范适应度的调整比较简单，适应度的调整规范如下所示：

{
  IF 上次此物品是供不应求 and 仓库缺货 THEN 规范适应度增加 10%
  IF 上次此物品是供大于求 and 仓库缺货 THEN 规范适应度增加 20%
  IF 其他情况 THEN 规范适应度保持不变
}

第四节 企业交互模型

  多 Agent 企业系统的构造，除了企业 Agent 个体结构的研究，很重要的就是 Agent 之间交互机制的分析与设计。Agent 之间的交互指 Agent 之间进行的任何通信、协作、协商。理论完善的交互机制是多 Agent 之间进行协调、协作和协商的基础，是反映多 Agent 角色之间组织关系的前提。根据 Agent 在信息传递过程中表现出来的固有层次性，同时结合计算机网络的层次性协议结构，整个 Agent 交互行为可以分为三个层次，即传输层、通信层和交互层，如图 5-10 所示。处于下层的交互行为为上层交互行为服务，上层交互行为的实现建立在下层交互行为实现的基础上，从而构成一种层次式的服务关系。[①]

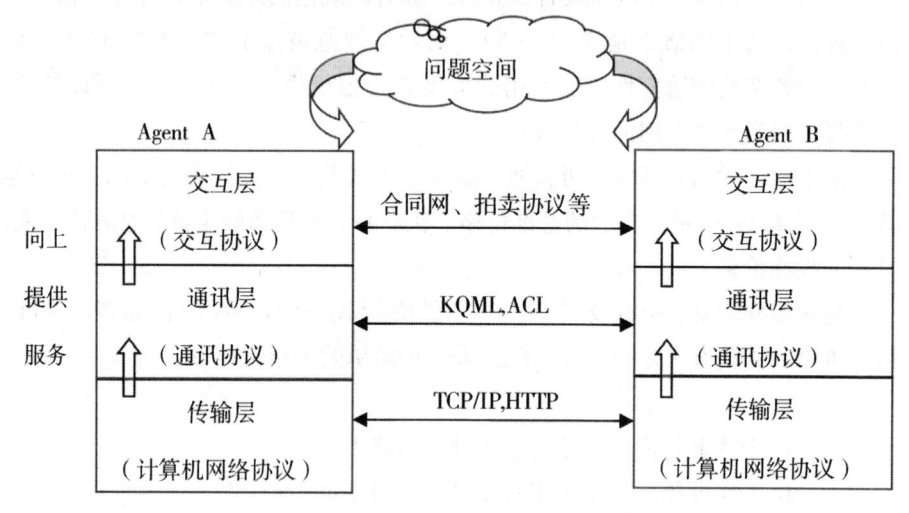

图 5-10 交互层次模型

第一层传输层，是计算机网络协议层。负责将通信协议层的消息通过某种具体的计算机网络协议表达出来，从而从底层保证 Agent 之间各种交互行为的最终实现。这里的协议可以是 TCP/IP、HTTP 等。

第二层通讯层，用于保证 Agent 之间能够相互交换和理解消息。这里的消息大都蕴含着明确的意图，如承诺、拒绝、接受等，能反映 Agent 作为一种意识系统的主观能动性。一般来说通讯层协议建立在语言行为理论上（Speech Act Theory），被广为接受的 Agent 语言有 KQML（Knowledge Query and Manipulation Language）和 ACL（Agent Communication Language）。

第三层交互层，即交互协议层。保证 Agent 之间能够进行具有一定结构的消息交换，目的是让交互双方在上层策略指导下，通过一系列的对话来实现协调、协商或协作。如黑板协议、合同网协议、拍卖协议等。对交互协议来说需要针对不同的情况具有不同的协议，没有通用的协议针对所有的问题。

[①] 高波，费奇，陈学广. Agent 交互层次模型 [J]. 计算机科学，2001, 28 (8)：105-108.

一、Agent 交互协议

Agent 交互协议直接反映了企业 Agent 交互的目的和交互的规则，与 Agent 内部的推理机制也紧密相关。交互协议是比较稳定的消息交换方式，可以按照多种标准来分类，其中最基本的是按照企业交互的目的来分类，与 Agent 之间的角色关系联系紧密，可以分为基于协商的交互协议、基于协调的交互协议和基于协作的交互协议。

（一）基于协商的交互协议

基于协商的交互协议是一种竞争性的或自利性的交互协议，目的是追求自身利益的最大化。当 Agent 目标不一致时，采取的手段是进行协商，通过协商过程两个或更多的 Agent 达成联合决定，Agent 各自努力达到一个特定的目标。Agent 首先交换他们的立场，其中也不乏冲突，然后通过让步或寻求别的可供选择的方法以达成统一。协商是多 Agent 实现协同、协作、冲突解决和矛盾处理的关键环节。

（二）基于协调的交互协议

基于协调的交互协议也称协调协议，目的是在多 Agent 的行为间实现"一致性"，在资源有限的环境下，Agent 需要协调他们彼此的活动以便增加自身的利益或是满足总体目标。由于没有一个 Agent 有足够的能力、资源或是信息能够完成一个系统的目标，所以大多数 Agent 活动必须进行协调，它们在活动中彼此依存，同时也要满足全局的需要。

（三）基于协作的交互协议

基于协作的交互协议强调交互的各方具有一致的或暂时一致的利益关系，协议的目的是帮助它们互相合作以达到共同的目标，在 Agent 系统协作协议中影响最广泛的是 Davis 和 Smith 提出的合同网协议（Contract Net Protocol）[1]，这个协议是为求解分布式问题提出来的，后来广泛应用于多 Agent 系统的协作协同中。Agent 之间的通信经常建立在约定的消息格式上，实际的合同网协议提供一种合同协议，规定任务指派和有关 Agent 的角色分配。

二、企业成员协作协同机制设计

企业成员之间的协作协同机制的实现主要有以下三种方式：

---

[1] SMITH R G. The contract net protocol: high-level communication and control in a distributed problem solver [J]. IEEE Transaction on Computers, 1980, 29 (12): 1104-1113.

（一）合同网协议

企业 Agent 间动态、灵活的协作机制是企业自适应演化的基础。目前常用的协作协议是合同网协议，该协议基本思想源自商务过程中用于管理商品和服务的合同机制，合同网基本工作过程如图 5-11 所示。

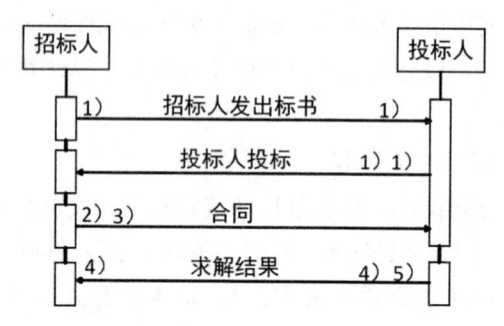

图 5-11 合同网基本工作过程图

合同网协议中，所有 Agent 分为两种角色：招标人和投标人。其中，招标人的职责包括以下几种：

1. 招标人根据任务制作任务通知书，将任务书发给相关的投标人，可以采用广播方式，也可以将招标范围限定在少数成员内。

2. 接收并评估来自投标人的投标。

3. 从投标中选择最适合的投标人，与之建立合同。

4. 管理任务的完成，并综合结果。

投标人的职责包括以下几种：

1. 接收相关的任务通知书。

2. 投标人对任务书进行评估，决定是否投标。

3. 投标人对感兴趣的任务投标，发回招标人。

4. 如果投标被接受，按合同执行分配给自己的任务。

5. 向招标人报告求解结果。

（二）Agent 协作协同与 Agent 组织

根据现代组织理论，企业是由人及其相互关系组成的具有明确目标的社会实体，企业组织有明确的组织结构和协调活动并与外部环境相联系。以往对多 Agent 企业的研究更多关注的是少量 Agent 通过合作实现共同目标的设计问题，对多 Agent 从整体上研究和把握不够。对于由越来越多的人和 Agent 共同组成的企业组织和由目标任务分解以及协调构成的大型企业业务活动等问题，需要通过加强对 Agent 组织的研究来全面认识和把握。

Agent 组织是多 Agent 的一种特殊结构形式,但并不是每个多 Agent 系统都是 Agent 组织,Agent 组织通过目标分解和合作使组织成员采取协调的联合行动,实现求解目标。Agent 组织的研究是从整体上研究一个 Agent 组织的求解能力,或者更广义地说,是研究 Agent 组织的智能及其与 Agent 组织成员之间的智能关系。虽然 Agent 组织的智能依赖于组织成员的智能,然而组织作为一个整体具有和个体成员完全不同的求解能力和智能。基于 Agent 组织的求解可以扩展个体 Agent 的认知能力和物理能力,并超越个体 Agent 的生存周期。因此,企业多 Agent 系统可以以企业系统整体的组织目标、职能为基础,在规范的指导下通过 Agent 组织的相互协作和交互,实现指定的任务。

(三) 基于规范的协作协同机制设计

经典合同网协议中的交互可以通过一些机制减少冲突,合同网进行改进后提高了合同网的处理效率。以 Agent 为中心的系统中,相互关联的 Agent 在协作协同中存在冲突的可能性会大大增加,相互联系越频繁,冲突也越频繁,主要原因是系统中对 Agent 约束较少,这必然会使矛盾的增加。企业系统中应该重视多 Agent 的社会性研究,以达到更加合理有效的协作。在 Agent 组织中,由于采用了以组织为中心的策略,协作冲突大大减少,基于 Agent 组织的系统有其自身的特征,针对小部分冲突的消解问题,具体体现在以下几方面:

1. Agent 组织是依据目标分解形成的,组织中的 Agent 在目标上一致,因此,可以大大减少目标冲突。

2. 组织规范是 Agent 组织正常运转的基本保证,是一种明确的约束,可以过滤掉一些交互时不合要求的 Agent,这在很大程度上提高了冲突消解的效率。

3. Agent 组织中的 Agent 分工是明确的,因此,协作中冲突的可能性也大大减少。

4. Agent 组织中的组织管理 Agent 或群组管理 Agent 本身就是协作冲突的仲裁者,当 Agent 之间发生冲突时不必去寻找第三方来进行调停。

目前,尽管以 Agent 组织为中心构造的系统采取主动的方式来减少协作冲突,但是,完全避免 Agent 之间的协作冲突是不现实的,可以在交互中增加合同网技术来实现合作。

(四) 基于规范的企业协同设计

传统合同网模型比较适用于任务,容易分解,节点数较少,无须太多的全局知识等冲突较少的系统。但是在复杂的企业协同设计中,处理企业协同时效率不高。规范是多 Agent 企业正常运转的基本保证,是一种明确的约束,可以过滤掉一些不合要求的 Agent，这在很大程度上提高了冲突消解的效率。规范结合合同网的任务分配机制，可提高企业协同的效率。

基于合同网的协同设计分成三个部分：第一部分进行预选。第二部分是招投标过程，使用合同网进行任务分配。Agent 之间通过"招标—投标—中标"的方式进行任务分配和冲突解决。第三部分是 Agent 选择策略，当有能力完成任务的 Agent 不止一个时，使用 Agent 选择策略。

1. 基于规范的预选

规范是一种协调机制，可以对成员行为进行有效约束，结合合同网的协作机制，实现协同效率的提高。在合同网协商中加入规范，可以减少一些不必要的信息交互，将不符合规范的投标者排除在外，大大降低了合同网的通信量，避免了无效的协商过程，降低了协作求解的复杂度，利用合同网技术实现问题的求解。

在招标方对任务进行招标的时候，对各个可能分担任务的 Agent 发送招标消息的时候就对招标的合同附加规范进行约束，如投标的结束日期、对能力的最低要求，以及最多可以使用的资源等。通过这些规范的约束，将不符合规范的投标者排除在外。而投标 Agent 也在给招标 Agent 发送信息时加上约束条件，这样就可以有效减少不必要的通信。最后，招标方进行合同指派时，也会加上时间约束等条件，在规定的时间间隔内如果合同承担者不能及时回复确认信息，招标方就会重新分配任务。

2. 企业任务的分解分配

进行企业任务分解时，要求每个 Agent 对任务有充分的理解，能够根据每个 Agent 的能力，恰当分解任务。

（1）任务的分解发布

当招标 Agent 认为自己无法单独完成任务 T 时，可根据以前的分解经验或人工的方式对任务进行分解，分解为 g1，g2，…，gn。任务分解后形成招标书，然后发布。招标书描述如下：分别表示任务 id 号、任务内容、能力要求、时间要求、质量要求、费用要求、截标日期等。

表 5-1　招标书（Bid Request）

Task ID	任务 id 号
Task name	任务名称
Task content description	任务内容

续表

Eligibility specification	合格条件（能力、质量、时间、费用）
Expiration time	截止日期

（2）任务的分配

投标 Agent 根据任务分配信息，对分配的任务进行验证，如有投标 Agent 发觉分配的任务和以前的任务有冲突，或没有能力完成，则要和其他投标 Agent 进行协商，如能解决，则内部解决，并通过其他的投标者 Agent 来完成此任务；如不能协商成功，则向招标 Agent 返回不能完成的任务或操作。

（3）投标

当新的任务到达公告板，投标 Agent 首先查询公告板，根据 Agent 对任务选择的结果，评估公告板上此 Agent 尚未投标过的各个任务，选择获益最大的一个，对该任务进行投标。

表 5-2 投标书

Bidder name	投标者名称
Bidding task description	投标任务描述
Bidding constraint	约束条件……
Expiration time	截止日期

（4）任务指派

当任务的截标时间一到，招标 Agent 运用 Agent 选择算法，根据所有投标者 Agent 的投标情况和任务情况选出最好的标值来完成此任务，并向这些投标 Agent 发出"中标"消息，向其余竞标失败的投标 Agent 发出"落标"消息。

3. Agent 选择算法

在基于多 Agent 协同设计系统中，当使用合同网进行任务的分配时，出现有能力完成任务的 Agent 不止一个，而是一个集合，这时要从这些已经投标的 Agent 中选择一个最适合者完成此任务。Agent 选择算法的策略如图 5-12 所示。

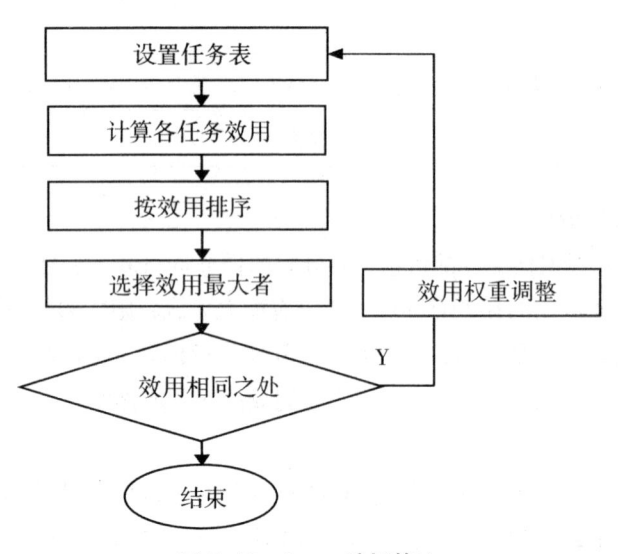

```
         ┌─────────────┐
         │   设置任务表  │◄──────────┐
         └──────┬──────┘           │
                ▼                  │
         ┌─────────────┐           │
         │ 计算各任务效用│           │
         └──────┬──────┘           │
                ▼                  │
         ┌─────────────┐           │
         │   按效用排序  │           │
         └──────┬──────┘           │
                ▼                  │
         ┌─────────────┐    ┌─────────────┐
         │ 选择效用最大者│    │  效用权重调整 │
         └──────┬──────┘    └──────▲──────┘
                ▼                  │ Y
            ◇效用相同之处◇──────────┘
                │
                ▼
             ( 结束 )
```

图 5-12 Agent 选择算法

考虑到决策问题的复杂性，对选择的各因素使用适用性原则而非最优性原则来进行指标衡量。具体设计时考虑到时间、质量和成本因素，其中时间（T）：用交货期衡量；质量（Q）：用合格率或破损率衡量；成本（C）：用加工成本及其他成本来衡量。利用综合效用指标进行评估：$U = W_Q \times Q + W_C \times C + W_T \times T$，$W_Q$ 代表质量的权重，W_C 代表成本的权重，W_T 代表时间的权重。权重的赋予是根据行业特点、专家评定和考虑企业管理者的偏好。权重具有如下属性：$w_i \in [0, 1]$；$\sum_i w_i = 1$；$i \in (Q, C, W)$。当企业环境快速变化时，效用的权重可以根据相应规范动态进行调整，从而实现 Agent 对不同任务的不同选择。

传统的合同网模型并没有对合同的违约进行处理，它认为所有做出承诺的 Agent 都能承担所投标的任务，投标 Agent 一旦投标，就会遵守承诺，完成合同。这就需要投标 Agent 必须具有承诺时的能力，而且不会随着环境的变化对所承诺的任务和能力做出负面的变化。这在实际应用中会存在问题，因为任何 Agent 在环境中的变化是动态的，很难每次都对所做出的承诺做出正面的变化，而且一旦承担合同的 Agent 不能完成任务，招标方不知道该合同执行情况，这样会造成整个系统性能的降低。可引入罚金机制来惩罚未完成任务的 Agent，对于顺利完成任务的，给予奖励。如果未完成任务而违约的，对其进行惩罚。

三、Agent 交互通讯

Agent 通信协议的原理主要是基于语言行为理论。语言行为理论最初是语言学的研究对象，它强调语言也具有某种行为能力，可以达到某个目标或满足某种意图，随着计算机科学和人工智能技术的发展，它成了众多学者的研究对象，并被广泛运用到人工系统的通信中。Moore 分析了电子通信和人类语言交流过程中所蕴含的语言行为，发现它们的种类大部分是一致的，从而证明了语言行为理论在人类系统或人工系统中具有普适性。[①]

语言行为理论对语言的措辞、内容、意图、效果等因素做了专门的区分和讨论，尤其是通过引入语用，充分体现了语言行为的意图。因此，如何区分不同的语言表现行为的动因，从而达到完整、简单而又清楚刻画语言行为的意图是语言行为理论的一个主要研究内容。尤其是在 Agent 通信协议的研究中，能否有效地区分和刻画表现行为的动因，直接涉及能否有效定义消息的种类，从而影响通信过程中语法的简洁性和语义的清晰性，也就影响到 Agent 意识状态的表达。一般而言，语言行为的动因可以分为断言、指示、承诺、允许、禁止等类型，但是划分仍然相当粗糙，进一步的研究和改进还必须依赖于人类本体论、认知科学以及语言科学的发展。

语言行为理论提供了 Agent 通信的基本思想，在实际系统中，必须以某种确定的模式表现出来，这就是 Agent 的通信协议。结合语言行为理论的研究成果，Agent 的通信协议必须能够清楚地表达一条消息的内容和意图，具有简明的语法和清晰的语义，并且所传递消息的知识背景也应为通信各方所掌握，从而保证传递消息的高效性和明确性。目前，比较成功的 Agent 通信协议主要包括 ARPA 的 KQML（知识查询与操纵语言）以及 FIPA 的 ACL（FIPA 的通信语言），虽然在语法格式的定义和语义解释上稍有不同，但其思想都是建立在语言行为理论上的。

在一般的多 Agent 系统中，Agent 之间的通信行为大致可分为信息传递和服务请求。信息传递是指发送方 Agent 主动把信息传递给接收方 Agent；而服务请求是指发送方 Agent 向接收方 Agent 发出请求，要求接收方 Agent 提供所需要的服务，将服务的结果返回给发送方 Agent。

消息的定义如下：

Class Message

[①] 高波，费奇，陈学广. Agent 交互层次模型［J］. 计算机科学，2001，28（8）：105-108.

}
String MessageType；//消息类型
Int Timer；//消息传递定时器
Char ＊SenderName；//发送 Agent 名称
Char ＊ReceiverName；//接收 Agent 名称
OBJ ＊Content；//消息内容
……
}

在消息传递过程中，每个 Agent 都按照这一规则对其所发送的消息进行定义，同时对接收到的消息进行处理。在企业 Agent 系统初始化时，组成系统的各个 Agent 首先需要向相关企业管理类 Agent 注册自己的名字、地址、能力、目标以及可提供的服务。Agent 只有注册进该系统后才能参与系统内部的协作。Agent 要进入本系统，必须获得相应的权限，如身份 ID 和密码，才能接收别的 Agent 发送过来的消息。

注册进系统中的各个 Agent 根据实际需要向系统内其他 Agent 发送信息或服务请求，或者响应其他 Agent 的服务请求，通过这种信息交互实现系统的各个功能。

在介绍消息封装与解析过程之前，首先定义一个 Com_ link 通讯类：Agent 之间使用这个通讯类进行直接的通讯（用以实现 Agent 之间的通讯）。用于设置基本信息，例如：

public class Com_ link（）{

public String setMessageType（）；//设置消息类型

public String getMessage（）；//获取消息

public Hashtable setContent（）；//设置 Hashtable 有关信息

public String setContent（）；//设定 string 内容的有关信息

public String getContent（）；//获取 string 内容的有关信息

public void setSender（String sender）；//当有 Agent 主动请求与其他的 Agent 通讯//时，用于设定发送 Agent 名

public void getSender（String sender）；//用于获取发送 Agent 名

public void setReceiver（String receiver）；//用于设定接收 Agent 名

public void getReceiver（String receiver）；//用于获取接收 Agent 名

public void clear（）；//用于清空基本信息

}

（一）Agent 之间进行通讯时消息内容的封装过程如下：

Hashtable hashtable=new Hashtable（）；

hashtable.Put（"Userid"，UserInfo.GetUserid（））；

Com_ link cl=new Com_ link（）；//初始化

cl.setSender（"SenderAgent"）；//设置发送方

cl.setReceiver（"ReceiverAgent"）；//设置接收方

cl.setMessageType（"Request"）；//设置信息类型

cl.setContents（hashtable）；//设置信息内容

This.send（cl）；

（二）Agent 之间进行通讯时解析消息内容的过程：

cl.GetSender（）；//获取发送者

cl.GetMessage（）；//获取消息

cl.GetContent（）；//获取内容

cl.GetReceiver（）；//获取接收者

当 Agent 之间通过 Com_ link 通讯类通讯得到相关的内容后，按 Com_ link 通讯类里的解析规则进行解析便可以得到相关的对象内容。

第六章

企业演化的 SWARM 仿真

第一节 可重用企业仿真模型研究

一、模型重用的概念及分类

当应用情景发生变化时模型依然具备在新应用中继续使用的能力,我们将这些模型称为可重用的模型,它们可以灵活、方便地为多种仿真应用提供支持。模型重用的主导思想是避免重复建模,目的是最大限度地共享建模与仿真技术的开发成果从而实现降低仿真开发成本。模型重用类似于软件工程领域中的软件重用,但又有所区别。结合软件重用的概念给出模型重用的概念:以模型的再利用为目标,在建模过程中充分考虑模型重用性建立可重用模型,或者是对已有模型不做修改或稍加改动而重复使用的系统化过程。

分类的标准不同,则分类的结果也不同。(一)按表现粒度:代码级重用、函数级重用、组件级重用、整体模型重用。[①] (二)按达到重用所采取的手段:构建便于仿真模型重用的支撑环境而达到仿真模型重用、改变仿真模型本身而达到模型重用、混合重用。(三)按重用的实质:通过模型分解然后再组合的方式达到的模型重用和通过模型泛化(参数化)而后再具体化的方式达到的模型重用。

二、模型可重用分析研究

企业是一个复杂的系统,它具有不断演变和进化的特征。不同企业的经营

---

① 张世超. Norm 支持的虚拟组织关键技术研究 [D]. 上海:复旦大学,2005.

活动、运营方法等有所差异,但是在组织结构、部门职能以及发展规律上,它们存在一定程度的类同或相似,并且有一个相同的目标,即追求更大化的利益和长远发展。因此,有必要构建一个可以在不同企业环境下可重用的基于 Agent 的建模与仿真平台。在该平台下,不同领域的企业开发人员不必重复开发与仿真有关的已有的可重用的如 Agent 通信、Agent 模型基本结构等功能与模型,而只需关心如何构建特定领域相关的基于 Agent 的仿真应用。①

根据以上分析,本书分别从纵向与横向的角度对模型中可重用部分进行分析。纵向分析按仿真框架层次结构划分,纵向分析示意图如图 6-1 所示。

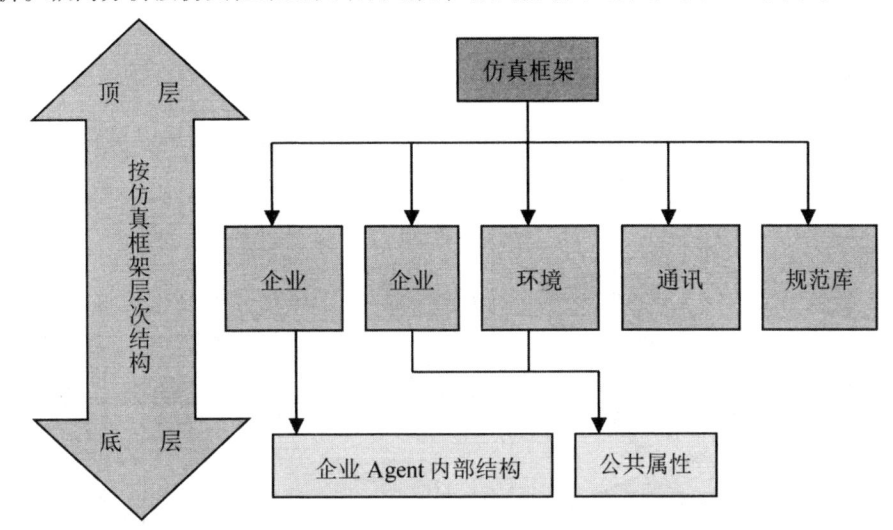

图 6-1 纵向分析示意图

图 6-1 中,顶层的仿真框架指企业 Agent 的仿真软件框架;第二层包含企业 Agent、企业客体、环境 Agent、通讯 Agent 和规范库与知识库;底层由企业 Agent 的内部结构和企业客体与环境 Agent 的公共属性组成。

横向分析按表现粒度划分,分为代码级重用、方法级重用、模块级重用与模型级重用四个部分。横向分析法示意图如图 6-2 所示。

---

① 廖守亿,戴金海. 复杂系统基于 Agent 的建模与仿真设计模式及软件框架 [J]. 计算机仿真,2005 (5):254-258.

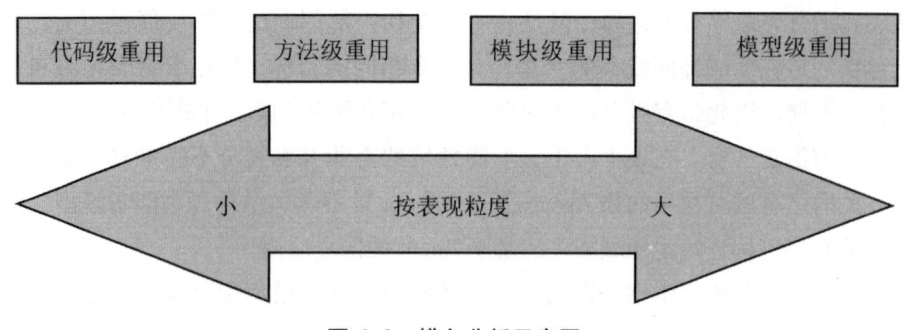

图 6-2 横向分析示意图

三、企业仿真系统框架

根据模型观测器与企业模型中各种主体之间的逻辑结构关系以及企业模型的特点，可以构建出企业仿真系统框架，如图 6-3 所示。

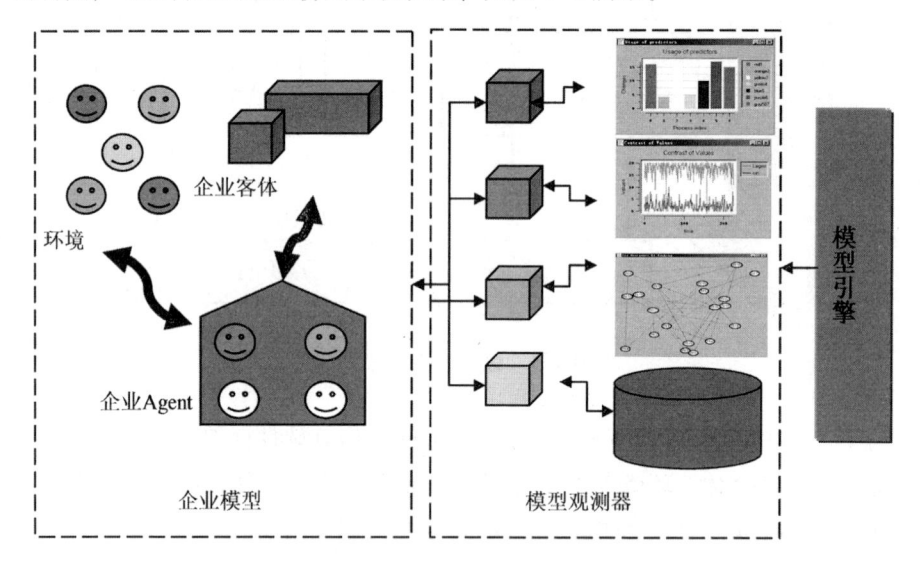

图 6-3 企业建模与仿真系统框架图

在企业模型中所设计的主体的行为以及各主体之间相互作用的结果可以通过模型观测器以可视化的形式输出，整个模型的启停由模型引擎来控制。

结合横向与纵向两种分析方法，以下分别对模型中可重用部分进行详细分析与说明。

（一）企业 Agent 的仿真软件框架

在企业 Agent 系统中，Agent 之间会不定期不定次数进行交互，在交互过程中不可避免地会产生各种程度的冲突，有了规范的约束与指导，在企业 Agent 之间的交互过程中，冲突将会大大减少。鉴于这样的考虑，结合规范和 Agent 二者的特性，提出一种 ABMS 的企业建模与仿真系统框架，在此框架下，将有助于对企业系统进行基于 Agent 的仿真，提高建模与仿真软件的可重用性、可扩展性，同时可实现仿真模型的智能特性，使得企业系统具有良好的协调能力和冲突解决机制。企业 Agent 的仿真框架如图 6-4 所示。

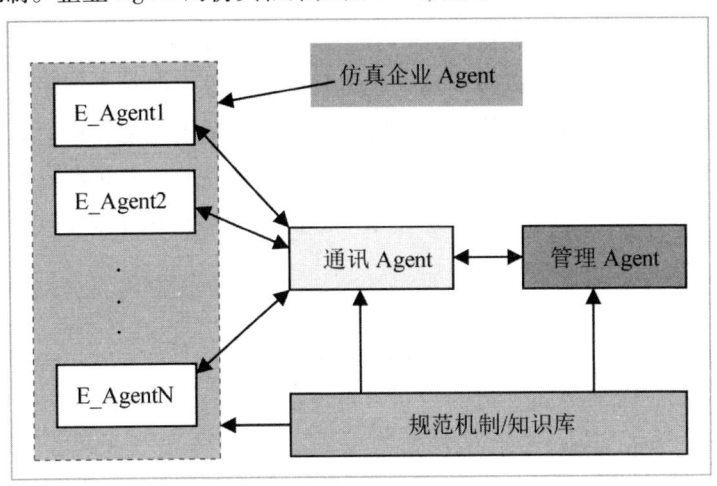

图 6-4 企业 Agent 的仿真

图 6-4 中，包含三大类 Agent：一类是仿真企业 Agent，即企业中有主动行为的企业主体；另一类是通讯 Agent，它负责需要交互的各 Agent 之间的通讯；还有一类就是管理 Agent，负责对系统中其他 Agent 的信息及行为等进行管理，包括 Agent 的基本信息管理与注册等。规范机制的作用就是约束和引导各 Agent 的行为，保证各 Agent 正常有序地完成自己的工作。这些各 Agent 在工作时所需遵守的规范预先由程序员设定。

该仿真框架是一个可重用的小型体系结构，它描述了企业中各主客体之间的一般性关系，可以为不同的企业仿真应用提供一个通用的结构和行为设计模型框架。

（二）企业 Agent 仿真模型

系统中的 Agent 仿真模型主要指的是仿真企业 Agent，它根据企业 Agent 仿真模型需要生成具体的 Agent 仿真模型；仿真企业 Agent 之间的消息交换由通讯 Agent 负责接收与发送并进行解释。仿真企业 Agent 的工作原理是 Agent 通过自己内部的感应器获取外部信息，然后经过建模与规划过程来分析和判断感知到的信息，并在驱动模块作用下做出决策，决策结果传递到反应行为模块，这一系列过程是在企业知识库的支持下完成的。决策的结果包括消息反馈、行为输出等。其中，规划层的推理分析模块可嵌入智能算法（如遗传算法、人工神经网络等），体现了仿真模型的智能化特性。当紧急或简单情况发生时，则直接在企业规范库的支持下做出反应。[①] 规范库和知识库由数据管理器来管理。仿真企业 Agent 是一个反应型/慎思型的混合结构，其结构如图 6-5 所示。

该模型提供了通用的企业 Agent 内部结构设计，在代码设计时，通用的部分被设计在一个基类中，可以被不同企业仿真应用通过面向对象程序设计中的继承等方法所重用，具体的应用因实际情况只需在此基础上进行相应的修改和扩展。此外，与该模型同处一层的企业客体与企业环境的公共属性也可单独提取出来进行设计，以供其他企业仿真应用所重用。基类的简单代码设计如下[②]：

```
public class basic_ Agent {
    ……//相关参数与变量定义
    public void com_ Interface ( );//通信接口
    public void action_ Block ( ) { //反应模块
        void sensor ( );//感知器
        if（反应条件）
        ……//相关反应动作
        void effector ( );//效应器
    }
    public void intel_ Block ( ) { //慎思模块
        void controller ( //控制器
            ……//建模
            ……//规划
            ……//驱动
        void dataManager ( );//数据管理器
    }
}
```

[①] 廖守亿, 戴金海. 复杂系统基于 Agent 的建模与仿真设计模式及软件框架 [J]. 计算机仿真, 2005 (5)：254-258.

[②] 杨海泷, 赵军. 基于规范的 Agent 混合结构模型研究 [J]. 计算机应用与软件, 2016, 33 (3)：6-9, 37.

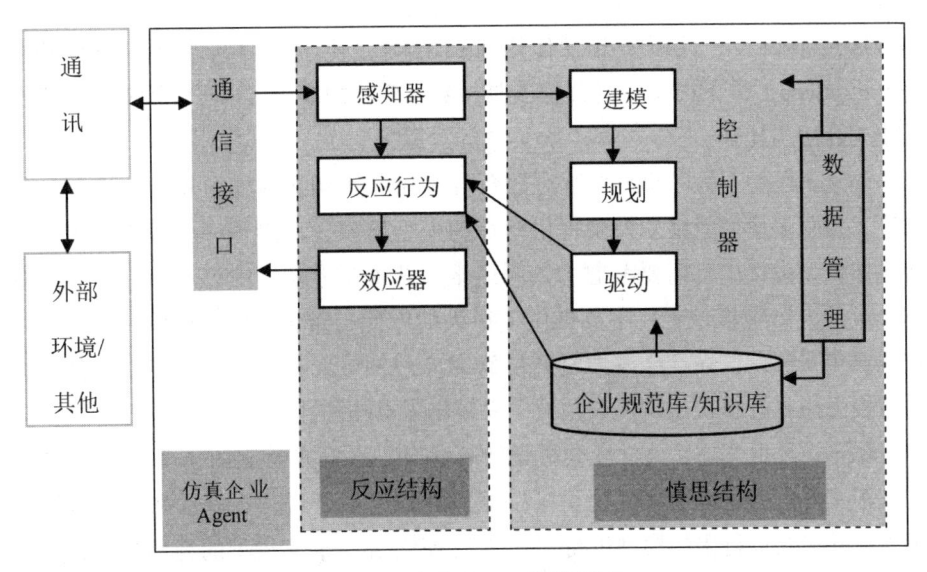

图 6-5　企业 Agent 仿真模型

(三) 通讯 Agent、规范机制与知识库

各 Agent 之间的通信服务由通讯 Agent 提供，Agent 之间使用这个通讯类进行直接通讯。这个通讯类可以单独作为一个模块来设计，因此，可实现代码级、方法级与模块级的重用。限于篇幅，本书只对规范库的重用进行介绍，规范机制将以规范库的形式出现，也是以一个单独的模块呈现，各种约束企业 Agent 行为的规范以结构化方式被设计并分层分类存储在规范库中，可供企业 Agent 调用。在新的应用中亦可实现代码级、方法级与模块级重用，开发者只需关心规范库或知识库的内容更新。

第二节　仿真工具及平台

一、仿真开发平台的选择

为了实现多主体模型主体设计、并发控制、多主体交互、显示、统计等功能，人们希望能借助软件来自动化地完成一些建模设计工作，第一个专门针对多主体模型的建模软件开发出以来，至今已出现了数十种多主体建模软件工具，它们各有特色，在易用性、移植方便性或结合特殊的领域方面各有所长。如 NetLogo、StarLogo、Swarm、Repast、TNG Lab、Ascape 与 JES 等，由于设计思想很接近也很典型，且模型开发使用 Java 语言，便于学习与掌握，因此其中 Swarm、Repast 和 Ascape 三种建模工具得到了广泛的应用。以下分别对它们进行简单的介绍与比较。

Swarm 起源于圣塔菲研究所对社会科学和自然科学领域的复杂系统的分析研究，为众多研究者建立模型提供统一的模型框架，目前 Swarm 库提供了大量多主体模型设计中都需要考虑的共同因素，其中图形输出的算法和用户界面管理等设计为那些非专业程序员提供了很大的方便与帮助。Swarm 是一个开放源代码的免费软件，在社会科学复杂性研究应用领域取得了巨大的成功，其独特的建模思想在计算机仿真模拟领域中表现出了卓越的性能。

Repast 是由芝加哥大学社会科学计算研究中心开发研制的一个用 Java 开发的基于主体的模拟框架，它提供了一系列用以生成、运行、显示和收集数据的类库，并能对运行中的模型进行"快照"，记录某一时刻模型的当前状态，还可以生成模型运行过程中状态演化的视频资料，具有支持完全并行的离散事件操作、内置的系统动态模型等特点。①

Ascape 主要支持社会经济系统的多主体模型，它是美国布鲁金斯研究所的 Miles T. Parker 开发的基于主体建模平台。它的实现语言与 Repast 一样，全部用 Java 语言。用户可以在运行模型时选择不同的制图特征来定制自己的视图，可以在 Windows、Macintosh、Unix、Linux 以及网络环境下使用。因为 Ascape 有选择性地使用了 Java 1.2 API，其网络应用可以在任何浏览器中使用。

Swarm 是最早的统一仿真平台，Swarm 库最初是用"Object-C"在 UNIX 系统中设计的，随着对 Windows 系统的支持和从 Swarm 2.0 版本开始，已经可以支持 Java 和 Objective-C 两种语言，对国内的研究者来说，Swarm 引入较早，已形成了一定的研究群体规模，渐渐被越来越多的研究工作者所接受，在众多的建模工具中，它具有最大的声誉和影响力。因此，本书采用 Swarm 作为多主体仿真工具。

二、Swarm 平台概述

让一系列相互独立但相互作用的 Agent 通过独立事件进行交互，从而帮助研究由多个体组成的复杂适应系统的行为，这就是 Swarm 的建模思想。它可以概括为伪并发、自底向上、模型与观察分离。在 Swarm 模型中，每一个 Swarm 都

---

① VON WRIGHT C H. Norms and Action- a Logical Enquiry [M]. New York: Routledge and Kegan Paul, 1963.

可以包含一个主体集合及它们的行为时序表（Schedule），主体们各自独立地按照自己的时序表行动，从而通过时间片轮转的方式让主体之间的和行为并发发生。

（一）Swarm 的系统结构

在一个系统中，含有"自主思想"的活动主体及其生存环境，需要一个工具为它们提供一个真实的模拟环境，而 Swarm 力争做到这一点。用户可以先设置好相关主体与主体之间和主体与环境之间相互交互的规则，这些规则以 if-then 的指令方式存放，然后主体在指定好的规则约束下进行交互。在交互的过程中，其行为先后顺序由用户通过时序表（Schedule）进行控制。

Swarm 系统的 Swarm 对象就是一个顶层容器，它将各种对象封装在里面，Swarm 对象可分为 ModelSwarm、ObserverSwarm。前者是真实系统的模拟，仿照真实系统运行；用户通过后者对 ModelSwarm 进行控制并观察运行结果。仿真实现的过程中，ModelSwarm 对象常常被建立在 ObserverSwarm 对象创建的存储空间中，以作为它的成员对象。Swarm 中各种主体的构成结构图如图 6-6 所示。

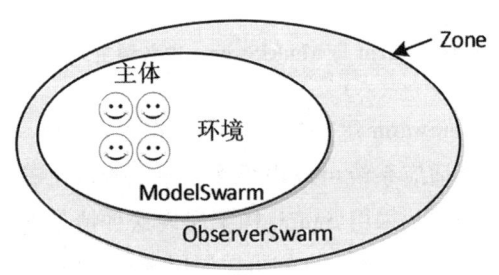

图 6-6　Swarm 的构成结构

在企业建模的 Swarm 仿真系统中，研究者还可能会改变主体行动规则和主体生存环境，同时也需要观察仿真结果，所以 Swarm 框架提供了能改变它们的运行参数、观察仿真结果的功能。ObserverSwarm 存在的意义就在于此。各种模型运行在 ModelSwarm 中，ObserverSwarm 是用户与模型交互和观测运行结果的窗口。ObserverSwarm 与 ModelSwarm 中各种主体之间的逻辑结构如图 6-7 所示。

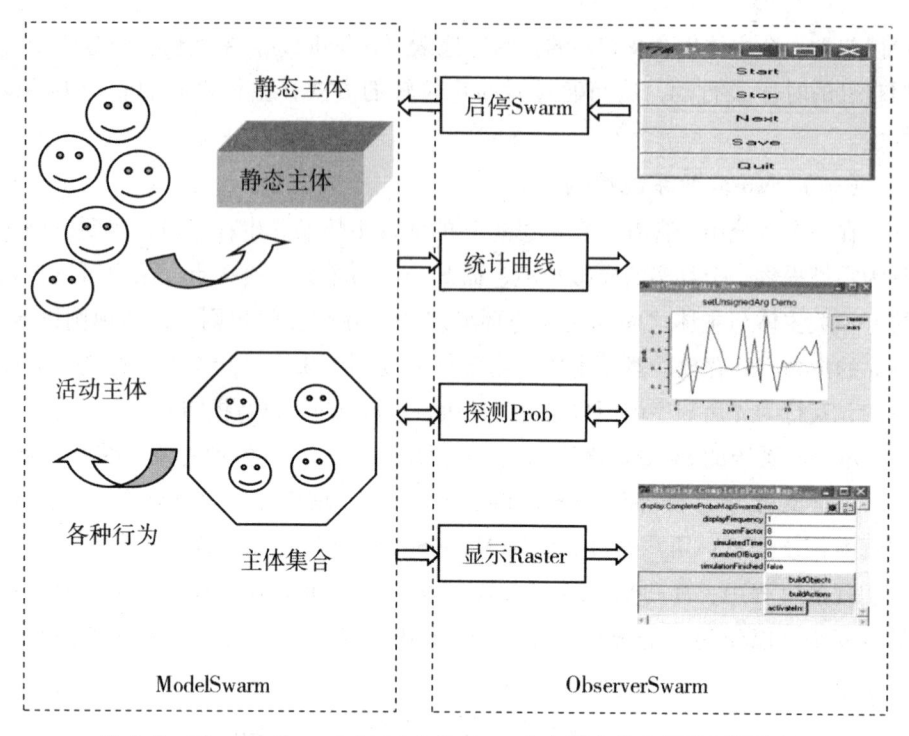

图 6-7 ObserverSwarm 与 ModelSwarm 中各种主体之间的逻辑结构

在实现上，ObserverSwarm 建立 ModelSwarm 作为自身的一个 Sub-Swarm，并为它们分配内存。复杂适应系统可以由很多子系统构成，子系统之中还可能包含子系统 Sub-Sub-Swarm，采用 Swarm 构架实现这种情景的具体体现就是一个 Swarm 可以创建多个 Swarm 对象，它们可以层层嵌套，如图 6-8 所示。

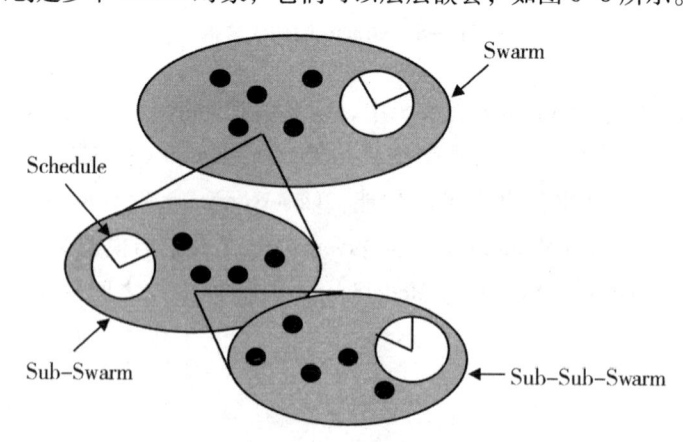

图 6-8 ObserverSwarm 与 ModelSwarm 之间的调度关系

148

(二) Swarm 开发模型的结构

Swarm 主要包含主体模块、ModelSwarm（模型 Swarm）模块、ObserverSwarm（观察员 Swarm）模块、Main（主体程序）模块、环境以及各类附属文件。Swarm 模型的程序结构见表 6-1。

表 6-1　Swarm 模型的程序结构

Swarm 模型
定义主体 Agent
定义模型 Swarm
定义观察员 Swarm
Main () 主程序
环境及各类附属文件

1. 主体模块

在这个模块中，定义系统的各类主体，即模型 Swarm 中的对象，它对应于模拟世界中的主体，各类主体使用单独的类或程序段封装起来。类中包含主体的属性及其执行的单个行为或行为集，这些在面向对象编程中表现为方法体。

2. ModelSwarm 模块

ModelSwarm 包括主体模块中定义的各类主体（对象）、各主体行为的时间表以及一系列的输入和输出。在编程阶段，将各主体、行为和执行序列有机结合起来，这个过程主要分三个步骤来完成，首先，使用 buildObjects () 方法体建立各种主体对象。其次，使用 buildActions () 方法体完成主体行为的创建。最后，通过 activateIn () 方法激活 ModelSwarm。模型 Swarm 文件如表 6-2 所示。

表 6-2　模型 Swarm 文件

主要方法	功能说明
buildObjects ()	创建模型 Swarm 中所需的各类对象
buildActions ()	创建模型 Swarm 中主体的行为列表
activateIn ()	指定模型 Swarm 运行环境（在 Main 文件中建立的环境之内）并对其进行封装

3. ObserverSwarm 模块

模型 Swarm 定义了各主体对象，就像在现实生活中，一个实验不应只包括实验对象，还应包括可以用来观察和测量的实验仪器，而在 Swarm 计算机模拟中，这些观察对象放在 ObserverSwarm 中，一个 ObserverSwarm 与模型 Swarm 设置相同，也由对象（实验仪器）、行为的时间表和一系列输入输出组成，主要整合各种图形显示界面，并将模型 Swarm 作为它的一个对象来管理。它可以通过设置模拟参数向模型 Swarm 输入数据，也可以通过收集个体行为的统计数据从模型 Swarm 中读取数据。它的创建过程跟模型 Swarm 一样，也用以上三个步骤来完成，观察员 Swarm 文件见表 6-3。

表 6-3　观察员 Swarm 文件

主要方法	功能说明
buildObjects（） buildActions（） activateIn（）	同表 6-2（在这个文件中具体实现这些功能）

4. Main 模块

Main 模块包含 Main（）函数，它是整个仿真程序执行的入口，用以启动整个模型。它的编写首先是初始化 Swarm，建立观察员 Swarm 的实例。然后依次调用 buildObjects（）方法、buildActions（）和 activateIn（）方法分别建立各种对象、各种行为和激活观察员 Swarm，这也同时激活了它的子 Swarm 和模型 Swarm。需要注意的是，因为模型 Swarm 是观察员 Swarm 的一个管理对象，所以模型 Swarm 的内存由观察员 Swarm 来分配，而观察员 Swarm 的内存由含函数的主程序来分配。Main 文件见表 6-4。

表 6-4　Main 文件

主要对象	功能说明	主要方法	功能说明
观察员 Swarm	最高级别的对象，模型将受它控制	initSwarm（） buildObjects（） buildActions（） activateIn（） go（） drop（）	初始化整个模型 建立模型 Swarm 对象，图形用户界面 GUI 对象 调用模型 Swarm 的方法并建立自己的行为列表 激活模型并建立整个仿真程序的运行环境 模型开始启动 释放所有对象，返回

5. 环境及各类附属文件

环境自身就可以看作一个主体，一般情况下，主体的环境就是主体本身。在系统结构中它的编程实现也是用单独的程序（类）来实现的。而各类附属文件包括相关的配置文件，如文本文件、xml 文件等不同格式的文件。

（三）Swarm 的类库结构

为了建立一个模拟环境，用户需要构造一些对象来模拟经济或社会中的主体。Swarm 中提供了大量的类供我们使用。对于大多数用户，只要直接调用这些类就可以实现模型的建立。事实上，对于很多 Swarm 的高级用户，往往仅将 Swarm 看作建模所需的类库。这就要求 Swarm 的使用者对 Swarm 所提供的类库有一定的了解。

因本书后续的仿真实验用的是 Swarm 2.2 版本，所以以此版本为例介绍它包含的类库及其功能，Swarm 类的整体结构如图 6-9 所示。

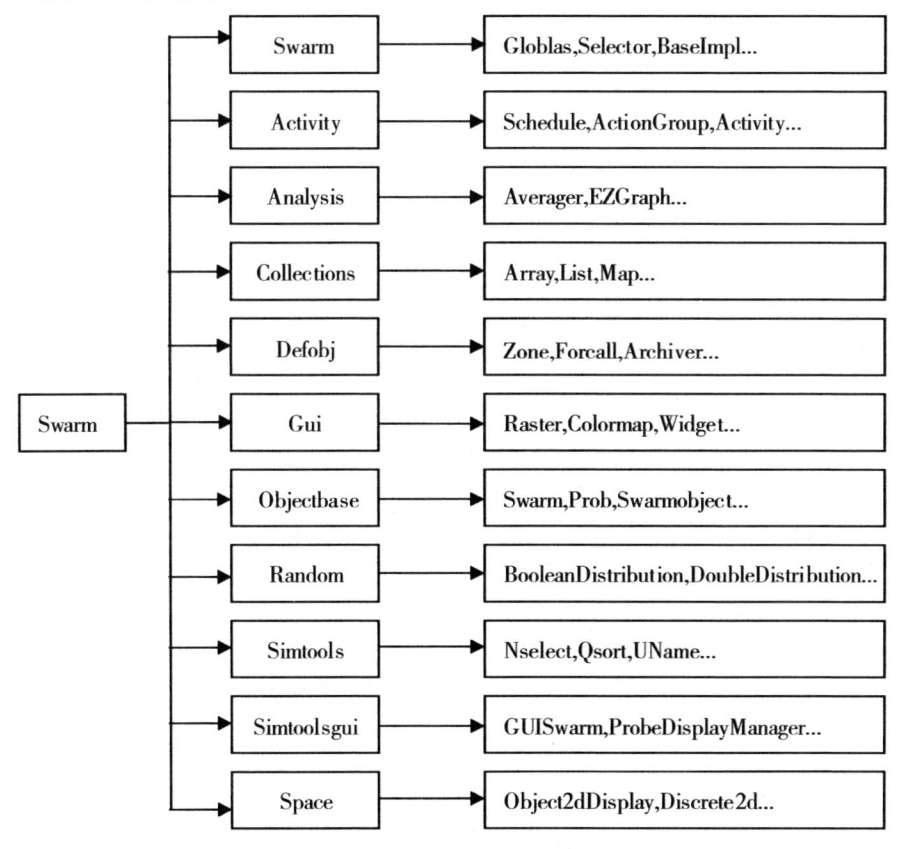

Swarm	→	Swarm	→	Globlas,Selector,BaseImpl...
		Activity	→	Schedule,ActionGroup,Activity...
		Analysis	→	Averager,EZGraph...
		Collections	→	Array,List,Map...
		Defobj	→	Zone,Forcall,Archiver...
		Gui	→	Raster,Colormap,Widget...
		Objectbase	→	Swarm,Prob,Swarmobject...
		Random	→	BooleanDistribution,DoubleDistribution...
		Simtools	→	Nselect,Qsort,UName...
		Simtoolsgui	→	GUISwarm,ProbeDisplayManager...
		Space	→	Object2dDisplay,Discrete2d...

图 6-9　Swarm 类的整体结构

(四) Swarm 的开发流程

Swarm 建模包括两个过程：一个是从现实世界出发，建立面向对象的概念模型，这是面向对象方法的分析过程；另一个是从概念模型出发，建立 Swarm 仿真模型，这是面向对象的设计过程。在分析过程中，需要明确主体对象有哪些，主体对象都有哪些行为，主体对象之间都有哪些关系。设计过程中，通常首先设计最关心主体的类结构，围绕该主体，设计它的动作集合，完成 ModelSwarm 的编写，当系统主体间关系复杂时，通常将各主体以及环境主体单独设计，以保持良好的程序模块逻辑。其次，设计用于观测该主体的控件主体及其观测行为，完成 ObserverSwarm 的编写。最后，检验仿真结果合理性并调整模型。循环分析与设计过程，不断添加辅助主体，完善仿真程序。Swarm 仿真程序的开发流程可以用图 6-10 来说明。

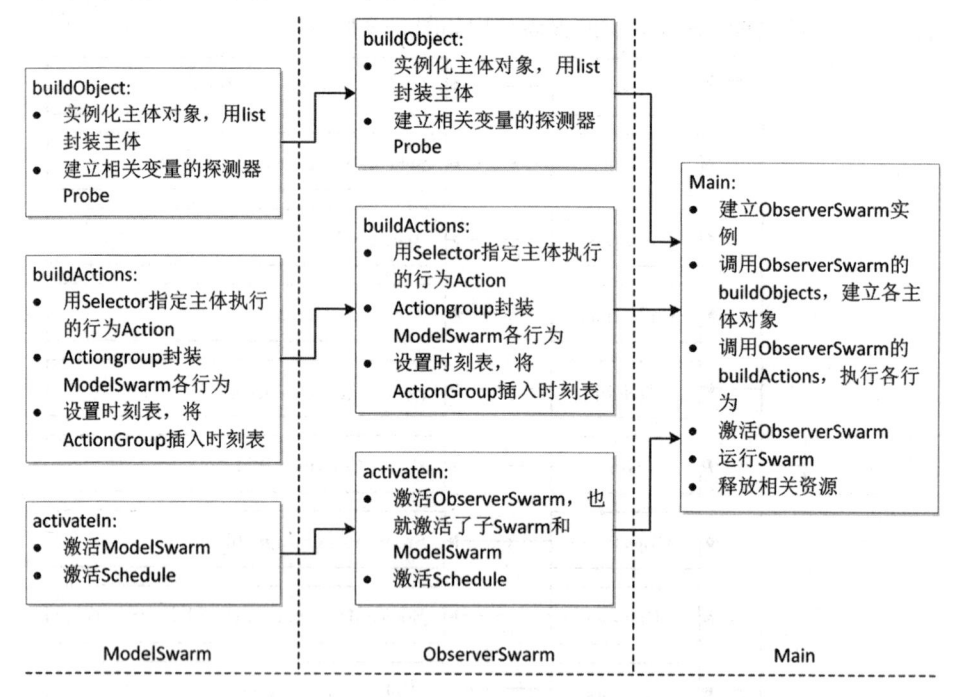

图 6-10　Swarm 仿真程序开发流程

三、仿真实验平台安装配置

在进行实验仿真设计之前，先对其他需要用到的平台和工具及其搭建过程做相关介绍，本实验运行的平台除之前介绍的 Swarm-2.2 包之外，还需要用到的工具是 Java 开发平台 Myeclipse 7.0 及编译器 Jdk 1.5。只要将这些工具集体搭建好后，整个仿真实验就跟 Java 项目开发一样可以进行了。

在 Myeclipse 7.0 与 Jdk 1.5 安装好的情况下，对 Swarm-2.2 包的导入与配置过程进行介绍，整个过程步骤如下：（1）将下载的 Swarm-2.2 包解压到一个指定的目录下，比如，D 盘的根目录下，其位置值为 D:\Swarm-2.2。然后在文件夹中找到名为 bin 的文件夹，它的位置值是 D:\Swarm-2.2\bin。（2）Windows 环境变量设置。这里需要对两个变量进行配置，一个是"SWARMHOME"，另一个是"Path"。右击我的电脑，在弹出的系统属性面板上点击"高级"项后找到"环境变量"并点击，然后在弹出的环境变量面板上点击用户变量下的"新建"，将变量名设置为"SWARMHOME"，变量值设置为"D:\Swarm-2.2"；下一步就是在系统变量目录下找到"Path"（如果没有就新建一个）变量并双击它，在变量值一栏的最后加上"；D:\Swarm-2.2\bin"。至此，整个环境变量值都已设置完毕。（3）运行 Myeclipse 7.0，创建一个名为"JavaSwarm"的 Java 项目，将 D:\Swarm-2.2-\share\swarm 目录下的 kawa.jar 和 swarm.jar 添加到该工程中。

至此，配置工作结束。在开发新的项目时只需将"JavaSwarm"项目导入即可。这样新的项目就可以使用 JavaSwarm 提供的类和方法了。

第三节 仿真实验设计与实现——案例 1

一、问题描述

A 公司是一家以生产保健品为主的企业，企业生产规模不大，产品以批发出售方式为主，也可零售，整个企业的生产可根据市场需求量灵活调整。随着市场竞争的日益加剧以及企业外部环境的不断变化，在这种情况下，按原有的服务和销售方式难以适应这种变化，为了提高企业的生产效益和声誉，保持市场竞争力，如何改进服务和销售策略等问题成为制约企业生存和发展的重要因素。

针对以上问题，在文中设计的企业模型基础上，利用 Swarm 仿真工具进行仿真实验。本书主要针对 A 公司的销售服务和策略以及在客户心中的声誉形象部分进行建模与仿真。

二、仿真模型

根据分析，各 Agent 是相互独立的，可以按照自身在企业中的角色和所处的部门发挥自己的作用，共同为企业全局目标服务，在服务的过程中还需要依据特定协议进行协同合作。企业 Agent 仿真框架如图 6-11 所示。

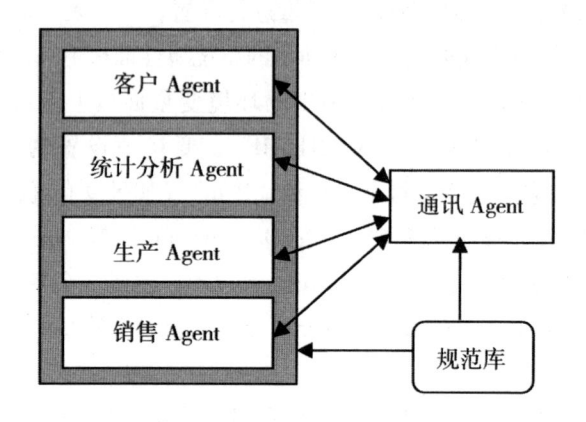

图 6-11　企业 Agent 仿真框架

客户 Agent 的作用是产生市场需求量，同时可以对企业的声誉形象进行评分；统计分析 Agent 负责分析管理客户信息、财务结算和给出新的销售策略及改进方法等，它是本书建模与仿真实验的核心对象，通过继承关于企业 Agent 仿真模型所设计的基类中的方法并加以扩展生成；销售 Agent 的工作是面向客户 Agent 的，它负责执行相关销售策略及服务改进方法等，在本书的设计中它的结构只是一个简单的反应式 Agent，只需继承基类中的反应模块即可生成；生产 A-gent 只负责产品的生产，它的设计结构跟客户 Agent 一样；通讯 Agent 与规范库的设计依照上文给出的思路扩展而来。各 Agent 的交互是在本书设计的规范约束下进行的，所有的交互信息都以消息的形式传递。

本书所设计的 Norm 的详细表述见表 6-5：

表 6-5　Norm 的详细表述

ID	规范表达式
1	Whenever<接到客户 Agent 需求>If<统计分析 Agent 处于空闲状态>Then< 统计分析 Agent>Oblige To<做好与其他 Agent 交互的准备>

续表

ID	规范表达式
2	Whenever<统计分析 Agent 处于空闲状态>If<是老客户>Then<销售 Agent>Oblige To<产品以八折优惠出售>
3	Whenever<统计分析 Agent 处于空闲状态>and<需求量等于或高于企业规定的某个值>Then<销售 Agent>Oblige To<产品以八折优惠出售>

三、模型评价指标

利润是企业追求的目标，利润越高说明该企业效益越好。除利润外，良好的声誉是企业成功的重要表现，为企业的发展提供了有力保障。因此，本书确定利润与声誉为仿真指标。该企业的声誉评价标准是由客户从服务质量、产品质量和受益程度（客户从企业得到的好处和享受到的各种优惠）三个评论指标（每个指标给予相应权重）给企业打分，打分标准和权重由企业给出。比如，服务质量方面的评分标准见表6-6。

表6-6 服务质量评分标准

服务质量	很好	一般	差
分值	5	3~4	1~2

根据这些标准和权重计算出最终声誉得分值。以上两个仿真指标计算公式如下：

1. 日均利润 T 见公式（6-1）：

$$T=\begin{cases} \dfrac{1}{n}\sum\limits_{i=1}^{i=n}[N_iP+O_iPS-M(N_i+O_i)-E] & 0<N_i<m \\ \dfrac{1}{n}\sum\limits_{i=1}^{i=n}[(N_iP+O_i)PS-M(N_i+O_i)-E] & N_i\geq m \end{cases} \quad (6-1)$$

其中 n 代表天数，N_i 与 O_i 分别代表第 i 天新顾客与老顾客的需求量，P 是商品的单价，M 代表每件商品的成本价，S 表示折扣，E 表示每天的其他费用（包括电费、维护费用等），m 则代表新顾客能享受折扣优惠时的最低需求量，也就是说当新顾客的需求量等于或超出这个量时才能享受相应的折扣优惠。

2. 声誉分值 R 见公式（6-2）：

$$R = \frac{1}{n} \sum_{i=1}^{i=n} (S_i W_s + Q_i W_Q + U_i W_U) \qquad (6-2)$$

其中 S_i、Q_i 与 U_i 分别代表第 i 个顾客从服务、产品质量、受益度三方面给企业的打分值，W_s、W_Q 与 W_U 分别表示服务、产品质量和受益度三个评价指标的权重值。

四、仿真模型设计

需要注意的是，由于公式中的部分变量名在代码编写时的表示有所不便，因此代码中的部分变量没有按照公式中定义的来使用。如公式中的 W_s 在代码中直接用 WS 来表示，P 在代码中使用 Price 代替等。

1. 通讯 Agent——Com_link

该通讯类只负责不同 Agent 之间的交互。

```
public class Com_ link {
    Hashtable<String, int [ ] > hashtable =new Hashtable<String, int [ ] > ();
    public Com_ link (String s) {
        sender=s;
    }
    String sender, receiver;
    public String setMessageType (); //设置消息类型
    public int [ ] getMessage (Com_ link x); //获取消息
    public void setContent (String receiver, int [ ] intArray); //设置 Hashtable 有关信息
    public Object getContent (String recriver); //获取 string 内容的有关信息
    public void setSender (String s); //当有 Agent 主动请求与其他的 Agent 通讯时，用于设定//发送 Agent 名
    public String getSender (); //用于获取发送 Agent 名
    public void setReceiver (String r); //用于设定接收 Agent 名
    public String getReceiver (); //用于获取接收 Agent 名
    public void clear (); //用于清空基本信息
```

2. 客户 Agent——ClientAgent

该主体共定义三大类方法：确定需求量、声誉评估和消息封装。

```
public class ClientAgent {
```

int Ni, Oi, Si, Qi, Ui; //各需求量与评分变量
　　Com_ link Com1=new Com_ link（"ClientAgent"）;
　　// 确定需求量
　　public int SetNewReq（int min, int max）; //新顾客
　　public int SetOldReq（int min, int max）; //老顾客
　　// 声誉评估
public int SEvReputation（int min, int max）; //服务质量
　　public int QEvReputation（int min, int max）; //产品质量
　　public int UEvReputation（int min, int max）; //受益程度
　　//消息封装
　　public void MessagePackage（）;
｝

3. 统计分析 Agent 主体——StaAnAgent
该主体中主要定义了两个类方法，即日均利润的分析方法和声誉度的分析方法。在代码设计时为了体现出统计分析 Agent 的智能特性，使用了第三章中设计的智能控制模块中的事务处理方法和推理机方法。该主体主要代码设计如下：
　　public class s_ Agent extends basic_ Agent ｛
　　　　……//相关变量和参数定义
　　Com_ link com2=new Com_ link（"ClientAgent"）; //创建一个通讯类实例
　　　　ClientAgent ca=new ClientAgent（）;
　　　　int［］s1=com2. getMessage（ca. Com1）; //获取消息
　　　　public class p_ processing ｛//日均利润分析
　　　　　　……
　　　　　　public void action_ Block（）; //一般性利润事务处理（反应模块）
　　　　　　public void intel_ Block（）｛//推理（慎思模块）
　　　　　　　　…… //如果新顾客的需求量超过某个额度则以相应折扣出售，否则原价出售
　　　　　　｝
　　　　……
　　　　｝
　　　　public class r_ processing ｛//声誉度分析
　　　　　　……//相关变量和参数定义及初始化

Com_link com2=new Com_link ("ClientAgent"); //创建一个通讯类实例

ClientAgent ca=new ClientAgent ();

int [ ] s1=com2. getMessage (ca. Com1);

……

public void action_Block () { // 声誉事务处理（反应模块）

……

}

……

}

}

4. 企业主体模型——AgentModelSwarm

该模型定义和封装了统计分析 Agent 的整体环境。代码如下：

public class AgentModelSwarm extends SwarmImpl {

　　public RuleLib rulelib; //规范库

　　public ActionGroup modelActions; //行为集

　　public Schedule modelSchedule; //时序表

　　……//各变量定义及初始化

　　public AgentModelSwarm (Zone aZone) { //为 AgentModelSwarm 开辟内存空间

　　super (aZone);

　　　　……//各变量初始化

}

class AgentModelProbeMap extends EmptyProbeMapImpl {//构建观测器

　　private VarProbe probeVariable (String name) {

}

　　private MessageProbe probeMessage (String name) {

}

　　private void addVar (String name) {

}

　　private void addMessage (String name) {

}

　　public AgentModelProbeMap (Zone_aZone, Class aClass) {

　　　　　　super（_aZone，aClass）；
　　……//添加要观测的变量名和方法
　　　　}
}

　　……

　　public Object buildObjects（）；//封装主体对象
　　public Object buildActions（）；//封装主体行为
　　public Activity activateIn（Swarm swarmContext）{//激活所创建对象的行为集和方法体
　　　　　super.activateIn（swarmContext）；
　　　　modelSchedule.activateIn（this）；
　　　　return getActivity（）；
　　　　}
}

5. 模型观测器——AgentObserverSwarm

该模型编程的封装过程与 AgentModelSwarm 封装的过程类似，不同的是它侧重于在 AgentModelSwarm 上构建观测界面。

　　public class AgentObserverSwarm extends GUISwarmImpl {
　　　　public RuleLib rulelib；//规范库
　　　　public ActionGroup displayActions；//行为集
　　　　public AgentModelSwarm agModelSwarm；//模型申明
　　　　public int displayFrequency =1；//显示频率
　　　　Schedule schedule；//时序表
　　　　Selector sel；//选择器
　　　　EZGraph ezgraph；
　　　　EZSequence aveSequence；//定义统计曲线
　　　　intelligenceContrBlock icb；//申明智能控制模块对象
　　　　StaAnAgent saa；//申明统计分析 Agent 对象
　　　　List list1，list2；//申明链表对象
　　　　AgentObserverSwarm（Zone aZone）{//为链表开辟内存空间
　　　　　　super（aZone）；
　　　　　　……
　　　　}

159

```
        void addValueToList（）；//添加主体值到列表
        public Object step（）；//对象行为执行步骤
        public Object buildObjects（）；//创建观测对象
        public Object buildActions（）；//创建对象行为集
        public Activity activateIn（Swarm swarmContext）；//激活所创建对象的
行为集和方法体
    }
```

6. 规范库——Norm

该模型定义了 Norm 库类，在模型中对企业的 Norm 进行分层和分类存放，以便 Agent 在执行任务和做决策判断时易于获取。

```
    public class RuleLib extends NodeItemImpl {
        boolean a=false，b=true，c=true，d=false；
        String RuleId；
        //规范的分类
        List RuleLeverRigid；//刚性规范层
        List RuleLeverSoft；//柔性规范层
        public boolean EvaluateAgentRule（）；//匹配 Rule 函数
        public boolean controlExchange（）；//控制 Agent 之间交互的 Rule
        public double RuleProfit（）；//利润 Rule
        public double RuleReputation（）；//声誉 Rule
        public getRuleId（）；//获取规范的编号
        void addRuleIdToList（）；//将定义的规范添加到相应的规范层
        ……
    }
```

7. 模型引擎——StartAgentModel

该模型定义了整个仿真模型的初始化运行环境，它是 Swarm 程序的入口。其代码如下：

```
    public class StartAgentModel {
        public static void main（String [ ] args）{Globals. env. initSwarm（"Agent-
Model"，"2.2"，"liubufei@163.com"，args）；//初始化运行环境
            AgentObserverSwarm displaySwarm = new AgentObserverSwarm（
                Globals. env. globalZone）；//建立观测器的实例
            Globals. env. setWindowGeometryRecordName（displaySwarm，"display-
```

Swarm");
  displaySwarm. buildObjects（）；
  displaySwarm. buildActions（）；
  displaySwarm. activateIn（null）；
  displaySwarm. go（）；//运行观测器
  displaySwarm. drop（）；
  }
}

五、仿真结果

  本实验对该企业在原有服务与销售策略下和改进后服务与销售策略下的日均获利情况、声誉度分别进行仿真。仿真结果如图 6-12 至图 6-15 所示，控制面板与观测界面如图 6-16。

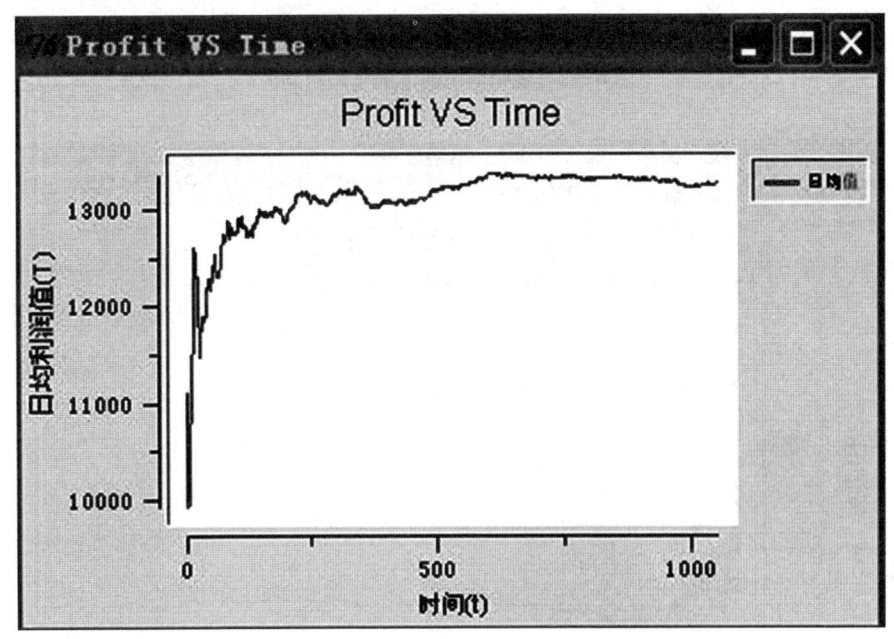

图 6-12　原销售策略下的日均利润值

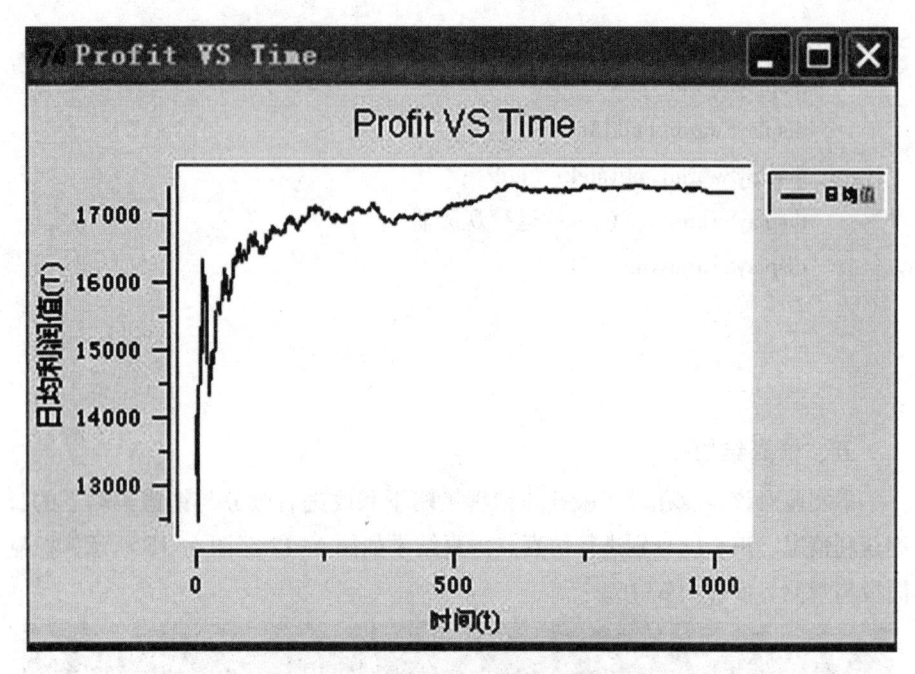

图 6-13 现销售策略下的日均利润值

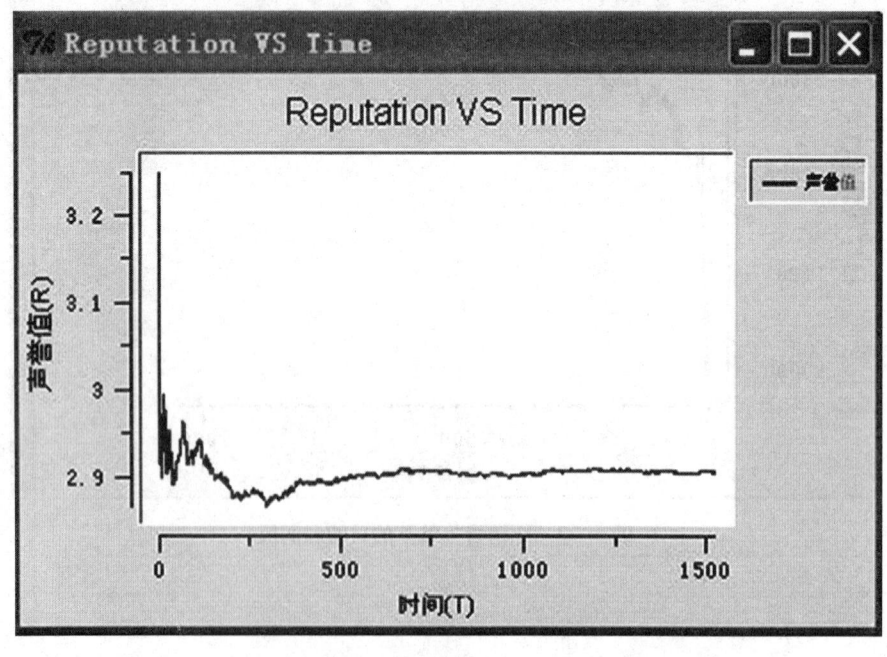

图 6-14 服务与销售策略改进前声誉度

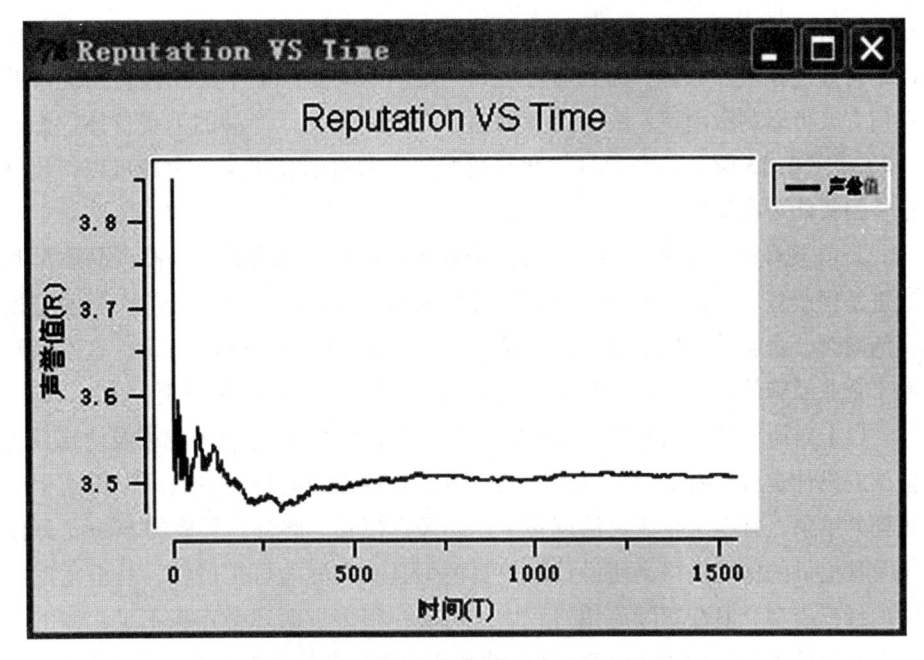

图 6–15　服务与销售策略改进后声誉度

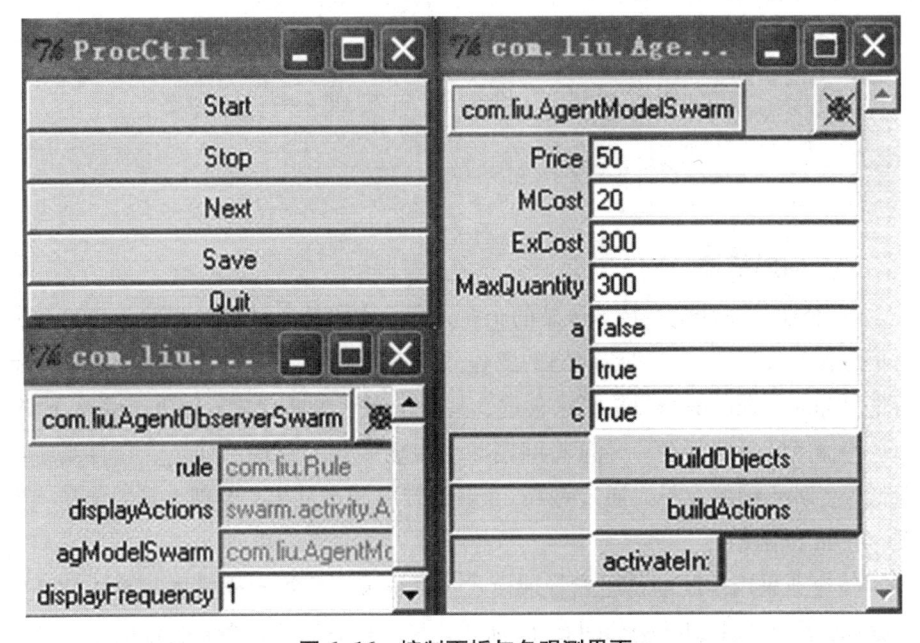

图 6–16　控制面板与各观测界面

通过以上图形结果分析得出：

1. 采用规范与多 Agent 技术相结合的企业建模方式，改变策略后，不但可以维持好老顾客的数量，而且通过达到一定的购买量就能享受相应折扣优惠的促销方式可以刺激消费，吸引更多的新客户加入该企业产品的消费群体。如图 6-12 和图 6-13 所示，企业日均获利情况比以前有明显提高。由此可以得出 A 企业销售能力明显增强。

2. 在规范的约束和引导下，经过企业内部的协商和合作，提高产品质量和改进销售服务质量，让消费者在折扣优惠策略下受益，在企业日均获利明显提高的同时，企业的形象也得到相应提高，如图 6-14 和图 6-15 所示，这不但有助于企业品牌的推广，而且有助于扩大企业生产规模和追求利润更大化。

以上对所设计的仿真模型的研究表明，基于多 Agent 的企业建模及仿真系统框架的设计是可行有效的且可重用的，通过设定不同的仿真参数可以得到相应预期的结果，有助于企业灵活调整生产和经营模式。此外，开放的 Swarm 源代码及其提供的标准接口，使设计的仿真模型具有良好的可扩展性，易于实现特定的目标模型。但在实际应用过程中，可能在很多方面还会存在不足，如由于本书所设计的 Agent 数量不多、系统的复杂度较低以及一些技术细节的实现等问题还需进一步改进和完善。

第四节　仿真实验设计与实现——案例 2

一、问题描述

CC 企业是一家生产特殊服装的企业，产品主要是通过订单驱动。2000 年实行信息化建设以来，虽然各部门的工作效率有所提高，但是整个企业的实际运行情况却与预期的战略目标相去甚远，甚至出现了延期交货、顾客满意度下降、市场份额下降等新问题。专家将问题归为市场变化、管理不规范、软件系统质量低等各种不同的意见。通过对 CC 企业的资料调查及相关管理人员的走访，发现存在如下情况：

1. 企业采用传统的科层式管理模式，系统采用此管理模式进行系统的开发与处理，企业的组织结构如图 6-17 所示。采用任务汇总、强制分配的生产管理方式，没有充分考虑各加工厂的实际情况，导致任务分配不合理，产品生产周期过长，延期交货现象时有发生。

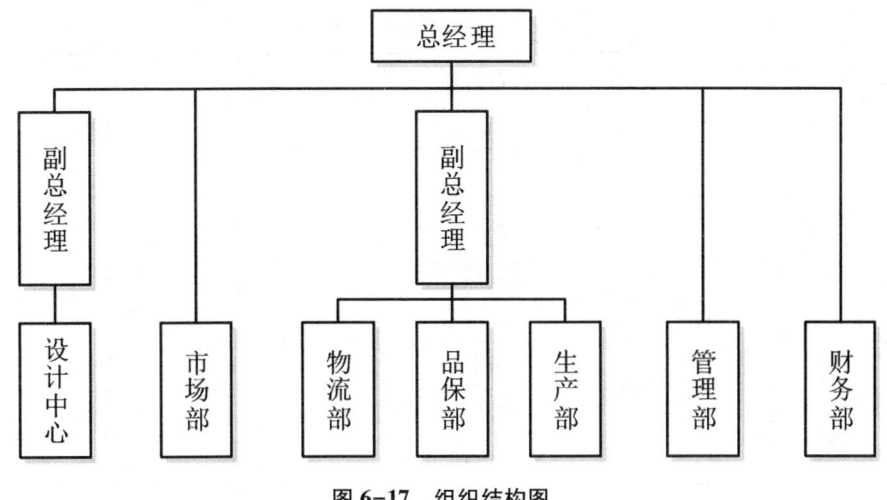

图 6-17 组织结构图

2. 信息系统仅承担了事务型处理，分析决策基本上是由人来完成，造成人机分工不合理，信息技术所发挥的作用有限，工作效率与质量仍完全取决于用户而非系统本身。如生产部门对于订单处理没有充分考虑如何采用优化业务处理方式，在最短时间内以最小费用执行客户订单。

3. 生产管理中订单经汇总后，编制生产计划，然后分配给各生产单元，包括生产订单在内的各类订单处理采用先进先出原则，没有根据实际情况进行优化。

4. 企业生产业务外包没有建立完善的竞标机制，人为因素大。在市场环境迅速变化的情况下，出现了许多新的市场机会，企业因为自身能力所限，难以独自完成，需要与企业外部资源建立协作关系，共同完成任务，企业的组织流程因此需要做出相应的调整。

本案例企业建模采用本书研究的企业建模方法，建立企业模型，并使用仿真工具对部分重要模型进行验证。

二、企业概念模型

（一）目标模型

使用平衡计分卡可以得到企业持续发展的平衡目标，即"财务指标—客户指标—内部运作过程指标—学习与提升指标"设定公司实现高速成长、长久经营的目标。企业整体目标模型如表 6-7 所示，表中只是列出了对相关指标负责的部门，除此之外，还有相关部门也必须参与到这些目标的完成中。更细节的目标模型可采用 UML 对象图表示。

表6-7 企业整体目标模型

目标分类	目标项	责任主体
财务目标	1. 销售额	市场部
	2. 利润	市场部
	3. 销售回款	市场部
	4. 资金周转效率	财务部
	5. 成本	财务部
客户目标	1. 成品质量	生产部
	2. 成品交货期	生产部
	3. 客户服务	市场部
	4. 客户关系	市场部
过程目标	1. 新产品开发	研发部
	2. 供应链管理	计划物流部
	3. 制造过程控制	生产部
	4. 资源提供（人力、物力、资金等）	管理部
学习与提升目标	1. 标准化/规范化建设	品保部
	2. 业务流程改进/再造	品保部
	3. 学习、培训（知识、技能）	管理部

（二）组织模型

1. 语义单元及其分组

找出备选的语义单元，根据备选词是 Agent 或是可支付行为进行分类，如表6-8所示。

表6-8 语义单元及其分组

语义单元	语义单元分组	语义单元	语义单元分组
销售人员（销售部）	角色	生产管理人员（生产部）	角色
接受订单	可支付行为	生产计划制订	可支付行为
取消订单	可支付行为	生产人员（生产部）	角色
采购人员（物流部）	角色	生产	可支付行为
物料采购	可支付行为	质量检查人员（品保部）	角色

续表

语义单元	语义单元分组	语义单元	语义单元分组
配送人员	角色	质检	可支付行为
发货	可支付行为	财务人员（财务部）	角色
仓库管理人员	角色	订单审核	可支付行为
出库	可支付行为		
入库	可支付行为		

2. 顶层本体图

本体依赖关系可以通过本体图来表示，通过本体图可以方便地确定组织中 Agent 及 Agent 具有的行为，通过本体图的绘制，也帮助我们获取系统需求，本体图如图 6-18 所示。图中并没有列出限定词和规范约束，否则会使整个图形看上去更复杂，采用分视图的方法描述或单独对限定词加以描述。

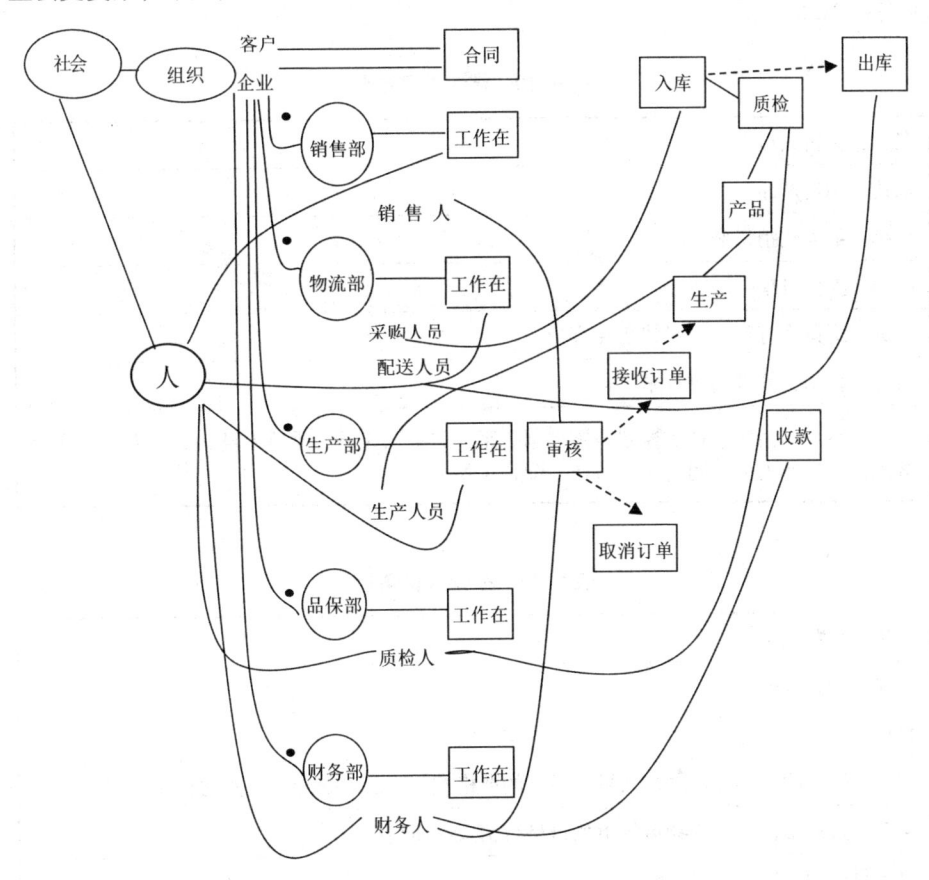

图 6-18 企业本体图

其中，限定词表现了一些可支付行为的属性特征。如果将所有的限定词都表现在组织模型图上，可读性大大降低，为此另用其他附加的表格来进行表示。在本案例中，涉及的部分可支付行为的限定词如表6-9所示。

表6-9 部分可支付行为的限定词

Affordance	限定词
产品	编码、名称、单价、数量、样式、颜色、备注
合同	合同号、客户名称、产品代码、供货期限、价格、数量、违约条件等
……	……

（三）角色模型

通过语义分析辨识角色并描述其行为，对角色的细节进行描述，如表6-10至表6-16所示。

表6-10 销售人员角色

名称：销售人员
描述：销售产品
目标：最大化销售额
权力：签订订单
义务：维持现有客户；寻找潜在客户
可支付行为：签订销售订单
合作关系：与销售经理是控制与被控制关系；与采购人员、质检人员、财务人员、仓库管理员、生产人员之间是一种协作、配合关系

表6-11 采购人员角色

名称：采购人员
描述：物料采购
目标：及时、满足公司生产计划，低成本采购
权力：管理物料的交货期、数量、品质的严格控制，及时处理供应商物料交货期
义务：跟踪掌握所分管物料的市场价格行情及品质情况
可支付行为：进行物料采购作业

续表

名称：采购人员
合作关系：与采购经理是控制与被控制关系；与销售人员、质检人员、财务人员、仓库管理员、生产人员之间是一种协作、配合关系

表 6-12　配送管理人员

名称：配送管理人员
描述：产品配送管理
目标：低成本，快捷产品配送
权力：物料配送及成品出货等整个物流工作的规划和安排
义务：负责与专业配送机构的合作
可支付行为：产品配送
合作关系：与物流经理是控制与被控制关系；与销售人员、质检人员、财务人员、仓库管理员、生产人员之间是一种协作、配合关系

表 6-13　生产管理人员

名称：生产管理人员
描述：管理生产计划
目标：保证生产计划的顺利实施和完成
权力：根据生产计划以及产能情况制定生产排程表，安排生产任务
义务：审核、督导生产计划的完成
可支付行为：生产计划表（月计划、周计划）、物料请购单、制造任务单审核
合作关系：与生产人员是控制与被控制关系；与采购人员、质检人员、财务人员、仓库管理员、生产人员之间是一种平等关系

表 6-14　仓库管理人员

名称：仓库管理人员
描述：主要用于管理仓库的产成品、半成品、低值易耗品和原材料
目标：保证库存品的完整性
权力：发放产品

续表

名称：仓库管理人员
义务：保证库存品的完整性，保证材料和成品的完整性
可支付行为：入库；出库；盘点；统计库存
合作关系：与销售、质检、采购经理、生产人员之间是一种平等关系

表 6-15　质量检查人员

名称：质量检测人员
描述：主要负责产品质量的检测
目标：保证原材料和产品的优良品质，督促降低次品率
权力：原材料品质不合格，可以拒绝接受；产品品质不合格可以拒绝产品入库
义务：原材料和产成品检测
可支付行为：质量检测
合作关系：与销售经理、财务经理是一种平等关系；与采购经理、仓库管理员、生产人员之间是一种依赖管理

表 6-16　财务管理人员

名称：财务经理
描述：在一定范围内给予客户特殊信用权限；对财务人员有监督、指导和考核权；对公司计划内的资金使用负有审批责任；对公司生产经营成本负全面控制责任；成本预测、控制、核算、分析和考核，降低消耗、节约费用
目标：保证资金的正常运行；优化现金流量
权力：在一定范围内给予客户特殊信用权限；计划内的资金使用负有审批责任；成本预测、控制、核算、分析和考核
义务：筹备生产所需资金，保证资金的正常运行
可支付行为：给予客户特殊信用权限；资金使用审批
合作关系：与财务人员是控制与被控制关系；与销售、质检、采购经理、仓库管理员、生产人员之间是一种平等关系

（四）业务过程模型

企业的业务过程使用 UML 扩展活动图来表示，总体业务过程如图 6-19 所示：

图 6-19 企业总体业务过程

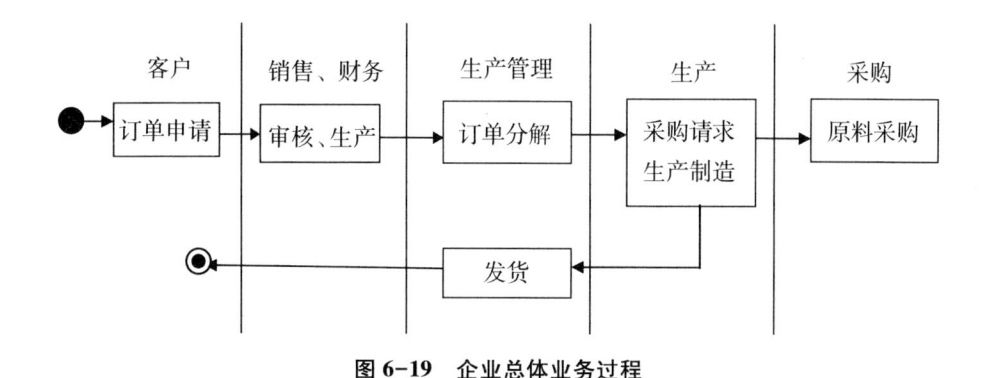

三、企业分层模型

本节以企业采购模型为例，更细节地说明建模过程。其他部分更详细的建模过程与此类似。

（一）目标模型

企业采购的主要目标是以最低的总成本为企业提供所需的物料和服务。可以分解为以下子目标：为企业提供所需的物料和服务，力争最低的成本，使存货和损失降到最低限度，保持并提高自己的产品和服务的质量。根据企业采购目标，企业采购内容描述为根据合同要求，卖方向买方供应一定数量、质量的货物。在每个采购周期，买方发出请求，而卖方负责接受买方发出的请求。

（二）组织模型

1. 语义单元及其分组如表 6-17 所示。

表 6-17 采购语义单元及其分组

语义单元	语义单元分组
采购部门	Agent
采购代表	角色
订购	可支付行为
供应商	Agent
合同	可支付行为
产品	可支付行为
供应	可支付行为

续表

语义单元	语义单元分组
管理团队	Agent
终止合同	可支付行为

2. 分层本体图，如图 6-20 所示。

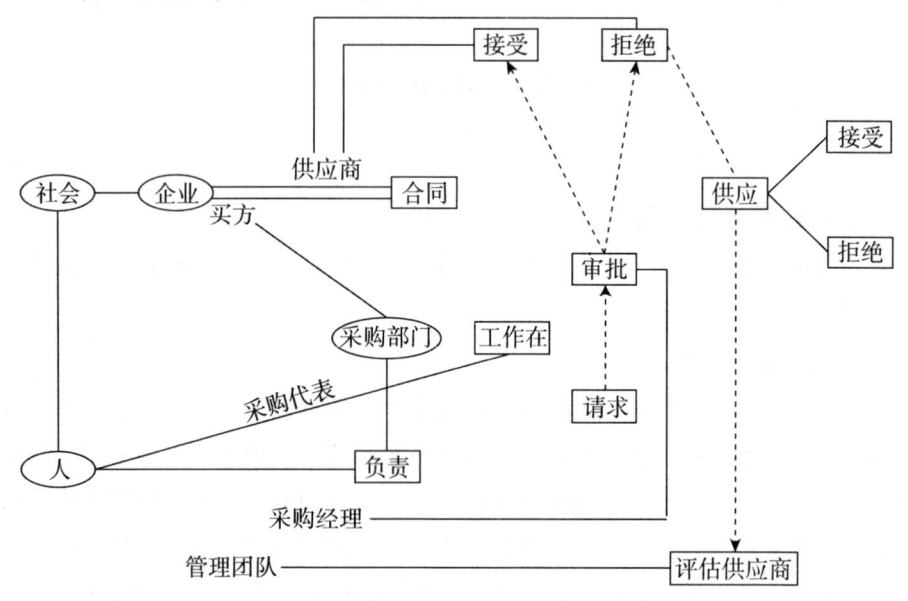

图 6-20 采购本体图

3. 分层角色模型，如表 6-18 至表 6-20 所示。

表 6-18 采购代表角色

名称：采购代表
描述：物料采购
目标：及时、低成本、高质量的采购
权力：负责制订采购计划、下订单
义务：协助采购经理进行物料采购
可支付行为：制订采购计划、下订单、发布需求
合作关系：与采购经理是控制与被控制关系

表 6-19 采购经理角色

名称：采购经理
描述：物料采购
目标：满足生产要求，不会超支
权力：负责审批采购计划
义务：依据采购计划和请购单及时组织物料的采购工作，确保企业物料进度的合理
可支付行为：审批采购计划
合作关系：与采购代表是控制与被控制关系

表 6-20 管理团队角色

名称：管理团队
描述：物料采购
目标：选择绩效最高的供应商
权利：对企业供应商进行评估
义务：协调采购工作开展
可支付行为：供应商绩效评估
合作关系：与采购经理是控制与被控制关系

4. 规范分析，如表 6-21 所示。

表 6-21 规范分析

可支付行为	规范
请求	Whenever 采购计划被审批 Then 采购代表 Is Permitted to 向某个签完合同的供应商下订单
	Whenever 采购额低于一定的数值 Then 采购代表 Is Permitted to 直接下订单

续表

可支付行为	规范
审批	Whenever 采购经理收到采购请求 Then 采购经理 Is Obliged to 开始审批
	Whenever 有足够的资金支持该采购计划 Then 采购经理 Is Obliged to 批准
	Whenever 采购请求满足公司的采购政策 Then 采购经理 Is Obliged to 批准
采购询价	Whenever 采购代表收到某个终止合同的通知 Then 采购代表 Is Obliged to 向潜在的供应商发布需求信息
供应商选择	Whenever 一个供应商具有最高的绩效 and 供应商分数高于某个值 Then 经理团队 Is Permitted to 选择该供应商
	Whenever 一个供应商具有次高的绩效 and 供应商分数高于某个值 Then 经理团队 Is Permitted to 选择该供应商

（三）业务过程模型

企业的采购业务过程如图 6-21 所示：

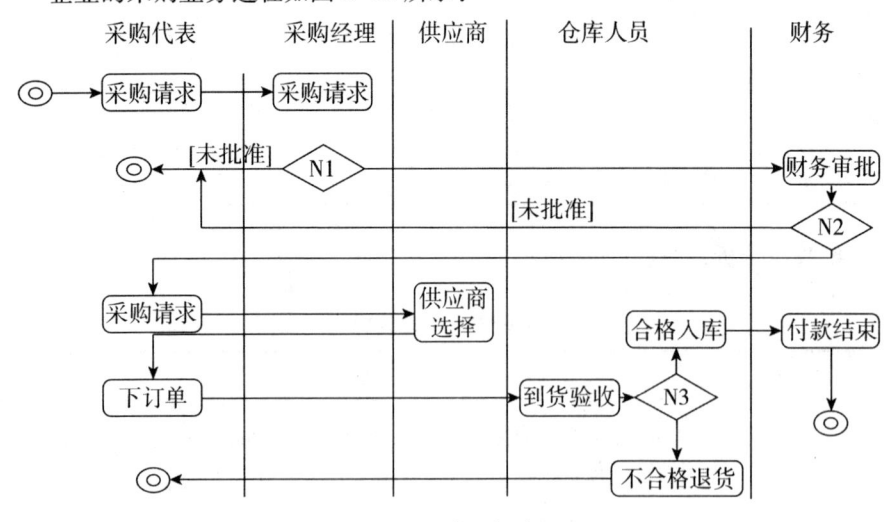

图 6-21 采购业务过程图

（四）交互视图

针对一些复杂的交互，作为业务过程视图的有效补充，通过交互视图来表

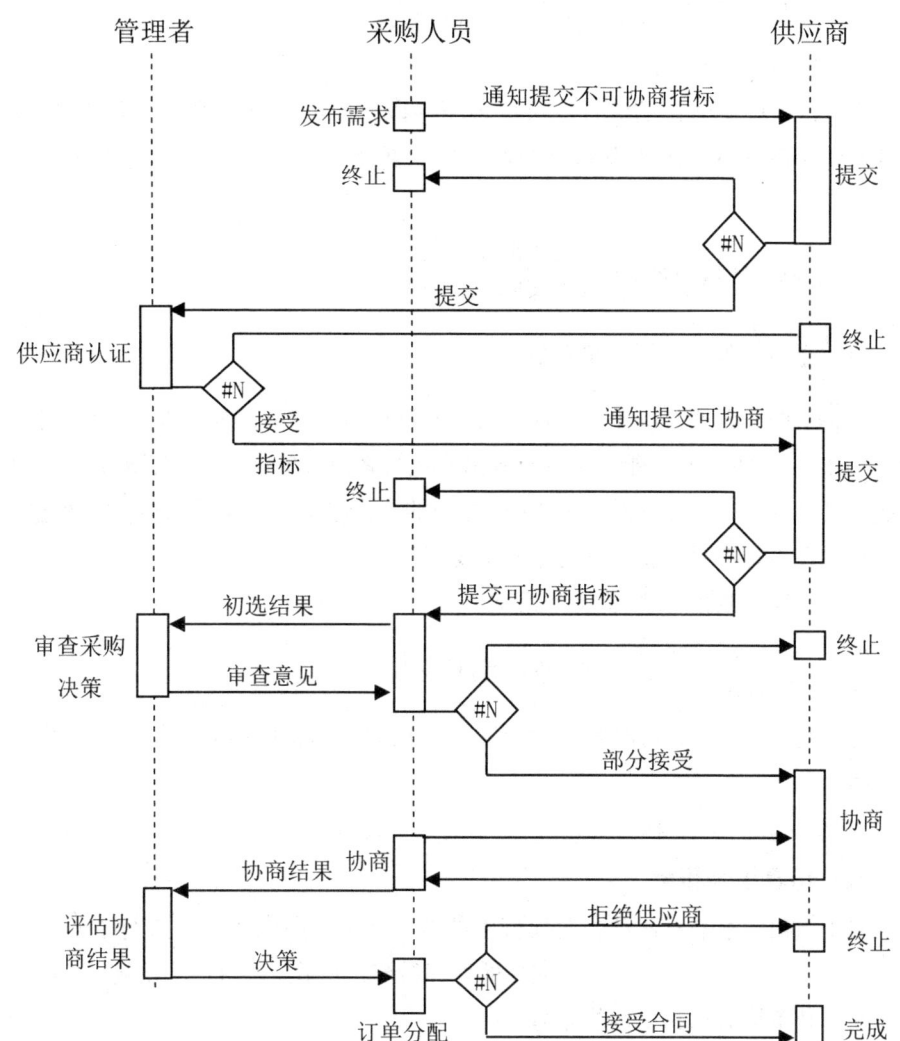

现。图 6-22 为采购业务过程中供应商选择的交互过程。

图 6-22 采购供应商选择

四、仿真评价指标选取

根据仿真设计要求,此处主要关注企业生产订单的受理和企业生产任务安排,生产模型的评价指标设计如下①:

---

① 吴菊华,孙德福,甘仞初. 基于多 Agent 的企业建模及仿真 [J]. 计算机工程与设计,2009, 30 (1): 72-75.

(一) 订单接受率 $\alpha = \dfrac{\text{接受订单数}}{\text{接受订单} + \text{拒绝订单数}}$

订单拒绝率 $\beta = 1 - \alpha$

通过订单接受率 α 的统计，可以说明一段时间内企业订单的接受情况，α 值越大说明企业的生产能力和综合调配能力越强。相应的订单拒绝率 β 越小越好。

(二) 效率评价指标 $\rho = \dfrac{\text{订单期望时间}}{\text{订单实际执行时间}}$

$\rho = \dfrac{1}{N} \sum\limits_{i}^{n} \rho_i$　N 为实际订单总数

当 $\rho < 1$ 时，说明企业未能采取有效措施执行客户订单，客户满意度将降低；当 $\rho \geq 1$ 时，说明企业有能力采取有效措施执行客户订单，而且 ρ 值越大，说明企业的效率越高，同时也说明多 Agent 之间的合作越紧密。为了观察 ρ 的变化情况，模型观测器绘制了 ρ 的时间序列曲线。

(三) 订单基准工作量执行时间

$\eta = \dfrac{1}{N} \sum\limits_{i}^{n} \dfrac{\text{订单执行时间}}{\text{订单工作量}}$　N 为实际订单总数

订单基准工作量执行时间 η 统计了在一段时间内，订单的单位数量平均执行时间。

五、仿真模型设计

限于篇幅，本书只针对企业模型中的核心业务，即生产部分进行了模型仿真，生产系统的业务构成了一个完整的处理系统，其适应环境能力决定了 CC 企业应对复杂市场需求和变化的能力。

软件 Agent 主要源于对分析模型中的角色及人类 Agent 的实例化。在企业系统中，辨识信息系统中应包括的软件 Agent 主要基于企业概念分析模型中确定的角色。在本案例角色模型中，忽略财务、管理、配送等辅助功能，可以直接导出以下两种软件 Agent。

(一) 生产管理 Agent：负责按订单排产，进行任务分配，如果企业无能力完成，通过外协的方式进行加工。

(二) 生产 Agent：各内部加工厂，与生产管理 Agent 交互，确定生产任务并执行。

另外影响 CC 企业生产管理有关的环境 Agent 有客户和合作加工厂，它们对企业生产产生直接的影响。当然，社会、法律、经济等宏观环境因素对企业也会产生深刻的影响，此处为了简化因素，突出主要环境因素，暂时忽略。根据环境 Agent、企业 Agent 之间的业务关系，经过简化后的 CC 企业总体模型如图 6-23 所示：

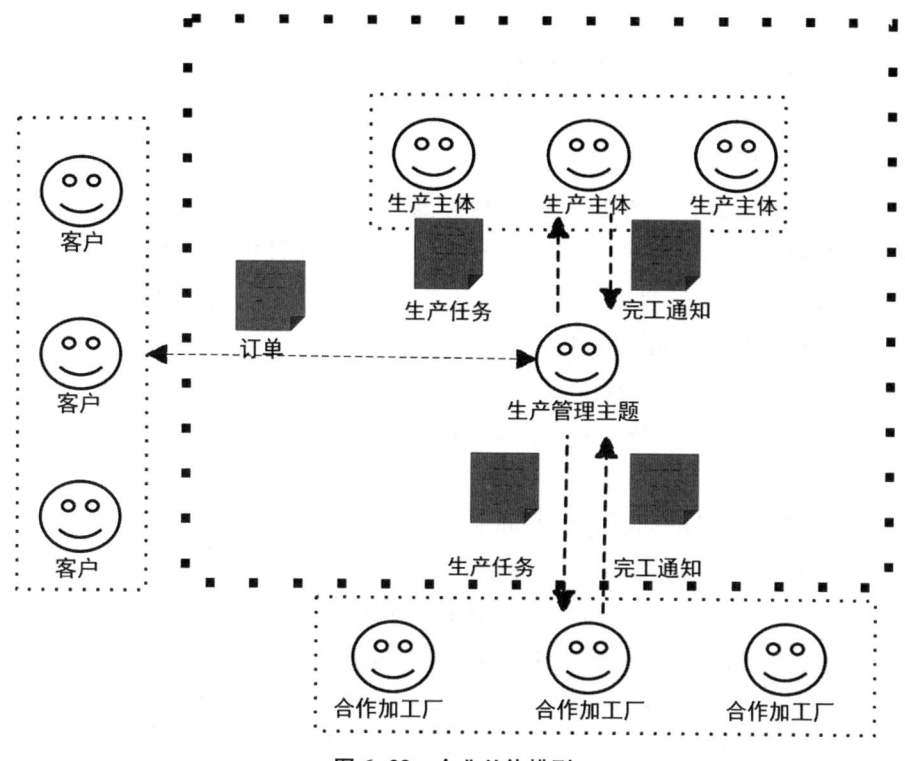

图 6-23　企业总体模型

主要描述企业仿真模型中主要部件的实现：
1. 模型主程序——StartEnmodel
SWARM 仿真主程序命名为 StartEnmodel.java，其核心内容如下：
public class StartEnmodel {
　　public static void main（String [ ] args）{
　　//运行环境初始化
　　Globals. env. initSwarm（"EnModel"，"2.1.1"，"wwwzhaojun@163.com"，args）；
　　EnObserverSwarm topLevelSwarm =
　　　　new EnObserverSwarm（Globals. env. globalZone）；//观测器初始化
　　Globals. env. setWindowGeometryRecordName（topLevelSwarm，"topLevelSwarm"）
　　topLevelSwarm. buildObjects（）；//构建系统模型中的对象

topLevelSwarm. buildActions（）；//构建系统模型成员的活动集

topLevelSwarm. activateIn（null）；//对观测器模型进行初始化

topLevelSwarm. go（）；//观测器激活

　　}

}

StartEnmodel 是企业系统仿真模型的主体，EnObserverSwarm 是 StartEnmodel 的观测环境，系统成员和系统整体属性的变化都可以由 EnObserverSwarm 反映出来。

2. 模型观测器——EnObserverSwarm

EnObserverSwarm 的作用是通过探测器接口观察 ModelSwarm 对象中各个 Agent 状态的变化，并以图形的方式输出或保存在文件中以备日后分析使用。EnObserverSwarm 是一个 Swarm 对象，包括一个动作序列表，这个动作序列表描述各个探测器采样的间隔和顺序。

Public class EnObserverSwarm extends GUISwarmImpl {

　　public int displayFrequency；//更新频率

　　public ActionGroup displayActions；//动作序列表

　　public Schedule displaySchedule；//动作序列内容

　　public EnModelSwarm enModelSwarm；//观测的企业模型

　　public EZGraph OrderreceiveGraph；//订单接收率图

　　public EZGraph TimeEffectRateGraph；//效率评价图

　　public EZGraph AverageWorkloadGraph；//业务处理能力图

　　public EZGraph ProfitMarginPowerGraph；//获利能力评价图

//处理

　　public Object buildObjects（）//设置模型参数，如运行周期、刷新频率、数据源等

　　{

　　　　OrderreceiveGraph = new EZGraphImpl（…）；//折线图

　　　　TimeEffectRateGraph = new EZGraphImpl（…）；

　　　　AverageWorkloadGraph = new EZGraphImpl（…）；

　　　　ProfitMarginPowerGraph = new EZGraphImpl（…）；

　　}

　　public Object buildActions（）；//定义观测行为

　　public Activity activateIn（Swarm swarmContext）；//启动观测器

　　}

3. 企业模型容器——EnModelSwarm

ModelSwarm 定义了模型中出现的企业 Agent 的种类、每一类 Agent 的数目和这些 Agent 活动的环境，EnModelSwarm 还定义了模型中 Agent 行为执行顺序的动作序列表，通过产生一系列具有特定顺序的行为或具有因果关系的事件来体现模型中的各个 Agent 之间的交互。根据 Swarm 中 ModelSwarm 的设计语法，本系统的企业模型设计如下：

```
public class EnModelSwarm extends SwarmImpl {
    //定义
    public ActionGroup modelActions; //定义动作序列表
    public Schedule modelSchedule; //定义模型成员活动时间表
    FActionForEach actionForEach; //定义时间步长
    public boolean randomizeEnUpdateOrder;
    public Enterprise en; //企业实例
    public OrderForm order; //订单
    public List LinkOrder; //客户订单
    //处理
    public EnModelSwarm (Zone aZone); //初始化企业模型
    public Object buildObjects (); //生成企业模型
    public double getAcceptOrderformRate (); //接收订单率
    public double getRefuseOrderformRate (); //拒绝订单率
    public double getTimeEffectRate (); //效率评价
    public double getAverageWorkload (); //平均工作量的订单执行时间
    public double getOperatiOntransactPower (); //业务处理能力
    public double getProfitMarginPower (); //获利能力评价
    public Object buildObjects (); //定义观测行为
}
```

4. 企业 Agent

企业 Agent 是企业模型中重要的成员之一，为了让企业模型成员的行为反映在动态图中，本系统的 Agent 使用是 SwarmObjectCImpl 类，可将 Agent 的活动展现在观测器界面上。企业 Agent 中具有决策能力的 Agent 的核心内容是其自适应行为机制。在此例中企业 Agent 包括两类：生产管理 Agent 和生产 Agent。

（1）生产管理 Agent——ProduceManager

生产管理 Agent 接受客户的生产请求，向生产 Agent 和合作加工厂发送生产任务和请求，接受生产 Agent 和合作加工厂的完工通知。生产管理 Agent 的功能主要包括两方面：一方面是任务的分解，任务的招投标；另一方面是合作加工伙伴的选择，通过筛选和比较，确定最优的生产资源。

生产管理 Agent 行为主要包括生产任务的分解、生产任务招标和合作伙伴选择。根据上级的任务和外界的订单，通过生产任务分解提出制造加工任务列表给生产管理 Agent；在进行生产任务招标时，首先选择本企业资源，其次选择企业外部资源。

生产管理 Agent 具体的协商包括两类：

a. 生产管理 Agent 与生产 Agent 之间的协商：

生产管理 Agent 根据企业现有生产单元的设备情况和企业生产目标情况，按合同网技术进行生产资源的动态分配，从而构成生产企业逻辑上的加工单元。

b. 生产管理 Agent 与合作加工厂 Agent 之间的协商：

生产 Agent 将现有企业内部加工单元不能完成的任务返回给生产管理 Agent，生产管理 Agent 使用合同网技术寻求企业的合作伙伴，对于选择的结果，进行资源的登记作为企业生产的虚拟资源，和本企业生产资源一起形成制造资源库，生产管理 Agent 再进行生产组织的重新组合。企业 Agent 的设计如下：

```
public class Enterprise extends SwarmObjectCImpl {
    /*Agent 属性定义：包括标识（name）、职责（responsibilities）、状态（status）、资源列表（resources）、规范库（norms）、伙伴列表（partners）、任务列表等*/
    public List LProduceUnit; //生产单元
    public enterprise en; //企业标识
    public Rule enRule; //企业 Rule
    //处理
    //协商模块：一组方法的集合，包括合同网的一系列方法；
    public OrderForm CreateBook (OrderForm order); //企业生成标书
    public void AskEvaluateBook (); //请评估标书（招投标）
    public void ReceiveOrderOld (); //收到客户订单
    private void DistributeProduceUnit (OrderForm order); //分发生产单元
    private void RefuseOrderform (OrderForm order); //拒绝订单
    public int getAcceptOrderformTotal (); //接受订单
    //行为模块，由一组方法组成，分别为任务执行、完工处理和拒绝后处理
    public void EnWorking (); //任务执行
    public void ExportProduceUnit (); //全部完工订单
```

public void ExportProduceUnit（ProduceUnit w）；//分生产单元完工订单

public void ExportRefuseOrder（）；//拒绝后处理

/*智能模块，是一个分类器系统，由三部分组成：执行系统 askForAction、信用分配系统 creditAssign 和规则发现系统 normUpdate*/

public askForAction（）；

public creditAssign（）；

public normUpdate（）；

}

（2）生产 Agent——ProduceUnit

生产 Agent 与其他 Agent 的交互包括来自生产管理 Agent 的生产请求与生产任务，发送完工通知到生产管理 Agent。

生产 Agent 的行为包括生产竞标、产品加工、报告完工通知。

生产 Agent 与生产管理 Agent 之间的协商：生产 Agent 负责生产单元的生产任务控制，并和生产管理协调单元进行协商。比如，当遇到企业内部生产任务的变化或生产单元失效等意外情况时，通过与其他单元通信协作完成任务或通过生产管理 Agent 进行协调各生产 Agent 的生产任务，如果仍然不能完成任务，则把任务交给生产管理 Agent 重新分配。

public class ProduceUnit extends SwarmObjectCImpl {

//属性

public int ProduceUnitCode；//生产单元标志

public List LComplete；//完成订单

public List LPause；//已安排订单

public List LPausePower；//加急订单

public OrderForm OrderWork；//正工作订单

public boolean Empty；// 生产单元是否空闲

//处理部分

public ProduceUnit CreatTargetBook（ParameterTable targetbook）；//产生标书

public ProduceUnit Working（）；//生产

public void AcceptOrder（OrderForm order）；//接受订单

public boolean Arrange（OrderForm order）；//协商

public void ExportFile（）；//输出已完工订单

public int getUndoneWorkload（）；//未完工工作量

}

5. 环境 Agent

环境 Agent 是模型的另一类重要成员,与企业 Agent 相同,环境 Agent 也是(DiGraphNode)的子类。环境 Agent 的核心内容是行为发生机制,本案例中环境 Agent 主要包括客户和合作加工厂。

(1) 客户 Agent——Customer

通过对企业销售记录统计分析,客户的订购有如下特征:

·订货顾客人数 n 服从 U [0,4] 分布

·订购产品随机选择

·每个顾客订货量 q 服从 [2,20] 分布

·70%的订单为定制订单

·订货期限 t 服从 N $(30, 20^2)$ 分布且 $15 \leq t \leq 60$

·产品随机选择

根据以上特征,客户 Agent 模型定义如下:

public class customer extends SwarmObjectImpl {

//属性部分

int Name = 0;

OrderForm order;

//处理部分

public customer ();

public OrderForm CreateOrderForm (ProduceManager en) {

}

/*行为部分,由一组方法组成,分别为任务执行模拟(taskPerform)和行为发生器(actionGenerator)。行为发生器是环境 Agent 特有功能,它根据预先设定的活动规律选择某种行为,与其他环境 Agent 一起模拟环境变化,并通过通信模块与企业 Agent 交互。行为发生器是一个持续运行部件,体现了环境 Agent 的活性与自治性。*/

public taskPerform ();

public actionGenerator (); //行为发生器

}

(2) 合作加工厂

合作加工厂是企业的生产合作伙伴,CC 企业自己有三个加工厂,在生产目标紧急或是生产设备失效的情况下,与合作加工厂进行协同生产。

合作加工厂 Agent 定义如下:

```
public class coProducer extends SwarmObjectImpl {
    //属性部分
    int name：加工厂编号；
    int credit：信誉等级（1、2、3级）
    productList：可加工产品清单，内含产品的成本、加工时间定义//初始化部分
    public init ()；//随机生成 name、credit、productList、resources；
    //行为部分
    public performTask ()；//模拟生产过程随机更新资源数量及产品成本和加工时间
    //产品成本和加工时间在业内经验范围内随机确定
    //协商模块
    public OrderForm CreateBook (OrderForm order)；//企业生成标书
    public void AskEvaluateBook ()；//请评估标书（招投标）
    private void RefuseOrderform (OrderForm order)；//拒绝订单
    public int getAcceptOrderformTotal ()；//接受订单
    //自主行为发生器定义
    public taskPerform ()；
    public actionGenerator ()；//行为发生器
}
```

6. 企业客体

企业客体是企业系统中不具备主动行为或主动行为与企业经营无关的客观实体以及因建模需要而定义的实体。由于企业系统中这类实体种类繁多，差异性大，在本系统中仅定义了一些常见的企业客体。在 Swarm 中，所有对象均需定义为 SwarmObject 的子类。限于篇幅略。

六、仿真结果分析

本仿真对企业所处的三种管理模式下的业务效率、订单接收率和订单基准执行时间三个指标进行仿真，三种管理模式如下：

a. 依据企业的原来生产管理方式进行仿真。

b. 通过企业内部协同的方式替代原生产管理方式对企业生产进行仿真。

c. 在企业内部协作协同的基础上加入企业外部的合作加工厂后，对企业生产进行仿真。

通过仿真模型对不同的企业生产方式做了对比分析,仿真结果如图 6-24 至图 6-26 所示:

(一) 效率评价指标

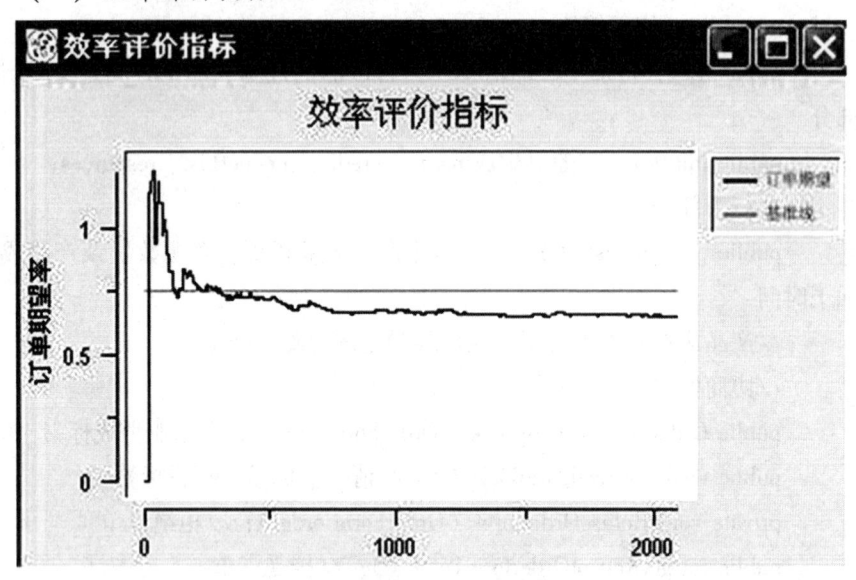

图 6-24 (a)　企业原方法

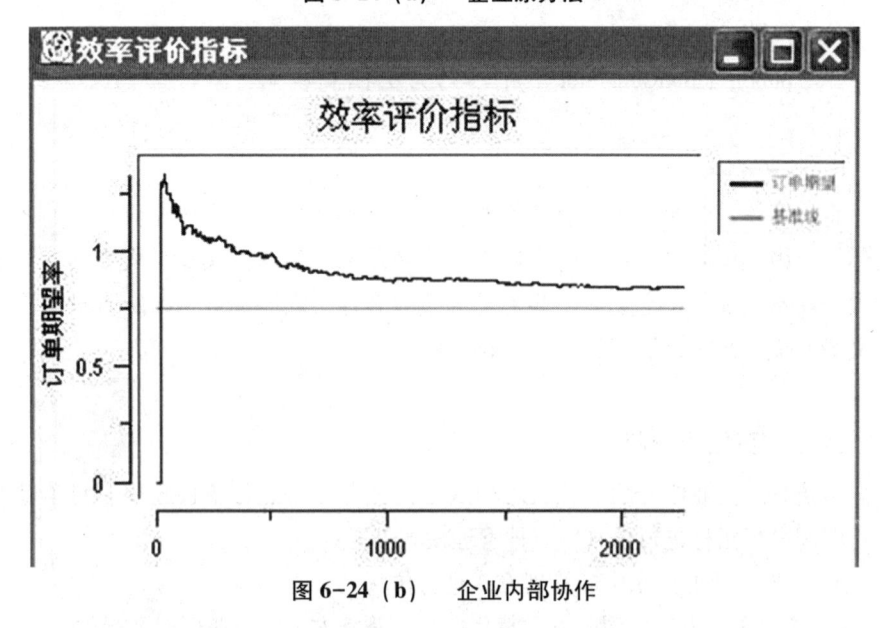

图 6-24 (b)　企业内部协作

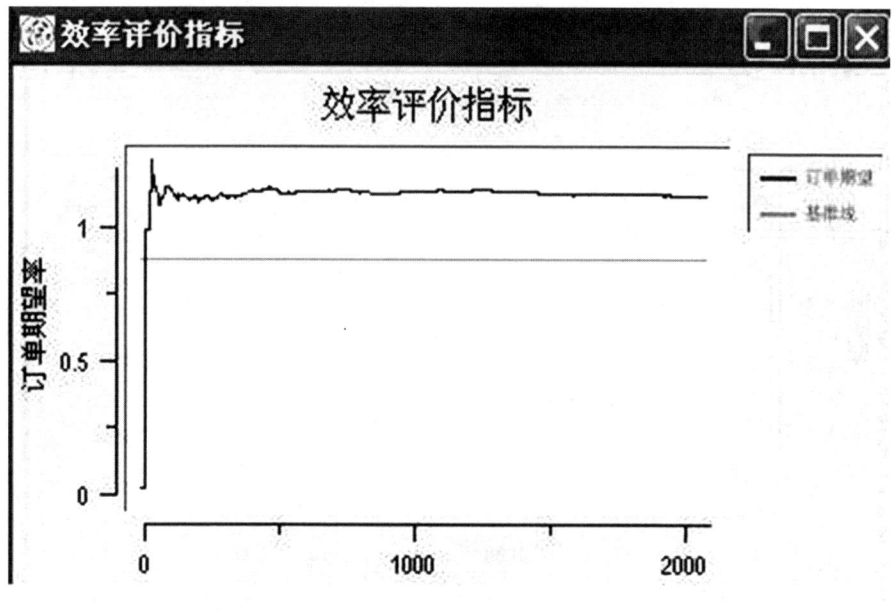

图 6-24（c） 企业内部+外部协作

（二）订单接受率

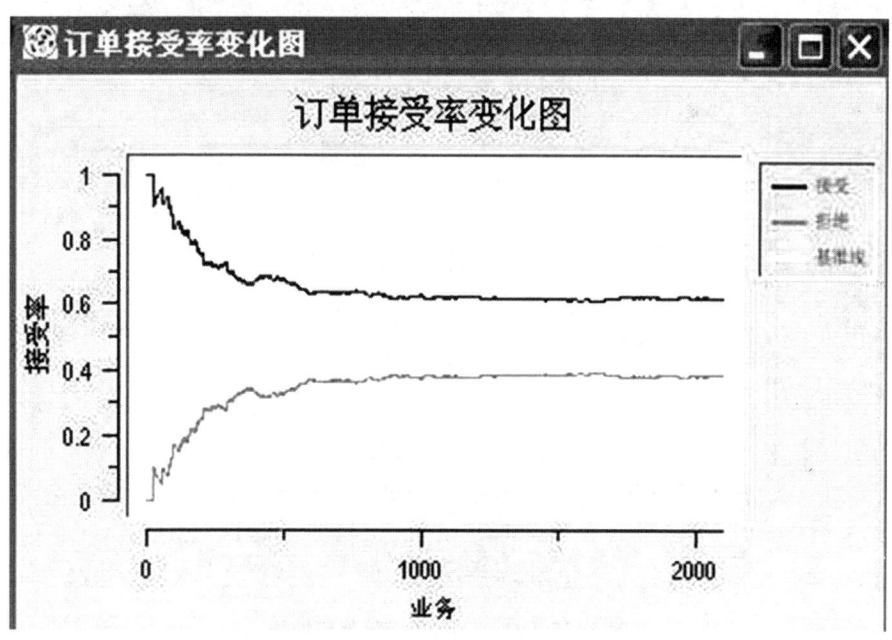

图 6-25（a） 企业原方法

185

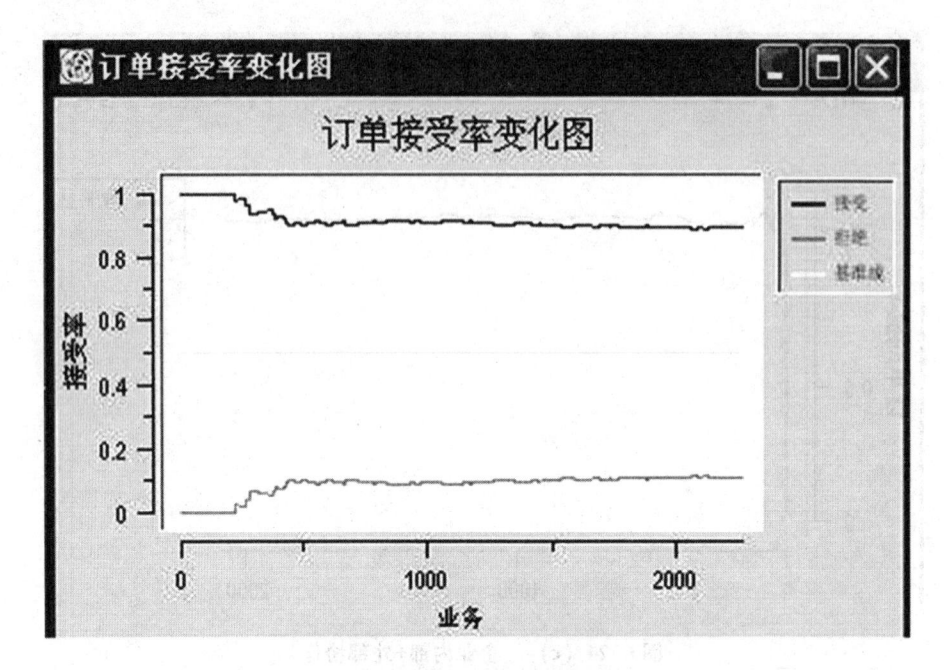

图 6-25（b） 企业内部协作

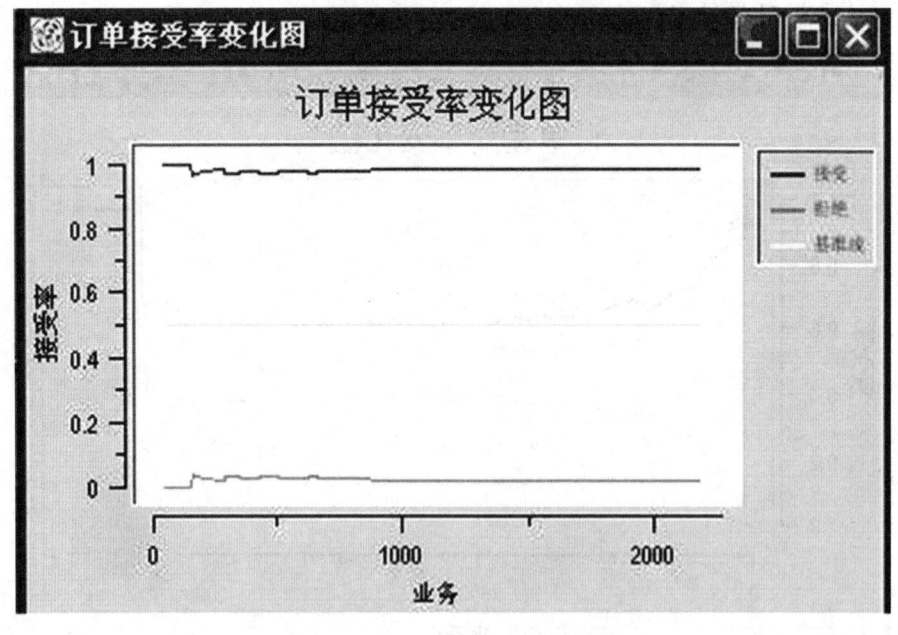

图 6-25（c） 企业内部+外部协作

(三) 订单基准执行时间

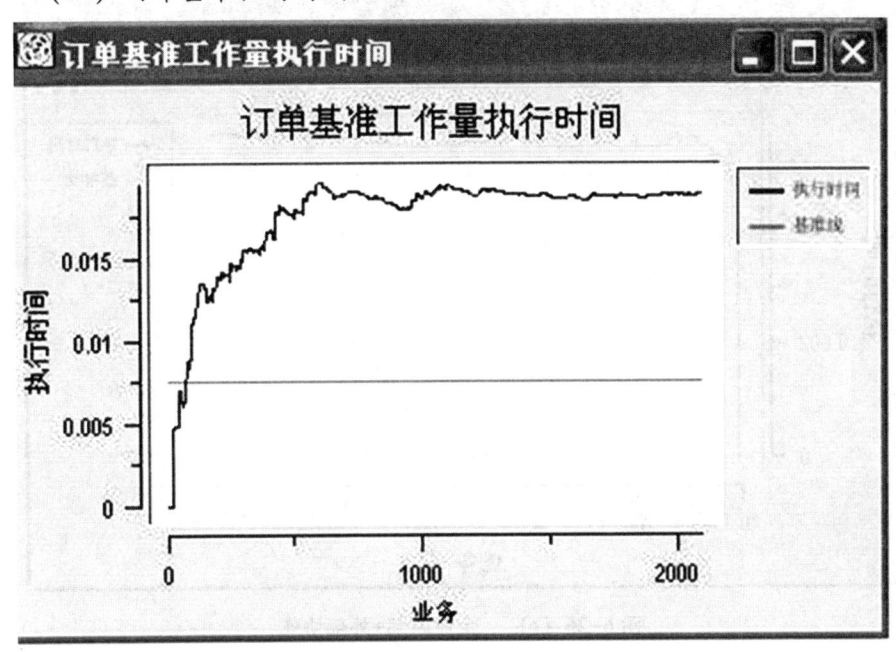

图 6-26（a） 企业原方法

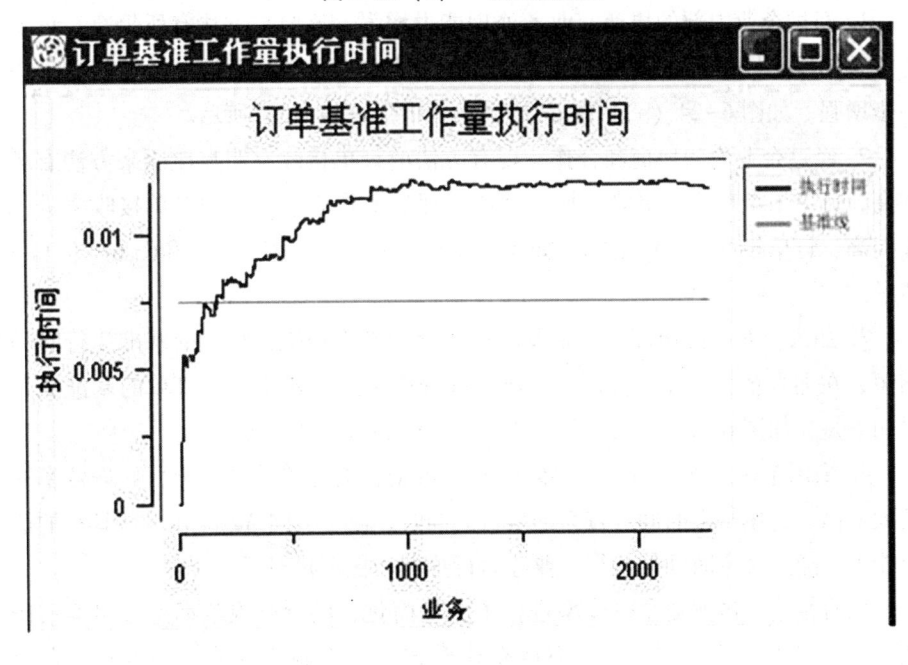

图 6-26（b） 企业内部协作

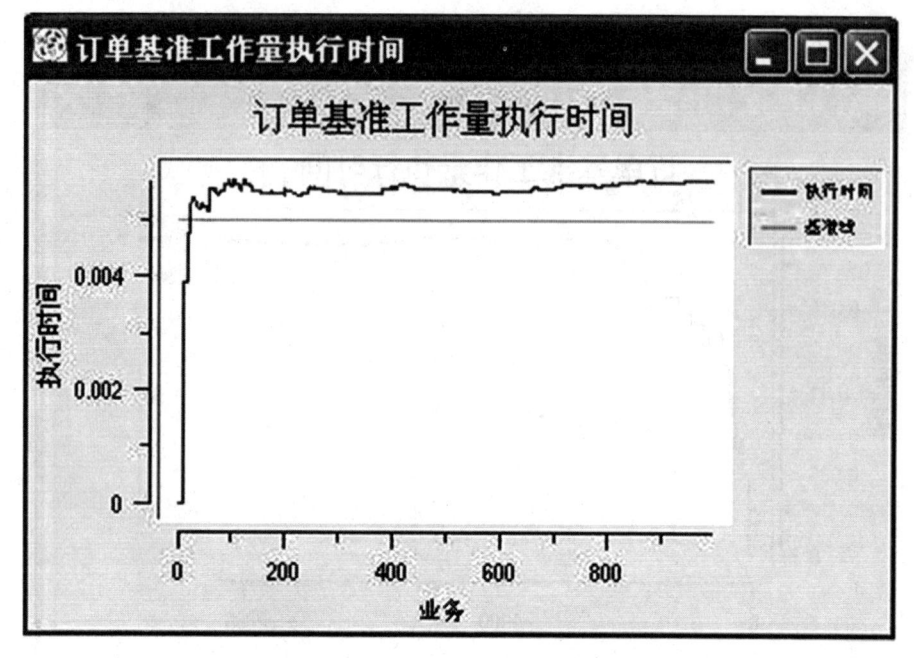

图 6-26（c） 企业内部+外部协作

通过以上仿真的图形结果分析：

1. 经过企业内部的协商，业务处理能力增强，比原来方法有所提高，订单完成效率也比以前有所提高，当加入企业外部协作后，企业的业务处理能力进一步增强。如图 6-24（a）、图 6-24（b）和图 6-24（c）所示。

2. 经过企业内的协商和合作，现有方法的订单接收率明显比原来方法有所提高，订单拒绝率明显下降。加入企业外部的协作后，企业的订单接收率进一步提高，订单拒绝率有所下降。如图 6-25（a）、图 6-25（b）和图 6-25（c）所示。

3. 加入企业内部协商后，企业的业务处理能力增强，订单的基准执行时间缩短；在加入企业的外部协作后，业务处理能力进一步增强，订单的基准执行时间缩短，如图 6-26（a）、图 6-26（b）和图 6-26（c）所示。

4. 采用企业内外部的协作协同机制使得企业的订单处理能力、处理效率有较大提高，订单基准时间有较大的增长。同时，由于不同 Agent 自身所具有的适应能力，通过一定时间的运行，业务运行达到一稳定状态。

仿真结论：虽然对企业模型进行了大量简化，但所有规范都是按照本书研究的企业建模方法获得的。原有的企业模式采用强制任务分配的方式，企业 Agent 间没有协作，企业 Agent 也不存在太多的智能，仿真运行结果表明企业运行在一个较低的效率水平上。采用企业内部协作模式后加入了相应的规范机制，可以发现企业的运行效率有了较大的提升。在考虑了外部环境的影响和合作的情况下，增强了 Agent 适应性的设计，企业的效率水平有了进一步的提升，业务选择能力进一步增强。通过仿真结果说明企业自适应演化建模过程中的规范设计是合理有效的。企业能够随着环境的变化，如客户需求的变化、企业目标的变化，自动地进行内部生产任务的调整或选择相关的生产合作伙伴，实现企业的自动调整变化，表现为生产组织的重构。这样，当市场竞争加剧，环境因素持续变化，企业的生存稳定状态发生变化，企业的组织与技术结构、企业文化和企业制度等都会跟着发生变化，从而表现为企业的自适应演化。

第七章

结束语

在当前经济全球化、信息化、复杂化的背景下，企业面临的挑战日益增加，如何适应环境变化、实现持续发展成为企业管理者和学者共同关注的焦点。本书立足于企业演化的计算实验研究，旨在为企业演化提供全新的研究视角和方法论支持。

通过对企业演化的理论基础进行系统梳理，本书提出了一个基于规范的企业演化分析框架。本书将企业视为在一定规范约束下运作的复杂适应系统，分析了企业规范对企业行为和决策的影响，以及企业如何通过内部的自组织机制和适应性学习机制来应对外部环境的变化。

本书内容涵盖了企业演化的问题界定、理论方法基础、框架及机制研究、多视图企业概念模型、基于多 Agent 的企业演化模型研究和仿真研究，通过定性与实验相结合的研究方法，对企业演化的不同方面进行了深入分析。

在理论方法基础部分，本书综合了组织生态学、企业生命周期理论、企业 DNA 理论、演化经济学和复杂适应系统理论等多学科的研究成果，为企业演化提供了丰富的理论支持。在框架及机制研究部分，作者提出了基于规范的企业演化假设框架，并分析了企业演化的自组织机制、过程机制和约束机制。企业演化是一个持续的过程，需要不断探索和创新。

由于研究范围跨度较大，工作量繁杂，整体体系研究还不太深入。依然有许多工作没有涉及，或大量简化。需要在以后的项目工作中继续深入。

本书在企业演化研究领域提出了一系列创新的观点和方法，体现了以下几个特色和新见解：

第一，跨学科研究方法的应用。本书在研究方法上采用了跨学科的视角，结合了管理学、经济学、社会学、心理学等多个学科的理论和方法。这种跨学科的研究方法为理解企业演化提供了更为全面和深入的分析。计算实验与企业演化的结合，首次将计算实验的方法应用于企业演化的研究中，构建基于多 Agent 的仿真模型，模拟企业在不同环境下的行为和决策过程。这种方法不仅提高了研究的实证性，也为理解企业内部复杂动态提供了新的视角。

第二，提出一个多重规范约束下的企业演化分析框架。引入了规范的概念，将企业视为在一定规范约束下运作的社会系统。通过分析企业规范对企业行为的影响，本书为理解企业如何适应社会变化和内部决策提供了新的出发点。探讨了企业作为一种复杂适应系统的自组织特性，分析了企业如何通过内部的自组织机制来适应外部环境的变化。这一观点强调了企业内部动力在推动企业演化中的关键作用。探讨了企业如何通过学习和知识积累来提高适应性。这一机制不仅包括对外部环境的感知和反应，还包括对内部知识和经验的整合和创新。

第三，建出一个基于规范的多视图企业演化概念模型。本书提出了一个多角度的企业演化分析视图，建立了基于规范的企业演化概念模型，涵盖了从企业目标、规范、组织、流程及交互等多个角度构建基于规范的企业模型，包括基于企业战略目标的企业目标模型、基于规范的角色行为能力模型和组织模型，规范约束下的业务流程模型，规范约束下的角色交互模型，为以后的深入研究打下良好逻辑基础。

第四，建立一个可重用的企业演化多Agent模型及仿真框架。本书利用多Agent系统理论，设计了企业成员的Agent结构，并模拟了企业内部和企业间的交互机制。这种模拟方法有助于揭示企业内部协作和竞争关系的复杂性，以及这些关系如何影响企业的演化路径。通过分析企业演化对社会结构、就业、创新等方面的影响，本书拓宽了企业演化研究的社会维度。为企业演化的研究建立了一条仿真实验的方法技术路线。

本研究基于企业规范的研究，深入分析了企业演化的理论框架，建立了企业演化的概念框架，多Agent模型框架和Agent仿真模型框架。这些新见解丰富了企业演化的理论体系，通过这些创新的理论和方法，本书为企业如何在快速变化的市场中保持竞争力和实现可持续发展提供了宝贵的指导，也为未来的研究和实践提供了新的方向和可能性。

企业演化是一个持续的过程，它不仅仅局限于企业内部的变革，还包括了与外部环境的互动和适应。随着全球化和技术革新的加速，企业面临的挑战和机遇都在不断变化。因此，未来的研究需要更加关注企业如何在全球竞争中寻找定位，如何利用新兴技术进行创新，以及如何通过组织结构和文化的调整来提高适应性和灵活性。

期待更多关于企业演化的实证研究。通过收集和分析不同行业、不同规模和不同发展阶段的企业数据，我们可以更准确地揭示企业演化的规律和趋势。这些数据可以帮助我们验证理论模型，也可以为企业提供定制化的管理建议和战略规划。

　　企业需要更加重视企业演化的研究结果，并将其应用于战略规划和管理实践中。首先，企业应加强市场导向，密切关注市场动态，及时调整产品和服务以满足客户需求。其次，企业应注重技术创新，通过研发投入和技术创新，提升产品和服务的竞争力。再次，企业应建立有效的激励机制，通过合理的薪酬体系和职业发展路径，吸引和留住人才。最后，企业应加强与外部环境的互动，通过合作和联盟，拓宽资源获取渠道，提高市场影响力。企业应该建立动态的战略规划体系，以便快速响应外部环境的变化。同时，企业也需要加强组织学习能力，鼓励员工创新和尝试，建立一个支持变革和持续改进的企业文化。

　　期待看到跨学科研究在企业演化领域的进一步发展。管理学、经济学、社会学、心理学、计算实验和人工智能等多个学科的理论和方法可以相互补充，为我们提供更全面的视角来理解企业演化。

　　展望未来，我们认为企业演化的研究将继续深入。随着新技术的不断涌现，如大数据分析、人工智能和机器学习等，研究者将能够更精确地模拟企业行为，分析复杂的企业行为模式，甚至模拟不同决策方案的潜在影响，预测市场趋势。未来的企业演化研究将能够更加精细化和个性化，这些技术的应用将极大地提高企业决策的效率和准确性。

参考文献

一、中文文献

(一) 专著

［1］纳尔逊，温特. 经济变迁的演化理论［M］. 胡世凯，译. 北京：商务印书馆，1997.

［2］霍兰. 隐秩序：适应性造就复杂性［M］. 周晓牧，韩晖，陈禹，等译. 上海：上海科技教育出版社，2000.

［3］伍尔德里奇. 多Agent系统引论［M］. 石纯一，张伟，徐晋晖，等译. 北京：电子工业出版社，2003.

［4］奥瑞克，琼克，威伦. 企业基因重组：释放公司的价值潜力［M］. 高远洋，等译. 北京：电子工业出版社，2003.

［5］陈劲，王焕祥. 演化经济学［M］. 北京：清华大学出版社，2008.

［6］陈禹六. IDEF建模分析和设计方法［M］. 北京：清华大学出版社，1999.

［7］范玉顺，曹军威. 多代理系统理论、方法与应用［M］. 北京：清华大学出版社，2002.

［8］哈肯. 高等协同学［M］. 北京：科学出版社，1989.

［9］多普弗. 经济学的演化基础［M］. 北京：北京大学出版社，2011.

［10］李钢. 基于企业基因视角的企业演化机制研究［M］. 上海：复旦大学出版社，2007.

［11］莫里斯. 指号、语言和行为［M］. 罗兰，周易，译. 上海：上海人民出版社，1989.

［12］纳尔逊，温特. 经济变迁的演化理论［M］. 胡世凯，译. 北京：商务印书馆，1997.

［13］吴光飙．企业发展的演化理论［M］．上海：上海财经大学出版社，2004．

［14］严家明．惯性管理：企业持续发展之道［M］．北京：经济科学出版社，2005．

［15］张青山，徐剑，乔芳丽，等．企业系统柔性·敏捷性·自适应［M］．北京：中国经济出版社，2004．

［16］张维明，姚莉．智能协作信息技术［M］．北京：电子工业出版社，2002．

（二）期刊

［1］曹裕，陈晓红，王傅强．我国上市公司生命周期划分方法实证比较研究［J］．系统管理学报，2010，19（3）．

［2］柴可嘉．基于产品生命周期理论的制造企业成本管理研究［J］．商业会计，2021（3）．

［3］陈佳贵．关于企业生命周期与企业蜕变的探讨［J］．中国工业经济，1995（11）．

［4］陈剑，陆今芳．基于多智能自主体的企业供应链研究［J］．计算机集成制造系统-CIMS，2001（6）．

［5］单文，韩福荣．三维空间企业生命周期模型［J］．北京工业大学学报，2002（1）．

［6］范玉顺，吴澄，王刚．集成化企业建模方法与工具系统研究［J］．计算机集成制造系统-CIMS，2000（3）．

［7］高波，费奇，陈学广．Agent 交互层次模型［J］．计算机科学，2001，28（8）．

［8］高展军，李垣．组织惯例及其演进研究［J］．科研管理，2007（3）．

［9］郭强，孟宪忠．企业基因与企业健康［J］．企业管理，2004（7）．

［10］侯杰，陆强，石涌江，等．基于组织生态学的企业成长演化：有关变异和生存因素的案例研究［J］．管理世界，2011（12）．

［11］胡美琴，李元旭，骆守俭．企业生命周期与企业家管理周期匹配下的动态竞争力模型［J］．当代财经，2006（1）．

［12］黄凯南．现代企业演化理论：方法论、核心概念及其解释逻辑［J］．江海学刊，2006（5）．

[13] 加里·尼尔逊, 布鲁斯·帕斯特纳克, 德乔·门德斯, 等. 什么是企业 DNA [J]. 管理与财富, 2005 (2).

[14] 李洪磊, 甘仞初. 一种基于多主体仿真的制度有效性分析方法研究 [J]. 系统仿真学报, 2006 (2).

[15] 李全喜, 马晓苗, 李坤. 基于和谐理论的企业 DNA 模型 [J]. 科技进步与对策, 2009, 26 (6).

[16] 廖守亿, 戴金海. 复杂系统基于 Agent 的建模与仿真设计模式及软件框架 [J]. 计算机仿真, 2005 (5).

[17] 刘大有, 杨鲲, 陈建中. Agent 研究现状与发展趋势 [J]. 软件学报, 2000 (3).

[18] 刘洪, 周健. 企业系统演化的一般规律 [J]. 系统辩证学学报, 2002 (1).

[19] 刘立娜, 于渤. 知识和组织惯例互动演化视角下后发企业动态能力的微观基础 [J]. 管理学报, 2019, 16 (7).

[20] 罗批, 司光亚, 胡晓峰, 等. Swarm 及其平台下建特定民意模型的探讨 [J]. 系统仿真学报, 2004 (1).

[21] 马光伟, 王一川, 石纯一. 一种 Agent 规范机制的设计 [J]. 计算机研究与发展, 2000 (11).

[22] 潘超平, 傅贤治. 中小企业成长的遗传与变异过程 [J]. 华东经济管理, 2007 (8).

[23] 戚志东, 朱新坚, 朱伟兴. 基于模糊规则优化的改进 FGA 算法 [J]. 小型微型计算机系统, 2005 (1).

[24] 秦书生. 自组织的复杂性特征分析 [J]. 系统科学学报, 2006 (1).

[25] 邵剑兵, 刘力钢, 杨宏戟. 基于企业基因遗传理论的互联网企业非市场战略选择及演变: 阿里巴巴社会责任行为的案例分析 [J]. 管理世界, 2016 (12).

[26] 盛秋戬, 赵志崑, 刘少辉, 等. 多主体团队交互协议 [J]. 软件学报, 2004 (5).

[27] 覃世利, 张洁, 杨刚, 等. 基于"双螺旋"的企业创新文化基因模型构建 [J]. 科技进步与对策, 2019, 36 (2).

[28] 陶海青, 金雪军. 技术创新的演化趋势 [J]. 管理世界, 2002 (2).

[29] 田奋飞. 生命的长度与节奏: 文化基因视角的企业寿命分析 [J]. 社

会科学家, 2008 (8) .

[30] 王炳成. 企业生命周期研究述评 [J]. 技术经济与管理研究, 2011 (4) .

[31] 王核成, 孟艳芬. 基于能力的企业竞争力研究 [J]. 科研管理, 2004 (6) .

[32] 王丽娟. 基于基因表达视角的企业文化 [J]. 经济管理, 2009, 31 (5).

[33] 王丽平, 金斌斌. 新经济下创业企业非线性成长基因组态与等效路径研究: 基于模糊集定性比较分析 [J]. 科技进步与对策, 2020, 37 (7) .

[34] 王直杰, 方建安, 邵世煌. 分类器系统综述 [J]. 中国纺织大学学报, 1997 (1) .

[35] 吴菊华, 孙德福, 甘仞初. 基于多 Agent 的企业建模及仿真 [J]. 计算机工程与设计, 2009, 30 (1).

[36] 吴菊华, 孙德福, 甘仞初. 基于组织符号学的企业模型框架研究 [J]. 计算机应用研究, 2009, 26 (1) .

[37] 夏天, 张启望, 张楠. 企业基因对企业绩效作用机制研究 [J]. 企业经济, 2021, 40 (2).

[38] 夏炜, 蔡建峰. 企业竞争优势演化的关键影响因素研究 [J]. 科学学与科学技术管理, 2009, 30 (8) .

[39] 夏志宏. 基于企业生命周期理论的企业管理制度研究 [J]. 全国流通经济, 2023 (17) .

[40] 邢以群, 田园. 企业演化过程及影响因素探析 [J]. 浙江大学学报 (人文社会科学版), 2005 (4) .

[41] 邢以群, 张睿鹏. 企业惯例演化过程及其机理探讨 [J]. 经济论坛, 2005 (19) .

[42] 许明. 基于基因结构的企业成长影响因素研究: 从"零和竞争"到"正和竞争" [J]. 暨南学报 (哲学社会科学版), 2019, 41 (2) .

[43] 轩梦月. 组织生态学理论在管理研究中的现状与今后研究方向 [J]. 经营与管理, 2019 (4) .

[44] 薛晓芳, 孙林岩, 霍晓霞. 多种群协同进化策略下的虚拟企业基因重组 [J]. 运筹与管理, 2009, 18 (3).

[45] 颜爱民, 刘志成, 刘媛. 组织惯例研究述评 [J]. 中南大学学报 (社

会科学版），2007，13（2）．

[46] 杨海泷，赵军．基于规范的 Agent 混合结构模型研究［J］．计算机应用与软件，2016，33（3）．

[47] 杨玉秀，杨安宁．演化经济视角下企业竞争力形成变化分析［J］．改革与战略，2006（12）．

[48] 张林，徐勇，刘福成．多 Agent 系统的技术研究［J］．计算机技术与发展，2008（8）．

[49] 张晓明，邓子琼．企业建模方法学的分析与建模工具的评价［J］．系统仿真学报，2004（3）．

[50] 赵丹．基于企业生命周期理论的企业管理制度研究［J］．全国流通经济，2023（14）．

[51] 赵军，甘仞初．基于组织符号学的组织建模综述［J］．情报杂志，2006（9）．

[52] 周晖，彭星闾．企业生命模型初探［J］．中国软科学，2000（10）．

[53] 周晖．企业生命模型研究［J］．经济科学，2002（6）．

[54] 周庆，黄颖颖，陈剑．基于主体的动态竞争模型的设计与仿真［J］．系统仿真学报，2005（8）．

[55] 朱爱平，吴育华．试论复杂适应系统与企业管理研究的创新发展［J］．科学管理研究，2003（4）．

（三）其他

[1] 曹聪梅．协同、分布环境下采购系统建模方法的研究［D］．北京：北京理工大学，2005．

[2] 黄春萍．基于 CAS 理论的企业系统演化机制研究［D］．天津：河北工业大学，2007．

[3] 李钢．基于企业基因视角的企业演化机制研究［D］．上海：复旦大学，2006．

[4] 李洪磊．自适应企业建模与仿真分析研究［D］．北京：北京理工大学，2003．

[5] 李锐．企业创新系统自组织演化机制及环境研究［D］．哈尔滨：哈尔滨工业大学，2010．

[6] 龙贵玲．基于企业基因视角的长寿企业研究［D］．西安：西北大

学，2009.

[7] 苗小冬. 基于 CAS 理论的适应性 ERP 系统的研究与应用 [D]. 郑州：郑州大学，2007.

[8] 宋亦平. 分工、协作和企业演进：一个一般理论及对知识社会企业规制的分析 [D]. 上海：复旦大学，2003.

[9] 卫华诚. 长寿企业研究 [D]. 武汉：华中科技大学，2004.

[10] 吴光飙. 企业发展分析：一种以惯例为基础的演化论观点 [D]. 上海：复旦大学，2003.

[11] 吴菊华. 基于组织符号学的企业建模方法研究 [D]. 北京：北京理工大学，2005.

[12] 张兵. 基于 CAS 理论的企业可持续发展研究 [D]. 天津：河北工业大学，2004.

[13] 张世超. Norm 支持的虚拟组织关键技术研究 [D]. 上海：复旦大学，2005.

[14] 周庆. 基于 Agent 的供应链配送渠道系统的建模与仿真 [D]. 北京：北京理工大学，2002.

二、英文文献

（一）专著

[1] ADIZES I. Corporate Lifecycles: How and Why Corporations Grow and Die and What to Do about It [M]. NJ: Prentice Hall, 1989.

[2] ALDRICH H. Organizational Evolving [M]. London: Sage, 1999.

[3] AXELROD R, COHEN M D. Harnessing Complexity: Organizational Implications of a Scientific Frontier [M]. New York: Basic Books, 2000.

[4] COHEN I J. Structuration Theory: Anthony Giddens and the Constitution of Social Life [M]. New York: St, 1989.

[5] COSTELLO N. Stability and Change in High-Tech Enterprises: Organizational Practices and Routines [M]. Routledge: London press, 2000.

[6] AMICE E C. CIMOSA: Open System Architecture for CIM [M]. Second Edition, Berlin: Springer-Verlag, 1993.

[7] GIDDENS A. The Constitution of Society [M]. Berkeley, CA: University

of California Press, 1984.

[8] HANNAN M T, CARROLL G R. Dynamics of Organizational Populations: Density, Legitimation and Competition [M]. New York: Oxford University Press, 1992.

[9] HANNAN M T, FREEMAN J H. Organization Ecology [M]. Cambridge, MA: Harvard University Press, 1989.

[10] LEONTIADES M. Strategies for Diversification and Change [M]. MA: Little Brown, 1980.

[11] LIU K. Semiotics in Information System Engineering [M]. Cambridge: Cambridge University Press, 2000.

[12] MCKELVEY B. Organizational Systematics [M]. Berkeley, CA: University of California Press, 1982.

[13] NELSON R R, WINTER S G. An Evolutionary Theory of Economic Change [M]. Cambridge: Harvard University Press, 1982.

[14] NELSON R, WINTER S. An Evolutionary Theory of Economics Change [M]. Cambridge: The Belknap Press of Harvard University Press, 1982.

[15] PRASAD N M V, DECKER K, GARVEY A, et al. Exploring Organizational Designs with TAEMS: A Case Study of Distributed Data Processing [M]. Kyoto: Proceeding of the Second International Conference on Multi-Agent Systems, 1996.

[16] SCHEER A W. Architecture for Integrated Information System [M]. Berlin: Springer-Verlag, 1992.

[17] SHOHAM Y, TENNENHOLTZ M. On the Synthesis of Useful Social Laws for Artificial Agent Societies [M]. Cambridge, MA: MIT Press, 1992.

[18] TICHY N M, SHERMAN S. Control Your Destiny or Someone Else Will [M]. New York: Harper Business, 1993.

(二) 期刊

[1] BARNETT W P, BURGELMAN R A. Evolutionary Perspectives on Strategy [J]. Strategic Management Journal, 1996, 17 (S1).

[2] BARNEY J. Firm Resources and Sustained Competitive Advantage [J]. Journal of Management, 1991, 17 (1).

[3] BASKIN K. Corporate DNA: Organizational Learning, Corporate Co-evolution [J]. Emergence, 2000, 2 (1).

[4] BECKER M C, LAZARIC N, NELSON R R, et al. Applying Organizational Routines in Understanding Oranizational Change [J]. Industrial and Corporate Change, 2005, 14 (5).

[5] BECKER M C. Organizational Routines: A Review of the Literature [J]. Industrial and Corporate Change, 2004, 13 (4).

[6] BOISOT M, CHILD J. Organizations as Adaptive Systems in Complex Environments: The Cases of China [J]. Organization Science, 1999, 10 (3).

[7] CARROLL G R, DELACROIX J. Organizational Mortality in the Newspaper Industries of Argentina and Ire-land: An Ecological Approach [J]. Administrative Science Quarterly, 1982, 27 (2).

[8] DAVID F. Altering the Corporate DNA [J]. Management Review, 1994, 83 (12).

[9] DOWELL G, SWAMINATHAN A. Racing and Back-pedalling into the Future: New Oroduct Untroduction and Organizational Mortality in the US Bicycle Industry, 1880-1918 [J]. Organisation Studies, 2000, 21 (2).

[10] EISENHARDT K M, GALUNIC D C. Coevolving at last, a way to make synergies work [J]. Harvard Business Review, 2000, 78 (1).

[11] EISENHARDT K M, MARTIN J A. Dynamic Capabilities: What are They? [J]. Strategic Management Journal, 2000, 21 (10-11).

[12] FELDMAN M S, PENTLAND B. Reconceptualizing Organizational Routines as a Source of Flexibility and Change [J]. Adm inistrative Science Quarterly, 2003, 48 (1).

[13] FELDMAN M S. Organizational Routines as a Source of Continuous Change [J]. Organization Science, 2000, 11 (6).

[14] GALENDE J. Analysis of Technological Innovation from Business Economics and Management [J]. Technovation, 2006, 26 (3).

[15] GREINER L E. Evolution and Revolution as Organizations Grow [J]. Harvard Business Review, 1972 (7-8).

[16] HANNAN M T, FREEMAN J H. The Population Ecology of Organizations [J]. American Journal of Sociology, 1977, 82 (5).

[17] HAVEMAN H A. Organizational Size and Change: Diversification in the Savings and Loan Industry After Deregulation [J]. Administrative Science Quarterly,

1993, 38 (1).

[18] HODGSON G M, KNUDSEN T. The Firm as an Unteractor: Firms as Vehicles for Habits and Routions [J]. Journal of Evolutionary Economics, 2004, 14 (3).

[19] JENKINS D S, KANE G D, VELURY U. The Impact of the Corporate Life -Cycle on the Value -Relevance of Disaggregated Earnings Component [J]. Review of Accounting & Finance, 2004, 3 (4).

[20] LEVINTHAL D, MYATT J. Co Evolution of Capabilities and Industry: The Evolution of Mutual Fund Processing [J]. Strategic Management Journal, 1994, 15 (S1).

[21] LEWIN A Y, LONG C P, CARROLL T N. The Coevolution of New Organizational Forms [J]. Organization Science, 1999, 10 (5).

[22] LOVAS B, GHOSHAL S. Strategy as Guided Evolution [J]. Strategic Management Journal, 2000, 21 (9).

[23] LWAI K. A Contribution to the Evolutionary Theory of Innovation, Imitation and Growth [J]. Journal of Economic Behavior and Organization, 2000, 43 (27).

[24] MACINTOSH R, MACLEAN D. Conditioned Emergence: A Dissipative Structures Approach to Transformation [J]. Strategic Management Journal, 1999, 20 (4).

[25] MARCH J G. Exploration and Exploitation in Organizational Learning [J]. Organization Science, 1991, 2 (1).

[26] MASSINI S, LEWIN A Y, NUMAGAMI T, et al. The Evolution of Organizational Routines Among Large Western and Japanese Firms [J]. Research Policy, 2002, 31 (8-9).

[27] MILLER D, FRIESEN P H. A Longitudinal Study of the Corporate Life Cycle [J]. Management Science, 1984, 30 (10).

[28] NEILSON G. Organization DNA [J]. Strategic Finance, 2004, 86 (5).

[29] SCHOAR A, ZUO L. Shaped by Booms and Busts: How the Economy Impacts CEO Careers and Management Styles [J]. The Review of Financial Studies, 2017, 30 (5).

[30] SNIHUR Y, ZOTT C. The Genesis and Metamorphosis of Noveltyimprints:

How Business Model Innovation Emerges in Young Ventures [J]. Academy of Management Journal, 2020, 63 (2).

[31] SORENSON O. The Effect of Population-Level Learning on Market Entry: The American Automobile Industry [J]. Social Science Research, 2000, 29 (3).

[32] STEVENSON H, JARILLO J C. A Paradigm of Entrepreneurship: Entrepreneurial Management [J]. Strategic Management Journal, 1990, 11 (5).

[33] VROMEN J. Conjectural Revisionary Economic Ontology: Outline of an Ambitions Research Agenda for Evolutionary Economics [J]. Jounal of Economic Methodology, 2004, 11 (2).

[34] WOOLDRIDGE M, JENNINGS N R, KENNY D. The Gaia Methodology for Agent-Oriented Analysis and Design [J]. Autonomous Agents and Multi-Agent Systems, 2000, 3.

[35] WOOLDRIDGE M, JENNINGS N. Intelligent Agents: Theory and Practice [J]. The Knowledge Engineering Review, 1995, 10 (2).

[36] ZIMMERMAN M A, ZEITZ G J. Beyond Survival: Achieving New Venture Growth by Building Legitimacy [J]. Academy of Management Review, 2002, 27 (3).

(三) 析出文献

[1] BAUM J A C, SINGH J. Organizational Hierarchies and Evolutionary Processes: Some Reflections on a Theory of Organizational Evolution [M]//Evolutionary Dynamics in Organizations. New York: Oxford University Press, 1994.

[2] CARLEY K M, GASSER L. Computational Organization Theory [M]//WEISS G. Multi-Agent Systems. MA: The MIT Press, 1999.

[3] JENNINGS N R, WOOLDRIDGE M. Agent-Oriented Software Engineering [M]//BRADSHAW J. Handbook of Agent Technology. Palo Alto: AAAI/MIT Press, 2000.

[4] SJÖSTRÖM J, GOLDKUHL G. The Semiotics of User Interfaces: A Socio-Pragmatic Perspective [M]//LIU K. Virtual, Distributed and Flexible Organisations: Studies in Organisational Semiotics. Dordrecht: Kluwer Academic Publishers, 2004.

[5] STAMPER R. New Directions for Systems Analysis and Design [M]//FILIPE J. Enterprise Information Systems. Dordrecht: Kluwer Academic Publishers, 2000.

[6] XIE Z W, LIU K C, EMMIT D. Improving Business Modelling with Organizational Semiotics [M] //GAZENDARM H W M, JORNA R J J M, CIJSOUW R S. Dynamics and Change in Organizations: Studies in Organizational Semiotics. Dordrecht: Springer Netherlands, 2003.